La **NOVIA PEREGRINA**

¿Es mejor un segundo matrimonio

que el primero?

Pilar Cerón Durán

La Musa del Desierto de Atacama, Chile

Diseño de portada y contratapa: Gisela BC Design

Corrección/Edición: Maite Ayala https://www.facebook.com/maite.ayala.77

Tráiler en español: Dorian Mejías, Post productor dorianedits11@gmail.com

Canción "So in Love": música, letra e interpretación, William M. Elías. RN: PAu003842409

La novela *La Novia Peregrina. ¿Es mejor un segundo matrimonio que el primero?* es un libro inteligente.

¿Qué es un libro inteligente?

Es considerado un libro inteligente aquel que contiene en su interior determinados códigos QR y links, a través de los cuales es posible interactuar con el autor y acceder a información extra que enriquece la lectura, ya sea a través de videos, fotografías, notas de voz, mensajes que escribe su autor, e incluso es posible comunicarse a través de WhatsApp.

Para acceder, se debe capturar con una cámara, pudiendo ser la del teléfono móvil, el código QR que aparece en cada página, presionar lectura que aparecerá y eso dará acceso al enlace conectado.

Los lectores que deseen tener acceder a mayor información y profundizar en los capítulos y escenas más trascendentales, impactantes, divertidas y conocer sobre los entretelones de la obra literaria, tendrán el privilegio de compartir con el autor, algunos de los personajes y otros lectores, en una reunión Zoom mensual a realizarse el último día miércoles de cada mes, de 19:00 a 20:00 horas, hora de Londres Inglaterra, pudiendo participar quienes adquieran la novela ese mes, y envíen una fotografía personal con el libro, vía email o WhatsApp.

Espero lo disfrutes y que este sea el inicio de una formidable amistad entre tú, mi lector favorito, y yo, tu escritora, y tu amiga a la distancia.

DEDICATORIA

*L*a *Novia Peregrina. ¿Es mejor un segundo matrimonio que el primero?* es una novela dedicada a todas las personas, mujeres y hombres, que estén atrapadas en una relación de pareja asfixiante. Es una historia de fuerza, de superación y de alegría, a pesar de las adversidades. Transmite esperanza y confianza en la vida, en el espíritu que siempre está allí para levantar el cuerpo y decirle al alma: "tú puedes". Y en el amor que, aunque elusivo, también se puede encontrar a la vuelta de la esquina, pues de lo que se trata es de aprender a vivir, a fluir y a dejar el pasado atrás en busca de la felicidad, a veces tan esquiva y sin embargo tan merecida.

Confío en que las experiencias de Esmeralda iluminen tu camino en busca de la libertad, permitiéndote un nuevo renacer de felicidad y amor.

AGRADECIMIENTOS

Mi profundo agradecimiento va dirigido a las maravillosas personas que he tenido el privilegio y honor de conocer y disfrutar de su amistad, compañía y apoyo incondicional, en mis alegrías y tristezas, en mis fracasos y éxitos, en momentos de tempestad y calma, siendo mi fuente de inspiración y fortalecimiento indispensable para recobrar mi libertad y mi felicidad: sin ustedes jamás se hubiese escrito la vida de la novia peregrina.

Todo mi amor y gratitud es para cada uno de ustedes, y en especial para mi madre.

ACERCA DE LA AUTORA

Pilar Cerón Durán

Nace en Pichidegua, Región del Libertador General Bernardo O'Higgins Riquelme, Chile, en 1963, siendo hija adoptiva de Copiapó, Región de Atacama. Realiza estudios universitarios obteniendo el grado académico de Trabajadora Social y Máster en Administración de Empresas, MBA. Creció en el campo, lo cual favoreció una conexión especial con la naturaleza y los animales. Desde pequeña tuvo facilidad para la escritura, reflejando una poderosa imaginación. *La Novia Peregrina. ¿Es mejor un segundo matrimonio que el primero?* es su primera obra literaria que publica.

ENLACES DE CONTACTO CON LA AUTORA

E mail: pilarceronduran@gmail.com

Facebook Fan-Page: https://acortar.link/ZAax1

Instagram: https://www.instagram.com/

Canal de YouTube: https://n9.cl/q8iw1

WhatsApp: https://wa.me/qr/CIUJYBAU73CWK1

Tráiler

La Novia Peregrina.

¿Es mejor un segundo matrimonio que el primero?

La NOVIA PEREGRINA

¿Es mejor un segundo matrimonio
que el primero?

Pilar Cerón Durán

La Musa del Desierto de Atacama, Chile

INTRODUCCIÓN

La Novia Peregrina

¿Es mejor un segundo matrimonio que el primero?

La protagonista de la novela de amor ***La Novia Peregrina. ¿Es mejor un segundo matrimonio que el primero?*** es una mujer cincuentona, divorciada, de carácter fuerte, de personalidad desafiante, bella como un amanecer, energética, apasionada y voraz como un ciclón, enemiga de las rutinas, amante de la libertad, del amor y la familia, quien, al dejar de vibrar y no sentirse plena a pesar de su exitosa carrera profesional, decide hacer un drástico quiebre en su vida personal; toma la audaz decisión de irse a estudiar inglés a Londres y deja todo atrás, recuerdos de un desafortunado matrimonio y un bendito divorcio, incluso su familia,

9

sus amigos, sus afectos y su amada tierra atacameña bañada de cerros multicolores, dunas indomables y maravillosas playas de arenas doradas y aguas cristalinas. Esta decisión la llevará a recorrer el Viejo Mundo, a vivir y disfrutar fascinantes experiencias en tierras anglosajonas, una y mil aventuras, reencontrarse con el amor, hecho que no estaba en sus planes y menos aún volver a ser novia, casarse y de "blanco la patuda", hecho insólito teniendo como precedente que en su primer matrimonio vistió de riguroso negro. Si hay un antes y un después en la vida de la protagonista, te emocionará hasta las lágrimas el giro de 180 grados que logra dar a su vida: de mujer sumisa, viviendo bajo el yugo de un minero, maltratador y machista, a lograr escapar y liberarse de un infierno en el que se encontraba sumergida, renaciendo a una nueva vida con luz propia, desprovista de prejuicios y ataduras a erróneas tradiciones y costumbres familiares –como "Te casas una sola vez y para siempre", "No te puedes vestir de rojo, ese color no es para una mujer decente como tú", y ni pensar en un divorcio, tema verdaderamente prohibido–, tonterías recalcitrantes, castradoras de libertad, amor y felicidad, creencias falsas de las que felizmente se desprende, llegando a ser el rojo uno de sus colores favoritos, catapultándola a nivel mundial no solo como la Novia Peregrina, sino también envidiada por sus "Mágicos Zapatitos Rojos".

En su nueva vida, La Novia Peregrina vuelve a sonreír, a ser alegre y espontánea; tras recobrar su autoestima, su libertad e independencia comienza a brillar y a florecer, a disfrutar de su felicidad, del amor en un sentido holístico, de la naturaleza, con gustos exquisitos como un Schottisch whisky y ostras con limón en compañía de su par de amigos intelectuales y visionarios, marcadora de precedentes y tendencias, para quien no existen los límites, los no ni los caminos sin salidas.

Esta historia te sorprenderá y te hará reír; sus vivencias de mujer, amante, esposa, madre y abuela te harán llorar y emocionar; sufrirás con las injusticias y acontecimientos insólitos que tendrá que vivir y superar en su peregrinar por Santiago de Chile y Río de Janeiro después de ser deportada desde el aeropuerto de *Heathrow* en Londres; llorarás ante su impotencia y sufrimiento por la imposibilidad de vivir y compartir con sus hijos, y prohibición de ver y disfrutar del amor de sus nietecitos; te alegrarás y asombrarás con la anulación de su matrimonio religioso otorgado por la Santa Sede; y por último, te emocionarás al ver el tan anhelado reencuentro con su amor y su desenlace apoteósico.

Sus páginas te provocarán el deseo irresistible de volver a ellas y revivir las aventuras, desencuentros y peripecias de La Novia Peregrina, una y otra vez.

ÍNDICE

CAPÍTULO 1

Drástico quiebre en su vida personal

Era una tibia mañana de fines del mes de julio, algo maravilloso e inusual en pleno invierno. El sol brillaba desde lo alto de la cordillera destacando los áridos y coloridos cerros atacameños, y resaltando el escaso verdor de los jardines y añosos pimientos de la Placilla Morales, pequeño vergel en medio del desierto más árido del mundo, plazoleta rodeada de frondosas rejas de metal fundido, vestigio de un pasado glorioso y exuberante de la época de bonanza de las salitreras y el descubrimiento del gran yacimiento de plata conocido como el Mineral de Chañarcillo, causante de un histórico florecer arquitectónico, del arte y la cultura europea en el norte chileno, literalmente en el fin del mundo. Resulta difícil imaginarse a los habitantes del siglo XIX disfrutando de espectáculos de teatro y música de exquisita finura, provenientes de la cuna del arte parisino e italiano, haciendo sentido el dicho tan popular "No hay como los viejos tiempos". Y todo gracias a la opulencia económica de la minería y al asentamiento de familias europeas, atraídas por las riquezas del cobre, la plata y el oro del norte chileno.

Esmeralda iba de prisa a su trabajo; conducía su palomita blanca, como la llamaban sus cercanos, un flamante automóvil familiar de marca *Subaru*, cuando intempestivamente fue embestida por un camión que se desplazaba a alta velocidad, arrastrando su vehículo unos cuantos metros y empujándolo fuera de la berma. El conductor del camión no se detuvo en su loca carrera, como si no hubiese pasado nada. Con gran esfuerzo, consiguió abrir la retorcida puerta y salir de su automóvil, aparentemente ilesa excepto por el fuerte impacto que remeció su frágil contextura. Con respiración agitada y voz temblorosa, se llevó las dos manos a la cabeza y exclamó:

–¡Dios mío, Dios mío, de la que me salvé! –observó impresionada cómo había quedado su palomita blanca, miró con pavor y alivio las abolladuras y la pintura saltada a lo largo del costado derecho, evidencias tangibles del fuerte impacto recibido; el parachoques fue arrancado de su anclaje, los focos quebrados y restos del espejo lateral yacían en medio de la calzada hechos mil pedazos a unos cuantos metros más atrás, lugar donde al parecer el conductor del camión habría perdido el control lo que produjo el accidente.

Esmeralda, caracterizada por una fuerte personalidad y facilidad para reponerse y reaccionar en situaciones extremas, tomó su teléfono móvil, llamó a la empresa aseguradora y a la policía preguntando sobre los requerimientos y acciones a seguir. Como ni el motor ni el funcionamiento del vehículo fueron afectados, decidió retomar el camino hacia su oficina previo desvío a firmar declaración del evento en la estación de policía y en la compañía de seguros.

En su trabajo estaban asombrados por lo sucedido; hubo quienes lamentaron el accidente alegrándose de que no hubiese tenido mayores consecuencias personales. Entre tanto, un par de comadrillas chismorreaban fumando un cigarrillo mientras miraban con evidente alegría el desafortunado accidente; para ellas era motivo de regocijo y no podían disimular su satisfacción ante la desgracia sufrida por Esmeralda. A diario se sentían exasperadas por la jovialidad, alegría y espontaneidad con que Esmeralda se desenvolvía y vivía su vida, y por la belleza física y espiritual que irradiaba. Ella no era consciente de su afortunada vida económica, de su belleza, libertad, independencia y roce social que le permitían acceder a cierta tranquilidad material y lujos, como vestir ropa de última moda, lucir joyas, compartir con sus amistades en lujosos restaurantes y bares, además de poder viajar, gracias a sus mágicos y maravillosos zapatitos rojos, una o dos veces al año, a un país distinto y disfrutar de sus vacaciones, felicidad e independencia que logró tras su divorcio hacía aproximadamente tres años, al atreverse a viajar sola, tras darse cuenta que estaba perdiendo la oportunidad de viajar porque no tenía con quién hacerlo. A veces acordaba con alguna amiga irse de vacaciones al extranjero, pero al final siempre desistían haciéndola perder la oportunidad de viajar; pasaba largos fines de semana en casa

15

sola, pero Pierina, la ejecutiva de la agencia de viajes, la ayudó a perder el miedo y motivó para que se animara a viajar sola, al igual que lo hacían otros de sus clientes.

Decidió hacer su primer viaje de vacaciones sola al extranjero para las fiestas de un 18 de septiembre, fecha en que se celebra el aniversario de la independencia de Chile, semana que supuestamente disfrutaría con sus hijos en la playa. Sin embargo, cuando faltaban dos días para irse de vacaciones, los llamó muy contenta para coordinar algunos detalles del viaje; recibió un balde de agua fría cuando le comentaron que no podrían ir a la playa con ella, porque pasarían la semana de fiestas patrias con su padre. Esa noticia la derrumbó, estaba absolutamente destrozada, no lo podía creer, a pesar de que era una actitud habitual y esperable de su ex marido. Con voz triste suplicaba a sus hijos al teléfono:

—Por favor, por favor, hijos, vámonos a la playa como lo teníamos planeado, me corresponde a mí pasar estas vacaciones del 18 de septiembre con ustedes, el año pasado fue con su papá, este año me corresponde a mí —insistió rompiendo a llorar.

—Sí, mamá, lo sabemos, pero tú sabes cómo es el papá, si lo dejamos solo y nos vamos la playa contigo se va a enojar, se va a poner furioso y nos va a retar.

—Esto no es justo, no, no lo es —replicó llorosa.

16

—Ya, deja de llorar, mamá, y de hacer dramas, siempre nos ponen a nosotros en el medio de sus peleas. Ya, mamá, nos tenemos que ir —cortó Renata, colgando el teléfono.

Así fue siempre y sigue siendo hasta el día de hoy, es una relación de amor y miedo, los manipula, y ellos por miedo o terror a que los castigue negándoles ciertos privilegios económicos, logra que hagan lo que él dice, es experto en manipularlos y cambiar las situaciones a su favor, los convence con sus lágrimas de cocodrilo y lloriqueos, "su mamá es la mala, se fue y los abandonó, y yo, pobre hombre, tuve que asumir como padre y madre", típico rosario que repitió tanto que hasta él se lo creyó, olvidando que quien crio y educó a los niños fue ella. Su ausencia en casa era habitual, ~~si~~ trabajaba mucho, y las noches y fines de semana se los dedicaba a sus amantes. Cuando se quedaba en casa, la vida se tornaba un infierno con tantas discusiones y gritos, y los platos saltaban por el aire; si hasta un año el arbolito de navidad lo agarró y lo tiró muy lejos, por suerte los niños dormían y no vieron esa escena que podría haber afectado la magia del viejito Pascuero y la navidad. Esmeralda siempre trataba de que sus hijos no vieran y ni escucharan sus peleas, aunque era inevitable.

Recordaba y tenía grabado a fuego en su mente y en su corazón a su profesor de psicología en una de las primeras clases siendo estudiante universitaria, cuando hablaba de la importancia de los primeros años de vida para el desarrollo y formación de la personalidad de cada ser, lo fundamental de tener una buena imagen materna y paterna, y que, en ausencia de alguno de ellos, por ejemplo, la del padre, podría ser reemplazada por la figura paterna del abuelo. Ella preguntó:

—¿Y qué pasa en el caso de que el padre no sea una buena persona, por ejemplo, sea un delincuente o agresivo con su madre?

El profesor respondió con tono reflexivo:

—Estimados alumnos, independientemente de cómo sean sus progenitores, los niños necesitan una figura paterna y materna para su formación integral.

Esmeralda siempre recordaba esa primera clase de psicología, haciéndola suya y practicando a diario en su calidad de madre. A pesar de las desavenencias entre ellos, Esmeralda trataba de darles un buen ejemplo a sus tres hijos, al menos lo intentaba; el padre, en cambio, actuaba en el sentido opuesto descalificando y menospreciando su rol de madre, lo que siempre repetía a sus hijos. Sumado a la tristeza, amargura, nerviosismo e irritabilidad en que se encontraba Esmeralda, la atmósfera en casa se tornaba más espesa y sombría, los niños veían a una madre gruñona y a un padre alegre, juguetón, que los dejaba hacer lo que quisieran, desautorizando contantemente las órdenes de su madre, amén del poder financiero.

Al cumplir los quince años les regalaba un vehículo. Sí, era un gran regalo que los niños esperaban con ansias. Era absurdo y de una irresponsabilidad mayúscula, pues aún no tenían la edad suficiente para acceder a una licencia de conducir, que se obtiene a partir de los

18

diecisiete años y tras aprobar un examen escrito y práctico, además de conducir siempre acompañado de un adulto.

En esa dualidad de enseñanzas y dádivas, era muy fácil para un joven adolescente decidir dónde ir, y en el caso de los hijos de Esmeralda no fue la excepción. Accidentes hubo varios, afortunadamente sin consecuencias que lamentar, excepto por los daños materiales y el gran susto de los jóvenes. Con su poder de influencia, con una sola llamada los procedimientos policiales que se llevaban a cabo se suspendían mágicamente, y los policías se alejaban rápidamente del lugar de la escena y hasta pidiendo disculpas, tras recibir una llamada telefónica de alguno de sus jefes de altísimo rango.

Esmeralda vivía entre dos mundos, por un lado, con una imagen pública de mujer afortunada y feliz esposa del gerente de una connotada empresa minera, disfrutando de las comodidades y lujos que ello implicaba, y por otro, una segunda vida al interior de la majestuosa mansión de más de veinticinco habitaciones, con dormitorios en suite e incluso con jacuzzi en la mayoría de ellos, jardines, piscina con cascada y habitaciones de servicio. Sin embargo, no era feliz en su hogar, al ser violentada a diario en su condición de mujer, madre y esposa, era dominada, maltratada y descalificada. El maltrato se evidenció desde su relación de pololeo, en sus años de juventud universitaria; invariablemente ella lo perdonaba y dejaba pasar con gran facilidad cada situación de violencia. Le era tan fácil perdonar y olvidar porque estaba profundamente enamorada.

El hecho más violento de su relación de pareja, cuando ella realmente se dio cuenta de lo que le esperaba, fue el día de su boda. Resulta que había viajado desde Santiago a Concepción su prima más cercana y querida, que había hecho un largo viaje de más de diez horas en bus con su pololo, a quien su madre no aceptaba, y ellos se las ingeniaban para verse y continuar con su relación de enamorados. La invitación al matrimonio fue una gran oportunidad para ellos de compartir y disfrutar de su amor, fue así como tras la ceremonia religiosa y en la fiesta, Patricia se acercó a Esmeralda y con tono de voz muy suave le dijo:

—Prima, todo está maravilloso, sin embargo, estamos demasiado agotados con el viaje y necesitamos descansar, ¿podríamos ir a tu departamento a dormir un par de horitas?

—Sí, por supuesto, prima —respondió Esmeralda entendiendo la situación mientras se levantaba en busca de las llaves; salió a acompañarlos e indicarles el camino, y cuando volvía, en medio de la oscuridad se encontró a Mario, quien se aproximaba con paso firme. Con expresión de preocupación y curiosidad preguntó:

—¿De dónde vienes? —y agregó con el entrecejo fruncido—: ¿a dónde fuiste? Saliste de la fiesta sin siquiera avisarme.

—Fui a indicarle a mi prima cómo llegar al departamento, se fueron a descansar porque están agotados con el tremendo viaje que se dieron para acompañarnos en nuestro matrimonio.

–¿Qué? ¿Me estás diciendo que les pasaste las llaves de nuestro departamento? ¿Y pretenden acaso dormir en nuestra cama? –comenzó a gritar, furioso, con la cara desfigurada y como enloquecido.

–Sí, sí, pero ¿qué hay de malo? –quiso saber Esmeralda.

–¿Cómo se te ocurre pasarle las llaves del departamento, estás loca?, ese par de... lo único que quieren es tener sexo y tú los estas alcahueteando –y alzando la mano le dio una tremenda bofetada.

¡¡¡Paff!!!

Esmeralda se casa de riguroso negro en su primer matrimonio

Esmeralda estaba descolocada, impactada, no podía creer lo que estaba viviendo en el día de su boda y a solo un par de horas de la celebración de su matrimonio religioso. Enseguida él la abrazó pidiendo perdón por haberla abofeteado, agregando con tono lastimero:

—Jamás quise pegarte, lo que pasa es que tú me sacas de quicio —mientras la mantenía firmemente abrazada contra su pecho.

Luego de unos pocos minutos, se reincorporaron a la fiesta. Al verlos ingresar a la habitación, el padre de Esmeralda exclamó:

—Miren, ahí vienen los tortolitos, ya los estábamos echando de menos, venga pa' ca', mi gancho —y alzando su copa con algarabía agregó—: ¡Hagamos otro brindis por los recién casados!

Mario no la dejó sola, la mantuvo aferrada a su lado como queriendo protegerla, pero a la vez evitando que contara a alguno de los invitados lo sucedido. Ella permanecía en silencio, con evidentes señales de cansancio y sueño. Sin embargo, lo que realmente la mantenía en ese estado de quietud era el shock producido por la bofetada, recibida por quien era su esposo y el padre del hijo que esperaba. No podía expresar palabra alguna y menos aún pedir ayuda. He aquí otro rasgo a tener presente, el temor a los padres, a la enseña entregada y el preocuparse por el qué dirán y los demás: sentía que no podía arruinar la fiesta y menos ser malagradecida con los invitados, así que como pudo se recompuso y "aquí no ha pasado nada".

22

Desaprovechó la gran oportunidad de romper de raíz ese bumerán de violencia doméstica que le esperaba; que mejor hubiese sido acudir a su padre, hermanas, incluso a la prima, y a sus amigos. Pero no fue así, no existía la confianza y por ningún motivo estaría dispuesta a causar tristeza alguna a sus invitados, y menos aún a su padre.

Pasaron los años, y con ellos la escalada de violencia, por lo general surgida por alucinaciones de celos; él siempre andaba buscando, husmeando y dudando, con una desconfianza incontrolable hacia Esmeralda y sin motivo alguno. Ella jamás pensó ni miró a otro hombre, pero como bien dice el dicho: "No hay persona infiel que no sea celosa y desconfiada", es decir, "el que las tiene hechas las sospecha". Las infidelidades se convirtieron en el pan de cada día, y con ellas las recurrentes visitas al ginecólogo. Esmeralda sufría demasiado por aquellas infidelidades y violencia doméstica, lloraba mucho, estaba muy delgada, nerviosa e irritable.

Una mañana de domingo sucedió un hecho muy especial. Estaba recostada sobre su cama cuando rompió en un fuerte llanto, no soportaba más la pena que la ahogaba, ella sabía que él estaba con su amante y era algo que no podía soportar ni resistir; sollozaba desconsolada y en eso el llanto fue interrumpido por un par de manitos que trataban de remecerla y una voz muy suave, mezclada de asombro y penita, le susurró; era su hija Victoria, de apenas cinco añitos:

—Mamáááá, mamáááá, no llores, las mamás no lloran.

¡Guau! Fue impactante escuchar a su hija decirle que las mamás no lloraban, eso le exigió reaccionar, ser más cuidadosa y evitar que sus hijos la volvieran a ver sufrir y menos aún llorar. Ese quizás fue el inicio de una auto prohibición de llorar, pues con el tiempo cada vez le resultaba más difícil derramar una lágrima; a pesar de que el dolor la estuviese matando no podía llorar. Posiblemente haya sido un mecanismo de auto defensa y de protección hacia sus hijos, que desarrolló en forma inconsciente.

Pero cuando logra llorar es por una razón de extremo dolor, no la para nadie, puede llorar por días y días, noches enteras e interminables, dejando de comer y enclaustrándose en un ensimismamiento del que no la saca nadie, ni ella misma, hasta derramar la última lágrima que le quede en el cuerpo.

Mario sabía y estaba muy consciente de lo que hacía, en más de una oportunidad (en aquellos momentos que se podrían llamar de debilidad y peso de conciencia) se dio a conocer con mucha ternura, mostrando signos de real arrepentimiento e incluso de inocencia:

—Esmi, tú eres una mujer muy noble y yo he sido tan vaca contigo, me podrías engañar con quien quisieras y cuantas veces se te ocurriera, y apuesto que ni se te ha pasado por la mente el hacerlo. —¡Cómo se te ocurre! —exclamó ella, agregando—: Obvio que no, y jamás lo haría, si soy tu señora. ¿O acaso crees que soy una mujer mala? —preguntó en tono de querer saber su opinión.

¡Era tan insegura! Tras su matrimonio perdió su brillo, su alegría, su energía, su seguridad y autoestima, el amor y la pasión por los grandes desafíos y sueños, como tomar la decisión de irse a estudiar a la universidad, sin precedentes en su familia, siendo la única de los seis hermanos, y por sus propios medios, esfuerzos y capacidades, dejando el campo en busca de un nuevo porvenir a través de una carrera profesional.

Mario había aplastado, aniquilado y pisoteado su personalidad desafiante. La certeza de que podría lograr lo que quisiera si se lo proponía era parte del pasado, su autoestima la tenía por el suelo, había dejado de ser ella, alegre, independiente y segura de sí misma. El vivir en un matrimonio lleno de desavenencias puede cambiar por completo la vida de una mujer y también la de un hombre, aunque afortunados ellos, son los menos. Qué distinta hubiese sido la vida para Esmeralda y para sus hijos si aquel no hubiese sido un matrimonio inadecuado; lo tenían todo para ser felices y estar orgullosos de su familia. Ella lo amaba profundamente, ambos tenían estudios universitarios, excelentes trabajos y todo un porvenir por delante, pero no, el dinero y el machismo y el creerse dueño del mundo lo destruyó todo, a tal punto que Esmeralda estuvo en riesgo de perder su vida en varias oportunidades por el alto grado de violencia doméstica física, y por la tristeza y depresión en que estaba sumergida que la impulsaba a intentar suicidarse.

Afortunada e irónicamente, hay hechos dramáticos que hacen el clic en algunas personas logrando despertarlas, que salgan y den un grito de auxilio al darse cuenta de que nacieron para ser felices y no para sufrir, que el mundo es maravilloso y que hay miles de razones para vivir y ser felices, empezando por amarse a sí mismas, aferrándose a ese poquito de amor propio y sentido de por qué vivir que les queda, aunque en realidad es mucho.

Con el apoyo de su madre, de amistades relacionadas con el colegio de sus hijos y la cercanía a la iglesia católica, se aferró a la vida y a un tratamiento psiquiátrico de tres años, con lo cual logró renacer como el ave fénix, recobrando su alegría de vivir, de ser feliz, divertirse, trabajar, realizarse profesionalmente, vestir y maquillarse a su gusto, dejarse crecer el pelo, usar ropa ajustada si se le daba la real gana, ir a tomarse un café con una amiga sin ser tratada como una mala mujer y empezar a confiar en el sexo opuesto, empezar a confiar y tomar conciencia de que no todos los hombres son malos o están enfermos.

Le quedó un solo y gran dolor en el corazón: el no haber sido capaz de formar una linda familia y dar a sus amados hijos un hogar lleno de amor, seguridad y felicidad. Es el karma que la acompañará de por vida, sin perder la esperanza de recuperar algún día su confianza y construir una relación saludable de amor y respeto con sus hijos.

Sobrevivió a la violencia doméstica y a la pérdida de sus tres hijos, quienes optaron por quedarse con su padre, cuando ellos se separaron definitivamente, aunque ya eran adolescentes, e incluso Apolo iniciaba su primer año de universidad, además de sobreponerse al duelo post separación de hecho, porque en esos años aún no existía el divorcio civil en Chile, solo la nulidad, hecho impensable para ella por la imposibilidad de llegar a un acuerdo con Mario, amén de que él se jactaba diciendo que jamás se divorciaría, siendo la excusa perfecta para no tener que casarse con alguna de sus amantes. Sin embargo, en cuanto se publicó la Ley de Divorcio en Chile, Esmeralda contrató los servicios de un prestigioso abogado, quien en un santiamén gestionó el divorcio recobrando así su libertad tan anhelada. Era tan agobiante y de mal gusto, cada vez que tenía que realizar algún trámite de importancia debía dar información de mujer casada y por ende los datos de su ex marido, de quien ni siquiera tenía la dirección. Era una verdadera pesadilla. Recobrar su libertad e independencia cambió su vida por completo, y ese fue el último eslabón de su terapia, aunque quedaba pendiente la relación con sus hijos y la reconciliación con ellos, para lograr la felicidad, tranquilidad y paz para ella y sus hijos.

Volviendo al hecho traumático de que no podría disfrutar a sus hijos durante la semana de fiestas patrias decide, sacando fuerzas de flaqueza, acudir a la agencia de viajes con la férrea convicción de seguir los consejos de la ejecutiva, quien la instaba a viajar sola.

—Pierina, Pierina, por favor, envíeme de vacaciones a donde sea, no puedo quedarme sola en Copiapó, todo el mundo se irá a pasear y a la playa —agregando—: Pedí vacaciones para disfrutarlas con mis hijos y al final optaron, como siempre, quedarse con su padre, por favor, véame un paquete turístico todo incluido en el Caribe, por toda la semana.

—Ok, ¿dónde quiere ir?

—A donde sea, solo salir de Copiapó, no quiero estar durante las fiestas patrias encerrada y llorando.

—Déjeme ver y le aviso. ¿Qué le parece San Andrés, Colombia, o isla del Carmen? ¿Cartagena de Indias?

—Donde sea, ya tengo que regresar a la oficina.

Fue así como Esmeralda aprendió a hacer uso de su resiliencia para sobreponerse de cada latigazo que le seguía dando su ex marido a pesar de estar separados. Pierina la llamó muy preocupada comentándole que no quedaba ninguna disponibilidad de pasaje y hotel en los lugares turísticos que había mencionado, pero que había una posibilidad en Río de Janeiro y Buenos Aires. Esmeralda respondió enérgicamente:

—No, gracias, ya he estado muchas veces en esos países, siga buscando, por favor.

—Pero dígame dónde podría ser, porque ya no sé dónde más buscar.

—Las Bahamas, Antillas Francesas, por último, a Punta Cana otra vez.

Al final del día recibe otra llamada de la ejecutiva, quien le comunica que no ha podido encontrar nada, que habría una sola posibilidad y sería en *Montego Bay, Jamaica.*

—¡¿Jamaica?! ¡Guau, fantástico! Envíeme a Jamaica, es un país que siempre he querido conocer, qué maravilla, estoy feliz, feliz.

—Sí, señora Esmeralda, pero hay un pero, en realidad dos, es súper caro, el doble del precio de Brasil, Argentina y Colombia, y con una escala de ocho horas en Miami.

—¿Qué? ¡Ocho horas en Miami! ¿Usted pretende que pase ocho horas de mis vacaciones encerrada en un aeropuerto?, no, imposible, gracias.

—Entonces nada que hacer, lo siento.

—¿Cómo que lo siente? Yo aún no me he rendido, cuénteme cómo es eso de la escala en Miami. ¿Puedo tomar otro vuelo, por ejemplo, al día siguiente?

—Sí, por supuesto, y le respetan el precio, porque sería en el mismo itinerario, solo en una fecha distinta.

—*Ok*, caso cerrado, como diría la doctora Polo. Déjeme dos días en Miami, prefiero pasear por Florida que perder ocho horas de mi viaje en el aeropuerto —exclamó con un suspiro de alegría y sonriendo mientras se retiraba de la agencia de viajes, más feliz que los tres chanchitos.

Estaba organizando su equipaje cuando recordó que tenía unos primos que vivían en Miami, a los que no veía desde que eran niños, hacía más de veinte años (qué, fácilmente treinta años), cuando sus tíos decidieron mudarse a Isla Margarita, Venezuela; después se separaron y ante la crisis política y económica producto del chavismo, los primos emprendieron viaje a Estados Unidos en busca de mayor seguridad y bienestar. Llamó a su madre preguntándole si tenía algún número de teléfono o algún dato de cómo ubicar a los primos.

–No, no tengo nada, pero te los puedo conseguir.

–Ah, ¿en serio? Muchas gracias.

Para la madre de Esmeralda, al igual que para ella, todo se podía y eran muy buenas, ingeniosas y divergentes para conseguir información y resolver problemas. Seguro fue así como logró que su primo George la fuera a buscar al aeropuerto y pasara un maravilloso e inolvidable fin de semana con sus queridos primos; lo pasaron fabuloso recordando anécdotas de su niñez y recorriendo la bahía en yate, fue acogida y regaloneada como una princesa, a tal punto que no querían que siguiera viaje a Jamaica, le pidieron que se quedara con ellos, pero no, siguió su itinerario como estaba planeado.

Al llegar a Montego Bay se encontró con que el hotel era de gran lujo, un resort de innumerables edificios, jardines y piscinas a la orilla del mar.

La habitación que le asignaron estaba en la planta baja, en una esquina, y daba a un pequeño patio con tragaluz. La recámara era preciosa, con todo tipo de facilidades, inclusive jacuzzi. Pero el aire cálido de Jamaica le acalora, le hacer respirar en forma agitada, como si le estuviese faltando el aliento; sin sentirse cómoda, respira profundo y va a la recepción. En forma muy amable, sonriente y halagadora, saluda al recepcionista tratando de ganarse su aprobación y conseguir su cometido.

—Mi querido señor, estoy feliz de estar en su país, y a pesar de ser tarde noche puedo apreciar la belleza y encanto de su tierra, y en especial de su gente.

—Muchas gracias, bella señorita, así es Jamaica, bellísima, y mañana usted verá la hermosura de sus playas, palmeras, jardines y todas las comodidades de nuestro resort. Que es cinco estrellas.

—Sí, todo es maravilloso, sin embargo, tengo un grave... grave... problema —fue abruptamente interrumpida por el conserje, que estiró un brazo con la mano hacia arriba y la palma en frente de Esmeralda en señal de stop, al mismo tiempo que con la otra mano ponía el dedo índice sobre los labios haciendo la señal de silencio, exclamando con preocupación:

—¡Shh, shh, *please,* no, no puede decir eso, no puede pronunciar esa palabra —ahora es ella quien lo interrumpe con cara de interrogante sorpresa y queriendo saber qué era lo incorrecto en lo que estaba tratando de decirle:

—Pero ¿cómo, si tengo un problema? —otra vez recibe la misma reacción: ¡Shhhh!

—No, no se dice así, se dice "tengo una situación", suena más elegante y aleja las malas energías.

--Mmm, entiendo, solo "paz y amor" —mostró con sus manos el signo de la paz seguido del gesto de fumar yerba de la buena. Suspirando comentó:

—Mmmm, entiendooo, entiendoooo, no problema, *sorry sorry,* es que me acordé de Bob Marley, él canta así, ¿o no?

—Así es, mi bella y joven señorita, se dice "tengo una situación", cuénteme cuál es la situación que le aqueja, porque aquí estamos para servirle y hacerla sentir cómoda y feliz, para que disfrute de su estadía y vacaciones.

—Resulta que la habitación que me asignaron es muy linda, cómoda y acogedora, pero no tiene vista al mar, ni siquiera a la piscina, yo sufro de ansiedad y claustrofobia —agregando en tono de coquetería y como una niña mimada, de aquellas que todo lo que quieren lo consiguen gracias a sus encantos—, es que estando solita no tendré quien me proteja, me sentiré ahogada y capaz que hasta me den crisis de ansiedad estando en esa habitación tan encerrada.

—Mmm, entiendo cuál es su situación.

—Por favor, ¿sería tan amable de ver la posibilidad de trasladarme a otra habitación? Ideal sería en el segundo o tercer piso, con vista al mar o al menos a la piscina, ¿sería posible?

—Déjeme ver… déjeme ver… qué tenemos para ofrecerle.

Ella lo miraba con carita angelical y muy coqueta, como una niña consentida.

—Déjeme decirle que usted además de ser muy bella, es una mujer muy afortunada, tenemos disponible una habitación en el segundo piso, e incluso es más grande, con una vista espectacular a los jardines.

Esmeralda respondió con evidente disgusto y tratando de conseguir algo mejor:

—¿Pero, y qué hay de otra habitación con vista a la playa?

—Déjeme terminar, no se me impaciente, la habitación que le estoy ofreciendo es la número 17, con vista a los jardines, piscina ¡y a la playa!

—¡Guaaaau! ¡Qué ricooooooo! ¡Se pasó, se pasó! ¡Es maravillosoooo! ¡Muchas, muchas gracias! —y abalanzándose por sobre el mesón, lo abrazó y le dio un tremendo beso en la mejilla. No podía estar más contenta, irradiaba una gran felicidad.

Vista panorámica desde la habitación del resort

A la mañana siguiente, la calidez y humedad tropical características del Caribe, junto a la claridad del día, el canto de las aves y el ruido del agua de las cascadas que caían desde una piscina a otra, le dieron los buenos días. Deslumbrada por la intensidad del sol y la majestuosidad del escenario que tenía enfrente, quedó absolutamente perpleja al abrir los cortinajes del ventanal de su habitación, que era de pared a pared; su vista se perdía en la inmensidad del mar, las palmeras a la orilla de la playa, la belleza de los jardines con aromática fragancia tropical y las inmensas piscinas. Aquello era apenas una pequeña parte de la belleza exuberante del paisaje.

Rápidamente se duchó y preparó para ir a desayunar, y al pasar por recepción la saludaron muy amablemente invitándola a una reunión de bienvenida, después de disfrutar de un exquisito y abundante desayuno compuesto de frutas, *omelette* y jugos naturales. Saludó a cada persona que se cruzaba a su paso y comenzó a hacerse conocida y a hacer amistades; el personal del restaurante le dio información detallada de los beneficios y comodidades del resort. Como siempre, su forma de vacacionar era disfrutar el primer día de la infraestructura y comodidades del centro de vacaciones, indagar por tours cercanos y conocer un poco más sobre la zona. Al participar en la recepción aprovechó de contratar un par de tours, uno para hacer una especie de safari por la selva, incluyendo caminatas y bajadas en *canopy* y el otro para ir a los siete ríos y un paseo en yate. En uno de los edificios contiguos se hallaba el área de los *night clubs* o discotecas (era uno de los servicios que ofrecía el resort), donde estaba todo incluido, incluso los cigarrillos y habanos; lo más simpático era el servicio de traslado en pequeños carritos, reservando hora de ida y regreso, aunque la de regreso podría ser variable, porque nunca se sabe con qué te encontrarás y cómo será la noche.

La llamaban a la habitación avisándole que su transporte estaba listo, y cual realeza el conductor le abría la puerta para subir y llevarla hasta el otro extremo del edificio —unos cinco minutos—. Las noches en la discoteca eran muy divertidas, con turistas venidos de todas partes y con el ánimo de pasarla bien, era como estar en el paraíso. Realmente estaba disfrutando, era el placer de consumir lo que quisiera sin estar preocupada de cuánto costaba ni el cambio de moneda, eran sus vacaciones perfectas. Y a propósito de dinero…, ese día cuando lo necesitó para pagar los tours, se dio cuenta de que no tenía su billetera ni sus documentos, los había perdido; revisó todo su equipaje hasta que hizo memoria que la noche anterior, al llegar a la habitación que le habían asignado, antes de ir a la recepción los había dejado bajo la almohada. De inmediato fue a la recepción, con la gran suerte de encontrarse con el mismo personal de la noche anterior. Tras saludarles amablemente les comentó en tono serio:

—Tengo una situación.

—Cuéntenos qué le pasó, ¿cuál es su situación?

—Perdí mi billetera con todos mis documentos, tarjetas de crédito y dinero.

—No, no, no puede ser, ¿cómo? De seguro debe haber un error, ¿buscó bien entre sus cosas?

—Sí, ya lo hice y no la encontré, creo que está en la habitación que me habían asignado ayer.

—Oh, no, no puede ser, porque llegaron más huéspedes y no nos han dicho nada y la mucama tampoco —comentaba con gran preocupación y sin poder creerlo, mientras revisaba en un gran libro y en la computadora, hasta que de repente, mirando la pantalla de la computadora, exclamó con alegría y sorpresa:

–¡Ah, no, aún está desocupada esa habitación!, aunque es extraño que la mucama no haya entregado nada en recepción esta mañana después de limpiar las habitaciones, qué extraño, algo aquí no me cuadra –seguía comentando mientras salía de detrás del mesón, y aproximándose a Esmeralda le ofreció el brazo sonriente y muy galán, le dijo–: Venga, mi bella dama, vamos a revisar la habitación.

Y se fueron caminando por los pasillos en animada conversación, como grandes amigos. Esmeralda era única, con una facilidad increíble para hacer amistades y compartir con todo el mundo. Él abrió la habitación y ella entró a paso firme hasta la cama, levantando la cubierta con la almohada, tomó la billetera y exclamó con gran alivio y alegría:

–Ve, aquí estaba mi billetera, justamente donde la dejé, debajo de la almohada, no problema, *sorry, sorry,* todo está bien, muchas gracias –y corrió a darle un gran abrazo y un beso, igual que lo hiciera la noche anterior tras lograr el cambio de habitación.

Fueron unas vacaciones increíbles, lejos una de las mejores; a pesar de haber viajado sola nunca se sintió abandonada y menos triste, siempre estuvo rodeada de muchas personas, compartiendo con otros turistas y el personal del resort, muy sonrientes y prestos a brindarle cualquier tipo de servicios que requiriera. Los tours que contrató fueron un verdadero placer y aventura, los disfrutó a plenitud, siendo único e increíble el tour llamado *Rastasafari y canopy,* iniciándose a mitad de mañana. La pasaron a buscar en una van, y junto a otros turistas se embarcaron hasta llegar a la agencia de turismo, donde los esperaba un guía, quien los invitó a subir a un camión tipo militar, el techo cubierto con una lona y provisto de un par de rústicas bancas de madera a cada lado; iban sentados alrededor de una docena de turistas, hacía mucho calor, el ambiente era sofocante por la humedad. Al bajar del camión los esperaban un par de guías, quienes, tras darle las instrucciones y recomendaciones, les entregaron el equipamiento. Se internaron por angostos senderos alcanzando una mayor altura, hasta llegar a un punto determinado donde había una especie de jaula o canasto grande, donde se iniciaba la línea del *canopy.* El primero en subir fue uno de los guías, que emitió un grito tipo Tarzán e inició la travesía, parando a unos ciento cincuenta metros de distancia donde había otra jaula, y bajo ella y los pies de todos se adivinaba un precipicio interminable; sin embargo, gracias al espesor de la selva se podía disfrutar la adrenalina evitando hacerse conscientes de la altura en que se encontraban, y así fueron uno a uno disfrutando el trayecto, unos con más miedo que otros, apoyándose y animándose con la convicción de que deseaban vivir la aventura.

Esmeralda estaba fascinada, siempre le habían gustado las emociones fuertes y los deportes extremos, se deslizó con rapidez por la línea hasta llegar a la siguiente parada donde había que bajar en caída libre. Fue una emoción extraordinaria, recordó a los bomberos bajando por el caño de fierro de prisa para subir al carro bomba. Fue un día maravilloso, a pesar de los mosquitos que hicieron de las suyas en piernas y brazos. Esa noche el disfrute en la discoteca fue mayor al tener nuevos amigos con quien compartir y comentar la hazaña del día.

Al día siguiente fue otra gran aventura, una excursión. Pasaron por cascadas secretas hasta llegar a la casa donde viviera el legendario cantante de reggae Bob Marley. Hubo una experiencia que siempre recuerda con mucha diversión: tomó un tour doble a la Playa de Negril y crucero en catamarán, y lo divertido fue que en medio del mar en plena fiesta, con unos cuantos ron cola en el cuerpo bailando al ritmo del reggae y disfrutando de la lluvia tropical que se hacía la graciosa cada cierto tiempo, todos en traje de baño, se paseaba un joven jamaiquino sonriente con una loción en sus manos, se acercaba a algunas turistas sin ser aceptado, hasta que se aproximó a Esmeralda ofreciéndole un masaje, a lo que ella se negó rotundamente esbozando una sonrisa:

—No, gracias, no me gustan los masajes.

—Es que tú no conoces mis masajes, te encantarán, ven que no te arrepentirás.

—No, gracias.

—Come on —insistía el joven jamaiquino —, si será solo en los pies.

—Ah, ¿sí? Ok, en ese caso sí vamos.

Fue muy divertido, no paraba de reír, tenía tantas cosquillas en la planta de los pies que fue más una sesión de risoterapia que un masaje.

Su viaje a Jamaica fue el despertar a la vida,
y el reencuentro con su felicidad

Masaje en los pies por un joven jamaiquino

Otra de sus experiencias divertidas fue posar bajo las cascadas que se unían con el lecho del mar, tal cual una mona pilucha de calendario.

Fueron días de plenitud, de gozo y diversión. Disfrutaba como una niña, irradiando luminosidad, energía y mucha alegría. Era querida por todos, nunca cenó o desayunó sola. ¡Ah! Hay una travesura que le encantaba hacer a los salvavidas, resulta que estaba prohibido tirarse piqueros en las piscinas, y a ella desde niña le encantaba tirarse piqueros haciendo competencias con sus hermanos para ver quién se tiraba más lejos, quién aguantaba más debajo del agua, y burlándose a carcajada de quien fuera a caer mal y se diera un manso guatazo. Ella solía ubicarse cerca de uno de los salvavidas para tomar sol, sintiéndose más protegida y segura con sus pertenencias al dejarlas a su cuidado mientras recorría la playa o se iba a bañar al mar, o a servirse un trago bajo las palmeras a orillas de la playa, le encantaba tomar piña colada en el bar que estaba dentro de la piscina, sentarse en los pisos de cemento con el agua hasta la cintura era su fascinación, al igual que desplazarse por la piscina con la copa en la mano compartiendo con otros bañistas, mujeres, niños y hombres, con todo el mundo, era extremadamente sociable y amigable, dándose a querer por todos. Tras hojear una revista y folletos que ofrecían tours y disfrutar del maravilloso clima y sol por casi una hora, decidió tomar un baño, y en forma natural y como acostumbraba a hacerlo en la piscina de su casa, se lanzó a la piscina dando un gran piquero. En eso escuchó el silbato del salvavidas, asustada y preocupada quiso saber qué sucedía, cuál era la emergencia (lamentando que se tratara de una emergencia, alguien podría estar ahogándose). El salvavidas le dirigió una mirada inquisitiva haciendo un gesto con la mano para que se acercara a él:

—Está prohibido tirarse clavados a la piscina, por favor, no lo vuelva a hacer —informó y ordenó con tono suave y firme.

—Pero ¿cómo, si estoy de vacaciones? Cuando uno está de vacaciones puede hacer lo que quiera, ¿o no? —respondió en busca de una respuesta permisiva.

—Lo siento, señorita, aquí está prohibido porque es peligroso, podría caer mal y hacerse daño, además de molestar a los otros turistas con el agua que salpica —acotó con mucha amabilidad.

—Entiendo, lo siento —respondió como una niña, zambulléndose, alejándose y ocultándose para no dejar ver el rubor de su rostro por la vergüenza.

Sin embargo, Esmeralda se caracterizaba por ser muy traviesa, espontánea y juguetona, no siempre hacía caso de las advertencias y recomendaciones, menos aún si se trataba de pasarlo bien, y así cada día se las ingeniaba para burlar la vista de los salvavidas y tirarse de piquero a la piscina. Se saludaban amablemente y conversaban sobre la hermosura de Jamaica, sus playas y las comodidades del resort, entre otros temas, hasta que ella les decía cualquier cosa para distraer su atención, como por ejemplo, con cara de sorpresa, le preguntaba mientras se levantaba de la reposera:

—Mire, ese señor que viene allá ¿es su jefe? —y en cuanto se daba vuelta para mirar, ella ya se había tirado el clavado a la piscina y desde lejos lo miraba riendo a carcajadas. Y se las ingeniaba cada día, o aprovechaba que salían a caminar alrededor de la piscina o conversaban con otro veraneante o incluso hablando por radio, la cosa es que era sagrado que cada día se tirara uno o más piqueros, al igual que disfrutaba de bañarse en la playa y nadar hasta las boyas.

De esa forma se fue haciendo conocida y querida por todos, en el bar, en la piscina, la playa, la discoteca y por el *team* de entretenciones, donde ella participaba cada día animando y apoyando la integración de niños y adultos. El día que terminaban sus vacaciones, estaba tan a gusto disfrutando que no quería perderse ni un minuto, almorzó y fue a disfrutar de la piscina antes de que el taxi la pasara a buscar para llevarla al aeropuerto. Nadaba feliz, como si el tiempo no apremiara, cuando escuchó la voz de una mujer con quien había estado compartiendo los días anteriores:

—Esmi, Esmi ¿qué, acaso no es tu vuelo hoy? ¿Qué haces aún en la piscina?

—Sí, viajo hoy, pero todavía tengo tiempo para nadar y seguir disfrutando de mis vacaciones.

—Noooo, mira la hora que es, vamos, sal del agua, ya es hora o perderás tu vuelo.

Sonriendo respondió:

—Un ratito más, un ratito más —y se volvía a zambullir una y otra vez haciendo caso omiso, y seguía nadando y jugando en el agua al igual que una niña a la que sus padres la tienen que llamar una y otra vez para que salga de la piscina y ella solo quiere seguir jugando. Varias fueron las personas que advirtieron su presencia en la piscina y estando en conocimiento de que se aproximaba la hora de su vuelo, le mostraban el reloj y advertían que iba a perder su vuelo si no se apuraba, a tal punto que se escucha el eco salir de todas partes:

—Esmeraldaaaa, Esmeraldaaaa, es hora de que salgas de la piscina.

—Esmi, es hora de que te prepares, te vendrán a buscar para llevarte al aeropuerto.

—Sal del agua, niña, es la hora de tu vuelo, ¿o acaso te quieres quedar?

—¡Ah! Parece que no quiere irse de regreso a su casa.

Ella, como una sirena, se sumergía y nadaba bajo el agua, no queriendo escuchar lo que le decían y deseando detener el tiempo, hasta que por fin emergió del agua, todos le decían "chao, buen viaje, fue un gusto conocerte y compartir contigo, te extrañaremos, escribe, llama, no pierdas mi número de teléfono ni mi correo".

Se fue saltando, cantando y sonriendo… Fue el inicio de la costumbre que adquiriría de viajar y vacacionar sola, en realidad lo único que hacía sola era viajar, disfrutaba de la compañía de todo el mundo en los aeropuertos, hoteles, resorts, tours, y donde quisiera que fuera.

Su viaje a Jamaica fue el despertar a su verdadera personalidad y forma de ser de mujer alegre, espontánea, sociable, segura, confiada en los demás, sin miedos ni prejuicios; era una niña adulta, oportunidad en que estrena sus mágicos y maravillosos zapatitos rojos. Zapatitos que la llevarán a recorrer y disfrutar de parajes impensables ni soñados por ella, como las pirámides de Guiza en Egipto, los papiros en El Cairo y *Sharm El Sheikh* con un tour que incluía un paseo en camello y observación de las estrellas en el desierto del Sharm, donde debió pasar la noche en plena pampa tras irse el bus sin ella y su amigo Keith; Italia con su bella Venecia, Nápoles y la Toscana; Turquía con sus mezquitas y el *Gran Bazar de Estambul; París,* con sus museos y arte; Alemania, destacando la visita a la casa de *Hansel y Gretel;* y gran parte de la vieja Gran Bretaña, incluyendo la tierra del whisky como es Edimburgo, Escocia, y las ciudades universitarias de Oxford y Cambridge; y en Suramérica recorrerá lugares como San Andrés en Colombia, Puerto Rico, México, Costa Rica, República Dominica-y Río de Janeiro en Brasil, siendo este el lugar donde realizará el más largo de sus viajes como la novia peregrina.

Su vida era económicamente confortable, disponía de varias propiedades, incluyendo una hermosa casa de veraneo en la playa, en uno de los centros más atractivos y turísticos del norte de Chile como es Bahía Inglesa. Por supuesto que no estaba consciente de ese privilegio y de las comodidades económicas en las que vivía, puesto que durante sus casi veinte años de matrimonio con el padre de sus hijos, quien gracias a sus estudios de ingeniería accedió al cargo de gerente de una gran empresa minera, –cargo que desempeño por más de 20 años y había cesado tan solo un año antes del accidente–, que más tarde sería conocida a nivel mundial a raíz del accidente minero de los 33, generado por el derrumbe de la mina San José, accidente de gran envergadura ocurrido el jueves 5 de agosto de 2010, alrededor de las 14:30, dejando atrapados a 33 mineros a unos 720 metros de profundidad durante 69 días. El domingo 22 de agosto, 17 días después del accidente, los mineros fueron encontrados con vida, logrando ser rescatados de forma exitosa el día 22 de octubre, gracias a la excelente gestión del gobierno y al apoyo internacional, a través de una perforación transportándolos al exterior en una cápsula llamada Fénix. El miércoles 13 de octubre del año 2010, y diez minutos después de la medianoche, lograron llevar a la superficie al primer minero, continuando con los siguientes a un ritmo de cerca de uno por hora. Hasta la fecha ha sido el mayor y más exitoso rescate de la historia de la minería a nivel mundial, siendo el evento con mayor cobertura mediática de esas características con alrededor de 1.000 a 1.300 millones de telespectadores.

Esmeralda estaba al tanto de la riesgosa forma de trabajar de la minera San José, era habitual que su esposo le comentara sobre los accidentes que ocurrían con frecuencia, muchos de ellos siendo tratados en forma privada para evitar el pago de altas primas, y más que eso, suspensión o cierre de la faena minera por el organismo competente.

Recuerda que una vez a la semana, Mario debía inspeccionar los trabajos que se realizaban al interior de la mina, y en la mañana de ese día, la miraba con extrema preocupación y miedo:

—Esmi, mi amor, hoy tengo que bajar a la mina, no sé si saldré con vida de ese infierno —le decía mientras la abrazaba con mucha fuerza, como buscando su contención y al mismo tiempo despidiéndose en silencio, diciendo como para sí mismo—: No voy a morir, no puedo morir, Diosito está conmigo, él no me puede fallar.

—Te amo, Esmi, por favor, si no salgo con vida de la mina, cuida muy bien de nuestros hijitos. Si muero, quedarán muy bien en términos económicos, no tendrás de qué preocuparte, no les faltará nada, mi contrato es a todo evento y la indemnización es millonaria, así que quédate tranquilita.

—Por favor... por favor... no vayas a la mina, no bajes, tú eres el gerente, no es necesario que bajes, tú das las órdenes, por favor…por favor… —le suplicaba con los ojos llenos de lágrimas.

—Así es el trabajo, mi amor, y con mayor razón siendo el jefe necesito bajar a la mina para ver en terreno las perforaciones y camino de las vetas, además para animar a los viejos —así se les llama en jerga minera, y en general a los trabajadores que se desempeñan en trabajos pesados de gran desgaste físico y de la construcción, en forma cariñosa y con respeto.

—Pero por qué no hacen algo para fortificar los túneles y evitar que sigan ocurriendo derrumbes y planchones. Es terrible, no pueden seguir accidentándose esos trabajadores y menos aun muriendo aplastados por los derrumbes y planchones, que son el pan de cada día en esa mina.

—Sí se hacen trabajos de fortificación, pero es imposible y antieconómico fortificar toda la mina, además recuerda que los dueños son tacaños y miserables, aunque conmigo han sido muy generosos —y agregó—: son kilómetros y kilómetros de túneles, imposible de revestir y fortificar todo, es imposible, qué más quisiéramos que trabajar tranquilos y seguir produciendo sin que se nos accidente ningún viejo.

—¿Pero por qué no la cierran y trabajan otra mina? —insistía Esmeralda con tono de gran preocupación y en busca de respuestas y soluciones.

—Sí, estamos buscando otros yacimientos mineros, esperemos que les vaya bien a los topitos, nuestros topógrafos y geólogos, para empezar a trabajar una nueva mina y olvidarnos de este infierno. Sin embargo, por el momento hay que seguir trabajando y produciendo. Ya me tengo que ir, deséame suerte —replicó Mario mientras tomaba las llaves y la billetera de sobre el velador de la habitación matrimonial.

–Sí, mi amor, rezaré mucho por ti y para que no pase nada malo en la mina, por favor, cuídate mucho y por favor evita entrar a la mina –suplicaba Esmeralda.

–Ya basta, cállate, ya te dije que no puedo no hacerlo, tengo que bajar a la mina, es mi responsabilidad y mi trabajo, no hagas más difíciles las cosas –espetó Mario alzando la voz y en tono de evidente enojo, mientras se alejaba por el largo pasillo que daba al hall de entrada de la inmensa y hermosa casa donde vivían.

Así es la vida de las familias mineras, incierta y viviendo en permanente sobresalto, no solo las familias de los propios trabajadores que laboran al interior de una mina o se desempeñan en faenas de terreno, es un gran colectivo de personas que cuando llega a suceder algún accidente, todos en la empresa se ven afectados de una u otra forma, incluso pueden llegar hasta a perder su trabajo con el cierre de la faena minera, como sucedió con la mina San José…

Trabajo minero que les permitió, como familia de clase media baja, acceder en forma meteórica a una vida de grandes comodidades y lujos, impensables para sus padres pero que sí gozaron sus abuelos con el desarrollo de la bonanza de la agricultura a principios del 1900 y antes de la reforma agraria, gracias al gran trabajo visionario del abuelo Ismael, quien heredó y adquirió grandes extensiones de terrenos agrícolas, cultivando en forma exitosa sus tierras con la adquisición y uso de las primeras maquinarias agrícolas llegadas al país en esos años, haciendo una pequeña fortuna que le permitió darse el gusto de comprar una cantidad considerable de casas en el campo y en la capital de Chile, Santiago; su tradición fue traspasar una casa a cada uno de sus siete hijos al momento de contraer matrimonio, facilitándoles el inicio de su propia familia y dándoles una seguridad económica.

Fue así como gracias a esa gran solvencia económica, plena de comodidades materiales, con viajes de placer al exterior, con sus hijos asistiendo al mejor colegio de Copiapó, de gran reputación, de educación exclusiva y dominio del idioma inglés, enseñanza que empezara a ser apetecida y necesaria; así se construyó el Colegio San Lorenzo, un establecimiento de educación exclusiva y de élite como estrategia para atraer a las familias de los ejecutivos de las empresas mineras trasnacionales, brindando una educación de primera calidad a sus hijos, posibilitando el traslado de familias estadounidenses a una zona de clima árido, sin vegetación ni adelantos tecnológicos. Sin embargo, suele suceder que las familias que llegan al norte de Chile terminan enamorándose de su clima, de sus maravillosas playas, valles, cerros multicolores, de su cordillera con lagunas y fauna altiplánica, aunque era poco apetecido el trasladarse a vivir al norte, al menos en esos años, por lo alejado de las grandes zonas urbanas, y por ende desprovisto de las comodidades a que estaban acostumbrados en su país de origen, incluso en servicios tan básicos y vitales como el acceso a educación y salud de calidad, y ni pensar en espectáculos de diversión, por lo que la empresa se caracterizó además por el desarrollo de las artes y la cultura llevando y organizando eventos de destacada calidad artístico musical, teatro y exposiciones, para el beneficio de la elite de la minería, empresas asociadas, sociedad y familias ricachonas copiapinas, además de privados con gusto refinado y poder adquisitivo, como fue el caso de ellos, haciendo nuevas amistades y abriendo horizontes de grandes oportunidades, en especial para sus hijos.

En fin, era una vida de "*Bilz y Paz*", haciendo referencia a los nombres de dos **bebidas gaseosas** chilenas con su eslogan "Yo quiero otro mundo", donde *Bilz y Pap* invitaban a sus consumidores a vivir un mundo lleno de entretenimiento y fantasía. Así era, e incluso muy común que recibieran bromas al respecto, con frecuentes viajes de placer al majestuoso sur del territorio nacional, enamorados de la zona de Villarrica y Pucón por su hermoso verdor, lagos, cascadas, bosques milenarios, aguas termales y el intrépido río Trancura, que disfrutaban con la adrenalina a mil por hora bajando por sus torrentosas aguas y escarpados rápidos haciendo rafting. Un verano caminaban al atardecer plácidamente, recorriendo locales turísticos y ferias de artesanías cuando en eso los intercepta el típico joven de buen físico y parecer, muy alegre, chispeante, ofreciendo vivir la experiencia de saltar en tándem. Esmeralda, con su pasión por vivir experiencias adrenalínicas, pregunta:

—Cuéntame, cuéntame, de qué se trata, sí me interesa y muchísimo, a ver… a ver…

—Por favor, vengan, pasen a nuestra agencia turística para mostrarles videos y fotografías.

Todos estaban fascinados excepto Mario, de personalidad menos arriesgada y siempre preocupado de que no estuviesen ambos al mismo tiempo, en riesgo de vida, porque uno de ellos debía quedar vivo para cuidar de los niños. Así se embarcó, fue una experiencia extrema de adrenalina al 100%, Apolo y Victoria la acompañaron en el vuelo de la avioneta para mirar el salto, no podía desconocer que a pesar del gran entusiasmo y de tener la plena convicción de saltar, era inevitable sentir miedo, recuerda que cuando el piloto le avisa al instructor que ya habían alcanzado la altura ideal para realizar el salto, su corazón empezó a latir con tal rapidez que se sintió morir, e incluso por un par de segundos titubeó en realizar o no el salto. El instructor era experto en convencer a los turistas y no iba dejar escapar a la clienta en esa etapa de la travesía y con los dos hijos mirándola, no, no, obviamente no sería una actitud digna y bajo ningún punto de vista podía quedar en vergüenza, así que apechugó como buena chilena y dijo "ok", poniéndose en posición previa al salto como se le había enseñado; al sacar su mano derecha para agarrarse de uno de los costados de la pequeña puerta la velocidad del viento empujó con fiereza su brazo hacia el otro extremo. El guía la ayudó a tomar posición y le gritó:

—¡Agárrate con firmeza, a la cuenta de tres saltaremos! —mostrando sus dedos—: ¡¡¡uno… dos… tres!!!

¡Qué experiencia tan impresionante!, fue una sensación espectacular, divina, comparada tan solo con uno de esos orgasmos que te hacen gemir de placer y transpirar de pies a cabeza. Ese minuto en caída libre le recordó a Juan Salvador Gaviota y dejó llevar su cuerpo en plena libertad entregándose a la pericia y osados giros que daba con el instructor, abriendo brazos y piernas en cruz, volteando de un lado a otro y e incluso dando vueltas de carneo… una experiencia única… Al día siguiente la repitió y en los próximos veranos ya no fue un salto ni dos, fueron muchísimos y acompañada de Apolo y Victoria, que también se atrevieron a saltar. Renata no pudo, por su corta edad y baja estatura, no le era posible vivir la experiencia. Fue el inicio del paracaidismo, hobby que practicaba cada vez que le era posible. ¡Ah!, en el primer salto de Esmeralda, Apolo y Victoria se ven sorprendidos experimentando la fuerza G, al regreso tras el salto de su madre, el piloto de la avioneta lo hace en forma muy rápida y brusca, haciéndoles sentir que su cara se desfiguraba con el cambio de presión atmosférica, hecho que contaban con gran euforia y adrenalina, incluso en una clase de ciencias, al tratar de explicar el profesor qué era la fuerza G, Apolo levantaba su mano y explicaba a sus compañeros con lujo de detalles de qué se trataba, ganando así una anotación positiva y un punto en el próxima examen.

Esmeralda recomendaba a sus amistades más osadas y amantes de la adrenalina, al igual que ella, que practicaran tándem y paracaidismo, dándose el tiempo de explicarles con verdadera pasión en qué consistía vivir la experiencia de un salto tándem, le brillaban los ojos y movía sus manos reviviendo sus experiencias y exponiendo con lujo de detalles:

—Tándem es una caída libre, es una actividad que te permite descubrir el paracaidismo en forma rápida y segura saltando con un instructor calificado, quien tiene el control total del salto, tú solo tienes que disfrutar. Te hacen una pequeña instrucción de tan solo 15 minutos, te suben a una avioneta provista del traje adecuado y listo para saltar, el trayecto del vuelo es muy placentero, se sobrevuela el lago Villarrica y se pasa por las laderas del volcán del mismo nombre, con una vista excepcional de los paisajes naturales más hermosos de Latinoamérica. La caída libre dura menos de un minuto a 200 kilómetros por hora, y a los 1.500 metros de altura el instructor abre el paracaídas, a esa altura se goza de un vuelo entre 5 a 10 minutos antes del aterrizaje en plena playa del lago Villarrica —agregando—: hubieses visto cómo los turistas y bañistas arrancaban gritando despavoridos cuando nos vieron aproximarnos a la playa. No te lo puedes perder la próxima vez que vayas de vacaciones a Pucón. Si quieres yo te acompaño, me ofrezco de voluntaria para saltar contigo, si ya soy una experta.

Esos primeros segundos disfrutando en caída libre fueron el inicio de su amor y pasión por la práctica del paracaídas, estando aun cerrado el paracaídas, le encantaba disfrutar moviendo el cuerpo a diestra y siniestra. Era tan placentero y alucinante, comparable solo con el orgasmo más escandaloso, sudoroso y regocijante que pudiese tener en la cúspide de los años de ferviente sexualidad y exorbitante juventud. Eran vacaciones familiares soñadas, anheladas y disfrutadas a más no poder tanto por los niños como por Esmeralda y Mario, los días de esplendoroso verano eran de nadar y juegos de agua en el lago, las mañanas para caminatas, en días menos cálidos bajada por el Trancura y los días lluviosos eran una delirante fascinación para todos, porque era día de termas, qué sensación más maravillosa disfrutar de piscinas semi rústicas termales, construidas en medio del bosque, con un riachuelo a un costado y al otro el agua que alimentaba las piscinas, los pies se masajeaban al caminar en tibias y cosquillosas piedrecillas, la hostería con un servicio de primera calidad y finura. Fueron años paralelos a una segunda vida de infierno y calvario que vivía Esmeralda, con el padre de sus hijos, siendo una vida única y mágica disfrutaba cada verano, sumado a los viajes de placer al Caribe y el típico viaje al mundo mágico de *Disney World,* oportunidad en que conocieron y compartieron con un matrimonio de un ginecólogo y una enfermera de Santiago Chile, que llevaban a su único hijo de ocho años también al típico y soñado viaje de infancia. El perfume que Esmeralda olía era tan exquisito, embriagador y sublime que se acercó a la mujer para deleitarse con tan aromática fragancia, y fue así como al realizar las compras de regalos y souvenir, observó la marca del perfume que pasó a ser su identidad; lo lleva desde 1996, es decir, desde el siglo pasado, fragancia que la caracteriza y resulta única y muy atrayente para la gran mayoría que lo huele por primera vez. "Es mi fragancia natural", es la respuesta que expresa con sonriente seguridad y orgullo a quienes le preguntan, y a pesar de la insistencia jamás dio a conocer su nombre y menos aún la marca.

Al respecto hay dos episodios importantes, uno muy emotivo de su hija Victoria, que estuvo de intercambio estudiantil en Belmont, en el Estado de Colorado, Estados Unidos: al extrañar y sufrir la ausencia de su madre, se iba a los shoppings center con el pretexto de estar buscando fragancias, pero era la imperiosa necesidad de sentir cerca a su madre a través del perfume.

Respecto a su perfume hay varias historias y anécdotas. A William, uno de sus enamorados, le encantaba acercarse y sentarse muy cerca de ella, para embriagarse de su aroma tan singular. Una vez, se detuvo en un reconocido shopping center para comprarle uno, al llegar a la tienda la dependienta les informó que ese producto estaba agotado, y les ofreció otros comentando que eran similares e incluso más aromáticos, pero respondieron que no, que el perfume que necesitaban comprar era ese y no otro, la vendedora insistía en que no le quedaban pero que en el otro local había solo dos unidades; y dijo que ese perfume estaba descontinuado.

—¿Qué? ¿Qué quiere decir eso, que no harán más? —preguntó Esmeralda con voz de aterradora sorpresa—. ¡No, noooo, no puede ser, ese perfume es mi esencia de ser, es el perfume que me identifica, es parte de mí, de mi ser, es mi identidad y personalidad! —y era verdad, no estaba exagerando.

—En ese caso debería ir a comprar esas dos unidades antes que las vendan a otro cliente. Espere, déjeme ver si tienen stock en otros de nuestros locales —agregó amablemente y con clara intención de ayudar.

—Sí, por favor —rogó William, con tono de infinita gratitud y preocupación.

Así fue como recorrieron cada local que les indicó la vendedora, cada perfumería con que se toparon en su recorrido. Lograron comprar más de treinta botellas de perfume, debería haber estado más que contenta, jamás en toda su vida había comprado, mejor dicho, le habían regalado tantos perfumes de una sola vez y en un solo día; sin embargo, estaba muy triste y frustrada, y no era cosa de niña mimada, no, en lo absoluto, le angustiaba demasiado el imaginarse sin su perfume. ¿Qué iba a hacer cuando se le acabara la última gotita de la fragancia de la última botellita? Fue tanta su angustia y preocupación, que llegó al punto de empezar a racionar la aplicación usando una menor dosis, y dejó de hacer su ritual romántico de cada noche de rociar un par de veces el dormitorio por encima de la cama para sentir y embriagar el ambiente con su presencia provocando una irresistible noche de pasión y lujuria. Sí, le encanta hacer el amor, es como su alimento diario y se prepara para disfrutarlo en plenitud.

En el despertar a su nueva vida de mujer independiente, de mujer divorciada, iba experimentando el goce de sentirse libre, de ser dueña de su tiempo, no había placer más grande que tener la libertad de hacer lo que le placiera, reunirse con quien quisiera sin que nadie estuviese criticando su modo de actuar y ser: "mira cómo te vistes, si pareces una puta", "tú no sales a ninguna parte, ni lo pienses", "todas esas que dicen son tus amiguitas son unas mujeres malas tal por cual, unas mujeres sueltas", etc., etc. Aquellas frases eran parte del pasado que aparecía de vez en cuando en su mente, con la fuerza del relámpago en una lluviosa y tormentosa noche de invierno, que le provocaban recuerdos de profundo dolor. Sin embargo, la fuerza motivadora de su cambio, divorciada y sin el más mínimo interés en entablar una nueva relación de pareja, con una personalidad deslumbrante de mujer fuerte, empoderada, de una belleza e inteligencia únicas, la rodeó de grandes amistades, en especial hombres, de quienes disfrutaba la compañía. No obstante, debía reconocer el surgimiento de cierta fragilidad con la aparición de sentimientos de amistad que fácilmente podrían haber pasado a convertirse en algo más, lo que ella no deseaba y evitaba a toda costa; estaba tan feliz con su vida de mujer divorciada, independiente y dueña de sí misma, que no le pasaba por su mente el hecho de volver un ápice atrás, a convertirse otra vez en una mujer casada y dominada por un hombre. Pensaba que todo lo hermoso que construía en la relación de amistad con sus amigos, siendo parejas podría desaparecer y volver a vivir una vida de violencia y desamor, así que no, no y no, un segundo matrimonio a pesar de ser mejor que el primero, no estaba para nada en sus planes, "caso cerrado", como diría la doctora Polo. Se hizo de maravillosos amigos, uno para cada una de sus necesidades e intereses, uno para cada día de la semana, al igual que las carteras y zapatos, una especial y que le hiciera juego y combinara muy bien con su ropa; se veía rodeada de innumerables amistades que en su mayoría eran hombres, aparte de su par de grupitos de amiguitas del té y para celebrar cumpleaños, además del grupo de colegas y amistades de trabajo. Sí, eran tres maravillosos grupos de amistad construidos a lo largo de los años, vivenciando sentimientos de felicidad y empoderamiento con el nuevo despertar a la vida de mujer divorciada, libre e independiente. Esmeralda también contaba con la gran amistad, cariño y apoyo incondicional de su grupo de amigos llamados "*Los Marynellos*", quienes fueron paño de lágrimas, consuelo, apoyo y contención en los difíciles momentos de su vida, como el cáncer y la cesantía, y lo peor, al transformarse en un verdadero mar de lágrimas por no poder ver y disfrutar de sus entrañables y adorables nietecitos. Eran amigos con los que se reunía en forma frecuente, y en particular para la celebración de cumpleaños, San Valentín, preparación de comidas temáticas, concursos, fiestas patrias y de disfraces, salidas a bares y restaurantes, en fin, no faltaba el motivo para reunirse. Y los rituales paseos a la playa, nadar hasta las boyas con los hermanos Pinto era un deleite: Raúl el conquistador, y Pato, aún a sus casi 60, perdidamente enamorado y alucinando con su novia de la adolescencia; Fiorello, el artista del grupo, pintor y escritor; Eloísa, que se fue alejando del grupo de a poco hasta que la perdieron, a ella le tenía mucho cariño; Cristian, abogado e íntimo amigo de Marcelita, ella era súper tierna, delicada, detallista y buena para organizar las reuniones y celebraciones; Marinela, la anfitriona, sí, su casa se había convertido en la sede social; Sarita, una colega asistente social muy dulce, al igual que Cecilia; Marcia en cambio era fuerte y una líder natural de la comunidad, dueña de la cafetería La Sala, ella era una gran empresaria, igual que María Ester, con su hermoso hotel boutique La Casona; y Silvana, con su jardín infantil *Rayün* Montessori, donde asistían los nietos de Esmeralda, amiga que le permitía visitar y compartir con sus nietecitos, al no poder visitarlos cuando a Victoria le daban sus arrebatos y enojos, pues solía castigarla con lo que más le dolía, prohibiéndole gozar de la compañía y amor de Viccencito y Doménica. Sin lugar a dudas, su red de amigos y angelitos, como ella solía llamarla, eran su alegría y contención.

Sus queridísimos amigos Marynellos

Los días jueves por la noche eran días de casino, en realidad noches de copas en el bar del casino, porque a su amigo, en su condición de autoridad política, le estaban prohibidos los juegos de azar, y ella de vez en cuando probaba suerte jugando algunos minutos en una de las máquinas tragamonedas. Su amigo Alfredo, como era habitual, la pasaba a buscar a las ocho de la noche y regresaba pasada la medianoche, copiapino de tomo y lomo, conocía las tradiciones atacameñas y su gente, era líder de uno de los partidos de derecha, con grandes influencias a nivel local y nacional, les faltaban horas para compartir con temas de conversación, como el desarrollo regional, los nuevos proyectos en cartera, la necesidad de contar con mayor independencia regional, siendo la centralización nefasta para el desarrollo de las regiones, la aprobación de nuevos proyectos mineros, el tema de la contaminación, la escasez de agua producto de la sobreexplotación minera y uso ilimitado de este precioso y vital recurso natural, obviamente que también había un poco de cuchicheo y comentarios respecto al actuar de ciertas personalidades, lo que publicaba la prensa local, nuevas parejas, divorciados, alarmándolos con parte del acontecer, siendo en general lo mismo, y la prioridad era conversar sobre el bienestar de su querida tierra atacameña. A todo esto, Esmeralda era hija adoptiva de Atacama, ella nació en el campo, en Pichidegua, y tras egresar de la universidad a los 21 años, llegó a Diego de Almagro identificándose con la zona a tal punto que cada vez que le preguntan de dónde es ella responde sonriente y muy orgullosa:

—Soy de Copiapó, de la III Región de Atacama, del norte chico de Chile, no de San Pedro de Atacama como muchos suelen confundirse, enviando a los turistas europeos a Calama y no a Copiapó, siendo muy lamentable y perjudicial para el desarrollo turístico de la región.

Y agregaba en tono de orgullo y sarcasmo al mismo tiempo:

—Cómo se podría confundir nuestra maravillosa y bella región de Atacama, rica en turismo natural, rodeada de cerros multicolores, dunas indomables, lagunas altiplánicas, kilómetros de hermosas playas, siendo el desierto más árido del mundo, donde tras unas pocas horas de lluvia (hecho que ocurre rara vez aunque en los últimos años se ha estado haciendo más frecuente) causan graves desastres naturales como los aluviones que han arrasado con todo, desde casas, pasando por vehículos y hasta el alumbrado público, y la lamentable pérdida de vidas humanas, y el fenómeno del desierto florido, espectáculo natural único a nivel mundial, donde los áridos cerros cubiertos de polvorientas arenas y rocas se transforman en alfombras de añañucas y flores silvestres resaltando desde la berma del camino y desde un avión en el alto cielo los colores fucsia, amarillo, blanco y celeste.

Durante sus primeros años de separada, aún en proceso de duelo y destruida por la falta de comunicación con sus hijos, adquirió el hábito de ir al casino, a tal punto de convertirse en una ludópata. Amanecía jugando y bebiendo whisky, la noche se le hacía día, ganaba y perdía, recuerda que gastaba todo el dinero que llevaba en efectivo, seguía con las tarjetas esperando que pasara la medianoche para que automáticamente el sistema permitiera hacer otro retiro de dinero. Fueron meses y meses de este comportamiento, hasta que un día reaccionó al despertar con el torso en la cama y las piernas colgando hacia el suelo, vestida hasta con la chaqueta, las puertas del dormitorio y la de la salida al patio abiertas de par en par. Fue impactante sentir el motor del jeep encendido, no supo cómo llegó a casa, imagina que apenas alcanzó a bajarse del jeep y se quedó dormida, exhausta, al borde de la cama.

A Dios gracias en aquellos años aún no había tanta maldad y los angelitos de la guarda le seguían protegiendo. Hubiera sido tan fácil que se robaran el vehículo, pues estaba con las llaves puestas, el motor encendido y el portón electrónico abierto. Jamás se cansará de dar gracias infinitas a Dios por su inmenso amor y gran misericordia. Este fue el incidente que la hizo reaccionar y recobrar la cordura, recuerda que hubo ocasiones en que no tenía ni siquiera un peso para comer porque todo lo gastaba en el casino, alimentándose con lo que su vecinita Elsita la regaloneaba, y a su queridísimo y entrañable amigo, Carmelito Dinucci, quien la invitaba a comer gratis una colación en su restaurante o personalmente le preparaba un sándwich, quería a Carmelito tanto o más que a su padre, era su paño de lágrimas cuando le impedían ver a su adorable nietecito o en momentos de enfermedad y cesantía.

Su entrañable amigo Carmelito Dinucci

A su hermanito Jaime le pasó lo mismo y peor aún, porque perdió sus dos casas y quedó endeudado por varios años, la hermana mayor de Esmeralda, la flaca, sigue jugando, ella siempre dice que lo hace solo por distracción y que siempre gana, lo que en la práctica no es tal, es habitual verla recurrir a su madre solicitando dinero para cancelar alguna cuenta e incluso para combustible de su vehículo, en el caso de Esmeralda, su santa madre, "quien siempre guarda y siempre tiene", también la sacó de apuros en más de una oportunidad, en situaciones de real apremio relativas a su salud, y la salvó de que su casita fuese rematada por el no pago de las contribuciones. Con su amiga Jacky compartía y se apoyaban mutuamente, en especial los días domingos, cuando almorzaban y lloraban sus penas, se lamentaban y se preguntaban por qué habían tenido tan mala suerte al casarse, si pudieron haber sido dichosas, formar una linda familia, si lo tenían todo para ser felices: hijos hermosos, sanos e inteligentes, una situación económica excelente, y ambas habían pololeado una sola vez, casándose muy enamoradas con el pensamiento de que iba a ser para siempre.

Tras la separación fue imposible compartir en familia, por la intolerancia e incompatibilidad con su ex marido; el par de ocasiones en que lo intentaron fue un verdadero fracaso, puesto que él como siempre empezaría con comentarios hirientes y bromas de mal gusto, descalificadoras y destructoras, creando un ambiente tenso y desagradable para todos, hechos ante los cuales optan porque los niños pasen la navidad con sus padres por separado, alternándose cada año, hecho que solo se dio el primer año, ya que él no les permitió que compartieran con Esmeralda cuando era su turno, arrastrado por su dominio y amor opresor, controlador y chantajista. Echar en cara las cosas y hacerse la víctima eran algo habitual en él y característico de su personalidad, con una facilidad única para llorar y derramar lágrimas. En cambio, Esmeralda, que había sufrido y llorado durante sus casi veinte años de matrimonio y tres de pololeo, había aprendido a controlar sus emociones como mecanismo de protección

65

y salud psicológica, tanto que en momentos de crisis familiar se protegía emocionalmente utilizando sus mecanismos de resiliencia, a tal punto que no derramaba ni una sola lágrima, aunque hubiese querido hacerlo, estando alerta a cada sablazo y manotones. En el silencio y la soledad de su hogar, lloraba sin consuelo.

Recordar la navidad, la fecha más importante y trascendental para una familia de tradición católica como la suya, donde la celebración de fiestas de fin de año era en torno al nacimiento del niño Jesús, ella se sentía despreciada y abandonada y trataba de emplear su tiempo manteniéndose ocupada. Una navidad decidió dedicársela a los pacientes de VIH/Sida beneficiarios del programa de alimentación y apoyo emocional y espiritual de Cáritas Diocesana Copiapó; fue una iniciativa de carácter personal, y recurrió a sus amigos que gozaban del confort de una excelente situación económica para que le regalaran canastas de alimentos y llevar a cada uno de aquellos pacientes, que eran alrededor de quince. Así logró reunir un número considerable de canastas, compuestas de lo necesario para preparar una cena navideña, y a partir de las seis de la tarde, hora en que terminaba su jornada laboral, inició el recorrido a cada una de las viviendas de sus respetados y queridos beneficiarios, con quienes guardaba una relación casi de amistad, pues más allá de ser beneficiarios habían creado lazos de amistad, confianza y lealtad. La gran mayoría vivía sola o con parejas del mismo sexo, en sectores marginales y muy pobres, en las afueras de la ciudad. Aquellas fueron visitas de profunda emoción y amor, cada uno se sorprendió gratamente con la visita de su asistente social, a quien recibieron con asombro, pero también con infinita alegría y gratitud. Muchos la invitaron a pasar e incluso a compartir lo que tenían para cenar, o solo le ofrecieron un vaso de agua. Hizo un alto en su recorrido para participar en la misa de gallo en una pequeña capillita cercana a la vivienda que acababa de visitar, y a pesar de intentar pasar desapercibida y sentarse en la última banca para poder meditar, asimilar la experiencia y encontrarse consigo misma y con su Padre celestial, las catequistas de la capilla la reconocieron y le hicieron saber al sacerdote de su presencia, incorporándola en forma activa en la celebración de la Santa Eucaristía con una de las lecturas de la Biblia y apoyar al sacerdote a ingerir las hostias que habían quedado en exceso tras la celebración eucarística, celebración compuesta más por niños ansiosos esperando la llegada del viejito pascuero, que de acuerdo a las costumbres y tradiciones llegaba después de medianoche a dejar los regalos, que por adultos; era ideal que participaran de la misa y los padres tuviesen el tiempo necesario para tomarse el vaso de cola de mono —bebida navideña, tradicional chilena, preparada en base a leche, café y aguardiente— y la rebanada de pan de pascua, o un vaso de coca cola y galletitas de navidad que los niños cocinaban y preparaban con mucho amor y esmero para regalarle al viejito pascuero, también dejaban zanahorias para los renos. Finalizada la misa de gallo visitó tres hogares más en medio de la oscuridad, ladridos de perros y niños que se escuchaban felices y alborotados con sus juguetes. Fue una navidad inolvidable, donde las lágrimas de dolor se transformaron en lágrimas de alegría, emoción y amor fraternal. A la mañana siguiente, despierta y felizmente cansada, reflexionó acerca de lo que había hecho, y la invadió una sensación de pánico y profunda culpabilidad porque había usado a aquellas personas tan humildes para aplacar su soledad y falta de amor y compañía de sus hijos y su nietecito. Corrió en busca de su guía espiritual y pidió ser confesada urgentemente porque había cometido un gravísimo pecado, no podía resistir la culpa y el dolor, necesitaba confesarse, recibir un severo castigo y hacer la consecuente penitencia. El sacerdote la acogió con infinito amor y bondad, sorprendiéndola con sus palabras.

—Hija predilecta de Dios, no has cometido ningún pecado y no hay nada que perdonar. Eres una mujer muy virtuosa, mira a quién se le hubiese ocurrido hacer tan hermosa obra de amor en noche de navidad, como es ir a visitar a nuestros hermanos considerados como leprosos, rechazados por la sociedad, y les has regalado amor, dignidad y respeto con tu visita, ellos lo valorarán y apreciarán de por vida, y no solo por saciar su necesidad material de alimento, sino por regalarles amor. Hija predilecta de Dios, ve a tu casa a descansar y disfrutar del amor de Dios.

Respecto a las navidades que debía pasar sin sus hijos, donde las crisis de angustia y pánico la abrumaban desembocando incluso en intentos de suicidio, al reaccionar y acudir a atención en estado de crisis y de

68

emergencia, uno de sus amigos, psiquiatra y psicólogo, con el cariño y confianza que le tenía, la hizo reaccionar de golpe y porrazo:

—Déjate de jugar a la familia feliz, eso se acabó hace rato, y para tu bienestar y el de tus hijos.

Entendió que las fiestas, ya sean de navidad, cumpleaños o de año nuevo, se pueden celebrar cualquier día, no tenían por qué ser necesariamente celebradas el día exacto; dio un gran vuelco y sentido a su vida y empezó a celebrar las navidades con sus hijos el mismo día, pero a la hora del almuerzo, haciendo una exquisita comida navideña y terminando con la entrega de regalos. Lo podía hacer un día antes o después, dando lo mismo el día, lo importante era compartir y disfrutar el amor en compañía de sus hijos. Se reinventó y se adaptó a la adversidad para no sucumbir y morir, se convirtió en una persona resiliente, lo que le permitió transformarse en una mujer feliz y agradecida de la vida y de Dios, desprovista de apegos y expectativas, disfrutando a plenitud una noche estrellada al igual que una de oscuridad, un día lluvioso tanto o más que un día cálido, un amanecer y un anochecer, en fin, saboreando cada nuevo día donde quiera que esté.

Surgimiento de un nuevo y fulminante gran amor:

Cuando trabajaba en calidad de directora ejecutiva de una fundación de caridad en el norte de Chile, fue invitada a participar en una convención internacional sobre envejecimiento demográfico de la población a nivel mundial y los desafíos que deberán enfrentar los gobiernos con la implementación de nuevas políticas sociales. Fue un largo y agotador viaje de noche en bus de más de doce horas. Al llegar a Santiago debió darse prisa para alcanzar el hotel a tiempo para registrarse y tomar una necesaria ducha antes de emprender la jornada de tres días de capacitación y análisis de las políticas públicas sobre el envejecimiento.

Al llegar al hotel le informaron que el bus que trasladará a los participantes a la convención está a punto de partir, por lo que apenas tuvo tiempo para literalmente tirar la maleta en recepción y subir al bus. Se sentía muy incómoda por no vestir la ropa apropiada para el nivel y envergadura del evento (que debía ser con un traje formal y no luciendo un pantalón de cuero y un suéter). En fin, asumió como siempre, con la mejor disposición posible, el imprevisto. Al llegar al recinto de conferencias de la CEPAL, el salón estaba absolutamente repleto, quedando tan solo un par de asientos disponibles en el círculo central; se ubicó y rápidamente empezó a conversar con la persona que estaba a su izquierda, revisaban el programa de las ponencias y la participación de profesionales expertos provenientes de renombradas organizaciones de nivel mundial. En eso se da inicio al evento y tras los saludos protocolares comienza el primer expositor. Al escuchar su voz el corazón le empezó a latir en forma desbocada, como si se le fuese a salir del pecho, fue una sensación especial e increíble, como si conociera a esa persona de toda la vida. Se sentía extremadamente atraída y en shock, y a medida que el hombre iba exponiendo la adrenalina fluía por su cuerpo sudoroso; el expositor hablaba en inglés y ella no entendía lo que es una sola palabra, el inglés siempre fue su pesadilla en el colegio. Valery, la representante de Bolivia, hacía la traducción al español; ellos estaban sentados aproximadamente a un par de metros y a pesar de la corta distancia le era imposible verlos por la amplia forma circular de la angosta mesa, por llamarla de alguna forma, hasta que no pudo controlar la curiosidad, adelantó su cabeza sobre sus libros y fue ahí cuando al verlo quedó congelada, era tan, tan buen mozo, y su voz le resonaba más en el corazón que en los oídos. Fue una situación única, como si se conocieran desde siempre, de otras vidas pasadas, sentía una atracción y un amor fulminante hacia él, no lo podía creer y no encontraba la explicación. Se dedicó a escuchar atentamente cada sonido que producía al hablar, no pudo reconocer palabra alguna porque de inglés no entendía nada de nada. Al fin su exposición culminó y pasaron al segundo expositor, llegó el break, y entre la multitud de asistentes y expositores no lo pudo encontrar, incluso pensó que había sido una alucinación. El descanso terminó, y fue abordada por sus pares de otras regiones y profesionales del área, con quienes tenía gran afinidad e interés por compartir experiencias del desarrollo del trabajo local. Una vez terminada la jornada fueron a almorzar, y al regresar del baño lo vio, sí, lo volvió a ver, no era una fantasía ni un sueño o alucinación, estaba ahí, sentado en un sillón de cuero negro, se veía como cansado, o quizás incómodo al escuchar que todos hablaban en español y él sin poder expresarse más que en inglés. Valery estaba de pie cerca de él conversando con un par de personas, lo que sucedió no supo cómo, de verdad no se lo pudo explicar, su atracción hacia él era tan poderosa que guio sus pasos directo hacia donde él estaba sentado, y acercándose a Valery le dijo:

—Valery, por favor, por favor, preséntame a tu amigo —le pidió en tono suplicante mientras lo miraba de reojo y con mucho nerviosismo, su corazón latía tan fuerte que parecía que se iba a salir de su pecho.

—Esmeralda, ¿cómo se te ocurre? No puedo, ¿o acaso no sabes quién es él?

Muy sorprendida e incómoda respondió:

—No, no lo sé —e insistió de nuevo en que le presentara a su amigo—. Por favor, Valery, preséntamelo —en tono de súplica insistía, insistía, y en eso él reaccionó al darse cuenta de que hablaban de él, miró a Valery y con sus manos palma arriba preguntó:

—¿Qué pasa? —o eso al menos creyó entender basándose en el lenguaje corporal.

Valery le respondió que Esmeralda le estaba pidiendo que se lo presentara. Él sonriente y coqueto y moviendo sus manos en sentido de asentimiento, respondió:

–Ok, preséntanos.

–Bueno, Todd, ella es Esmeralda, trabaja en Caritas Copiapó.

Y ella exclama con ansiedad:

–*Please,* Valery, dile que lo invito a pasear para que conozca Santiago –Valery a esas alturas mostraba un mayor y creciente grado de incomodidad, aunque sin embargo lo pasa el mensaje. Sonriente él respondió:

–No, gracias.

Ella, con las manos hacia arriba y encogiendo los hombros, hizo un gesto de resignación.

–Te lo advertí, Esmeralda, que no era prudente.

Esmeralda, con voz fuerte y aires de orgullo, reaccionó en tono desafiante y sarcástico:

–Ah, dile que un hombre chileno jamás diría que no a una mujer, menos aun invitándolo a pasear gratuitamente.

A lo que él respondió:

–De haberlo sabido, ¡hubiese dicho *yes!*

Sin embargo, Esmeralda había dado por terminado su intento y se alejó rumbo al salón de conferencias. A pesar de la gran atracción hacia él, se centró en la conferencia y empezó a compartir y a conocer de forma personal a los compañeros con quienes solía comunicarse por teléfono y correspondencia.

Al día siguiente, una vez más el salón de conferencias estaba llenísimo. Vio un asiento disponible en el otro extremo de la famosa y extensa mesa, se dirigió hacia allá para ubicarse, y en eso pasa entre dos filas de asientos cuando lo ve, él la estaba mirando con ojos muy sonrientes y picarones, pero ella le hizo una morisqueta de desprecio y siguió avanzando hasta sentarse. Estaban en medio de la primera presentación, Esmeralda tomando apuntes, cuando de pronto sintió que alguien le tocó el hombro derecho, era él, ¡sí!, era él, estaba en cuclillas a su lado, hablaba en inglés con evidente nerviosismo, ella no entendió nada, pero él insistía en su cometido, tanto que al fin logró entender que la estaba invitando a servirse un café:

–*Sorry,* lo siento, pero no, no puedo, estoy escuchando la conferencia, después –él se alejó y ella desde donde estaba podía verlo, él se veía incómodo en tanto ella quedó descolocada, no entendía por qué lo había rechazado, se sentía con mucho miedo, aterrada.

A los pocos minutos él dejó el salón, al momento del break lo buscó y Valery hizo de intérprete, él le preguntaba por disponibilidad de agenda para reunirse con Esmeralda, y ella replicaba a cada intento:

—No, no es posible, no puedes, tienes agendada una entrevista con X –él replicaba dando otra alternativa horaria, recibiendo siempre la misma respuesta negativa:

—No, no puedes, a esa hora tienes agendada una entrevista o una reunión con fulanito de los palotes.

—En la noche entonces –le preguntaba ya casi en tono de súplica, todo parecía tan ridículo y absurdo al verlo suplicar siendo él el jefe, no ella. Fue imposible concretar un encuentro por más que lo intentaron, encogió los hombros y con cara de frustración se despidió.

Más tarde se acercó a ella en uno de los break y le dijo que al día siguiente se podrían servir un café al inicio del evento. Por fin acordado el encuentro, que no podía creer, Esmeralda se acercó a la profesional con quien se había sentado el primer día; resulta que Jesica era nortina al igual que ella, se había mudado a Estados Unidos y vivía en Manhattan trabajando en una importante organización para la vejez. A ella le contó la situación vivida pidiéndole que por favor le enseñara a hablar un poquito de inglés para poder comunicarse con él al día siguiente. Jesica, muy sorprendida, le preguntó:

—Esmeralda, ¿sabes tú quién es él?

—No, solo sé que me encanta y que una energía muy fuerte o química sobrenatural, no sé cómo llamarla, es muy poderosa y nos une de toda una vida, de nuestras vidas pasadas, si nos conocemos desde épocas pasadas, nos amamos de esos años.

Jesica, atónita por lo que escuchaba, intentó hacer reaccionar a Esmeralda y advertirle quién era él, le dijo su nombre y su cargo, pero ni el nombre —Todd— ni la organización le eran familiares; su objetivo era aprender en ese momento, ya, lo básico de inglés para poder entablar una conversación con él al día siguiente.

Acordaron reunirse una vez finalizada la jornada. Típico: iniciaron la clase exprés de inglés con los saludos y presentación, Jesica escribía para Esmeralda en inglés y ella en español, y poco a poco le pidió que tradujera preguntas y frases algo más osadas y atrevidas, como "eres muy buen mozo", "me encantas" y otras por el estilo. Jesica, enfática, le respondió:

—Esmeralda, cómo se te ocurre, no puedes decirle eso.

—Bueno, pero escríbelo para al menos saber cómo se dice…

Al final Jesica accedió y le escribió una larga lista de frases, desde "hola" hasta querer saber todo sobre él y expresarle cuán atraída se sentía, al punto de creer estar enfrente de un amor a primera vista, pero con un pasado que se remontaba a épocas medievales.

Esa noche casi no durmió, amaneció estudiando las frases y pensando qué vestir para lucir bella, aunque no tenía mucho donde elegir pues había llevado solo un par de trajes y un par de pantalones. Aquella mañana se inició la conferencia, y de acuerdo a lo planificado con Todd, no ingresó al salón: se sentó a esperarlo en el mismo sillón donde lo abordó audazmente el día anterior. Pasaron como quince minutos y no llegaba, hasta que lo vio caminando a paso firme, con un maletín en una de sus manos y con la otra en el bolsillo del pantalón por debajo del largo impermeable color café oscuro, muy formal y elegante, de terno gris, camisa blanca, corbata verde con un sobrio diseño color dorado y marrón. Caminaba a tranco largo y se veía extraordinariamente interesante y varonil junto a la famosa Valery, con quien al mismo tiempo conversaba. Valery se mostró muy sorprendida al ver que él se acercó a saludar a Esmeralda, quien le respondió con un beso en la mejilla.

Todd despidió a Valery y acto seguido le señaló a Esmeralda la escalera que conducía a la cafetería ubicada en el segundo piso. Con una hermosa y amplia sonrisa ella contestó:

—*Let's go* —y él la miró gratamente sorprendido. (Vamos)

Sí, hasta ahí la clase exprés de inglés dada por Jesica estaba surtiendo los efectos esperados e incluso superándolos; él pidió dos cafés, preguntándole si lo deseaba con leche y azúcar, a lo que respondió radiante:

—No, gracias, solo café, por favor.

—¡Guau! ¿Hablas inglés?

Ella lo miró sonriendo con picardía mientras llevaba su café en dirección a una de las mesas de la cafetería, absolutamente vacía en ese momento. Les invadió una sensación de complicidad, alegría y nerviosa emoción, parecían y actuaban como un par de adolescentes. Él le decía:

—Me encanta tu sonrisa, es muy linda —y ella, leyendo sus apuntes de la clase de inglés, le respondía:

—Tú eres muy buen mozo.

Ambos, nerviosos y sonrojados, seguían con su interrogatorio, intrigados por saber un poco más de cada uno; todo era válido para comunicarse, usaban las manos, hacían muecas, gestos corporales, etc., etc., señalando con la mano hijos, "sí, tres", "me too, dos niñas y un hombre", "no, en serio, yo también tengo tres hijos".

—Guau, yo también.

No podía haber más coincidencias.

—Yo soy el gerente.

—Yo también.

Todd le señaló su dedo anular preguntándole si era casada, y ella respondió con gestos y moviendo sus manos y cabeza de un lado a otro en signo de negación:

—No, no, estoy separada.

Él, tocándose el pecho con el dedo índice, añadió:

—Yo también.

—¿Cuánto tiempo?

—Dos años.

—Yo también.

Y así, con gestos y muecas como los mimos, transcurrieron más de dos horas, estaban absolutamente embelesados con su mutua compañía, era evidente que ambos sentían una gran atracción. Ya más en confianza y entrada la conversación, Esmeralda empezó a soltarse y a leer algunas de las preguntas más específicas sobre trabajo, saltando deliberadamente las frases más osadas, y como no sabía pronunciar bien él le pedía ver la hoja para leer lo escrito, hasta que en un descuido se la arrebató y leyó cada una de las preguntas y comentarios. Se vio muy contento y gratamente halagado, había leído todo lo que ella no había sido capaz por pudor y nerviosismo. En eso apareció Valery con cara de vieja mandona, y con voz firme dijo:

—Todd, Todd, es la hora de tu próxima reunión.

No querían despedirse, él le dijo "almorcemos juntos", pero ella respondió en tono molesto:

—No, imposible.

Se despidieron, reincorporándose a la jornada, ella pisando sobre nubes y con una sonrisa de oreja a oreja, en tanto Jesica la esperaba con curiosidad desbordante. Le dijo que todo había resultado fabuloso y le agradeció su vital apoyo.

A todo esto, ya era el fin del tercer y último día de conferencias. Después del break, y sentada en el salón junto a su amiga Jesica (sí, a esas alturas ya eran grandes amigas), él se acercó y se sentó a su lado, conversó con Jesica y esta le dijo que él debía dar el discurso de cierre del evento. Justo ahí Esmeralda se da cuenta de que él no era un profesional más que asistía al congreso, era una gran autoridad a nivel mundial, pero no tenía claro a quién representaba.

Lamentablemente ella tenía cita con su médico de casi dos años, a raíz de una depresión severa, a la que no podía faltar; le explicó a Jesica que se tenía que retirar y que por favor le dijera a Todd que la acompañara a salir del salón para despedirse. Él caballerosamente le contestó y le dijo muy compungido que lo lamentaba, que no podía salir porque tenía que dar el discurso, pero Esmeralda insistió en que sería solo un par de minutos. Así, pues, él se levantó y la acompañó. Caminaron en silencio por dos largos pasillos y cruzaron un gran hall hasta llegar a la salida principal del recinto, desde donde podía tomar un taxi para acudir a la cita con su terapeuta. Se miraron con esquivo nerviosismo y de pronto él se acercó y le dio un fuerte y maravilloso abrazo mientras suspiraba profundamente; ella se abandonó por completo al abrazo, y sin decir una sola palabra más se despidieron.

Ella lo vio desparecer mientras se alejaba rápidamente de regreso al salón.

Al llegar a la cita con el doctor, él obviamente vio que algo nuevo sucedía con su paciente, era evidente, lucía extremadamente contenta, sus ojos brillaban como dos estrellas y no paraba de sonreír e incluso de suspirar como una quinceañera totalmente enamorada. El médico se alegró muchísimo de verla tan contenta, sin embargo, le hizo ver que podría ser solo un encuentro de dos personas en una conferencia y tan solo eso, y que como ella estaba muy débil emocionalmente y carente de amor, podría haber visto y sentido más allá de lo que efectivamente fue. Le pidió prudencia y cautela, que no se sorprendiera si no recibía ningún tipo de comunicación de parte de la persona que acababa de conocer y de la que creía sentirse enamorada. Pero fue imposible bajarla de las nubes y del estado de efervescencia en el que se encontraban su corazón y hasta su alma, insistía en que se conocían de vidas pasadas y que era su destino volver a reencontrarse, que ambos se amaban y que ahora era el momento de hacer realidad ese gran amor que les había sido prohibido en el pasado.

Definitivamente, quien regresó a Copiapó no era la misma persona, era otra mujer, una mujer absolutamente feliz y enamorada que soñaba despierta. Recuerda que al día siguiente fue a disfrutar de un día de playa y que durante todo el viaje mientras conducía con las ventanas abiertas, iba escuchando y cantando un cd de los mayores éxitos románticos de los '80, con su larga y sedosa cabellera negra al viento, miraba hacia arriba, y al ver pasar un avión sentía que era Todd que iba cruzando en el cielo transparente.

El lunes, al regresar a su trabajo, Lucita, su abnegada y hermosa secretaria, también se sorprendió de ver a su jefa tan radiante y contenta, preguntándole:

—Señora Esmeralda, se nota que le fue muy bien en Santiago, me alegro mucho por usted.

Al mediodía la llamó la secretaria del Obispo diciéndole que había recibido un email en inglés dirigido a ella. ¡Guau, le había escrito! Ella sabía que Todd le escribiría a pesar de que su doctor había tratado de prepararla para lo contrario. La secretaria del Obispo acotó:

—Bueno, yo me tomé la libertad de responder, como era un email muy cortito saludándola y preguntando si usted había llegado bien a su casa; también decía que él estaba pensando en usted. Estaba firmado con el nombre Todd.

—¡Oh, qué emoción, muchas gracias!

—Le respondí que sí, que había llegado bien y que le agradecía su preocupación y saludo.

Ese email fue el inicio de su relación de pareja y pasión fulminante que la llevaría a revivir el amor y la sexualidad en el amplio sentido de la palabra y una apertura al mundo, con viajes de ensueño a donde fuera que él tuviese una reunión o conferencia de índole internacional.

El primer viaje fue a São Pablo, luego fue Bruselas, Washington DC, y una infinidad de países. Disfrutaban de sus encuentros amorosos y apasionados como una pareja de adolescentes, aunque la distancia volvía trizas su existir. Sin embargo, el amor que los unía era tan grande que podían soportar la distancia física y los hacía aprovechar cada segundo del que disponían en aquellos fugaces y ardientes tres días (o como mucho una semana), una vez al mes o cada dos, y así pasaron casi tres años de ardiente amor y pasión.

Ipanema Río de Janeiro

CAPÍTULO 2

Seis meses en Londres, una experiencia única

Esmeralda, con el renacer de su vida, decidió hacer un drástico quiebre y tomó la audaz decisión de irse a estudiar inglés a Londres dejando atrás todo, su familia, sus amigos, sus afectos y su tierra atacameña.

La idea de estudiar inglés no fue de ella, fue de su queridísimo amigo Ricardo, un hombre intelectual, abogado, lector voraz, sibarita, con fino gusto por el buen vino. Los unía su amor por el servicio público y el placer de degustar un exquisito *Scottish whisky* en amenas e interesantes conversaciones, debatiendo temas de actualidad, del quehacer nacional e internacional relacionado con el desarrollo económico, político y social, y siempre preocupados por el bienestar de la comunidad. Como buenos amigos, también y como era de esperar, compartían asuntos de índole personal; así fue que, a los pocos días del accidente automovilístico sufrido por Esmeralda, lo llamó para reunirse, pues necesitaba conversar con su amigo, contarle que no la estaba pasando bien y que debía hacer algo con su vida.

Luego de contarle los detalles del accidente, pedir un par de buenos Scottish para pasar las penas y el susto y ponerse al día, Esmeralda comentó con cara de frustración y cansancio:

—Sabes que algo pasa conmigo, no me siento bien, de hecho, no la estoy pasando bien.

Ricardo exclamó mientras encogía los hombros:

—Pero es obvio, si estuviste a punto de morir, cualquier persona en tu lugar y en su sano juicio estaría igual que tú o peor, ¿o no?

—Sí, sé que me salvé de una grande, podría haber sido más grave el accidente, incluso haber muerto y no estaría aquí contigo ahora —respondió compungida haciendo una mueca.

—Ya ves, todo está bien, déjate de lloriquear y pidamos otro whisky —mirando al garzón levantó la mano diciendo—: dos whiskies más, por favor.

—Sin hielo el mío, *please* —acota Esmeralda.

Siguieron conversando, pero Esmeralda se veía inquieta e incómoda, así que él le preguntó:

—Ya, pero a ver, ¿qué pasa, hay algo más que no me has contado?, porque no te veo bien, algo te pasa… —comentó mientras fruncía el ceño y se rascaba la cabeza.

—Al fin me entiendes y te das cuenta, ¿ves?, si ya ni siquiera tengo ganas de ir a la oficina, y con lo que me gusta hacer proyectos sociales y trabajar, pero no encerrada y pasando todo el día sentado frente a un computador, echo de menos el contacto con la gente, aparte que el ambiente en la oficina no es el mejor que digamos, hay un par de arpías que hasta se alegraron con mi accidente.

—Pero ¿cómo? ¿cómo va a ser posible eso?

—¿Qué, acaso no me crees? Son más amargas que el natre.

Ricardo rio de buena gana.

—Es obvio que en todas partes hay personas de ese tipo, amén que no tienes por qué caerle bien a todo el mundo. Bueno, hay casos excepcionales como yo —volvió a reír divertido.

—Sí, por supuesto, tú la llevas —acotó ella en tono irónico y cambiando la voz dijo—: Ricardo, se está haciendo tarde.

—¿Y quién te apura?

—La "Soledad" y la "Esperanza".

—Ya déjate de ser tan melodramática, mmm, ¿qué te parece si te vas a hacer un curso de inglés?

—¿Qué, estás loco, te estás riendo de mí? Sabes lo mala que soy para los idiomas.

—Estoy hablando en serio —replica Ricardo.

—Ya basta, imposible, no puedo ni siquiera decir hola en inglés.

—Ya, cómo va a ser para tanto, a ver ¿cómo se dice hola en inglés?

—Hello! Obvio, todo el mundo sabe decir hola en inglés.

—¡Notable! Se te escucha perfecto, si hasta pasarías por una gringa, ¡Jajajaja! No, sin bromas, estoy hablando en serio.

—Sí, déjate de bromas y de tomarme el pelo, esa idea es más que descabellada, si me carga el inglés, tú sabes que hasta cambio la radio para no escuchar una canción si no tengo idea qué están cantando, siempre he tenido miedo de hacer el ridículo tarareando una canción que no sé lo que dice y yo feliz, capaz que estén hablando del diablo, o que maten a Clinton o al Papa, tú sabes cómo son de locas algunas personas.

—Ya sabes que más estamos hablando puras tonteras, piénsalo y de ahí conversamos.

Al día siguiente, Esmeralda despertó pensando que quizás no era tan descabellada la idea de estudiar inglés, aparte que le había hecho mucha falta para comunicarse con Todd. La verdad es que cada vez se hace más necesario hablar inglés y es un plus para los trabajos, y para viajar, y a ella que le gusta tanto…

Así pasó toda esa semana dándole vueltas al tema… hasta que por fin se decidió y fue a Santiago a averiguar y comprar un curso de inglés por seis meses; seis meses le parecía un periodo de tiempo sensato, porque en un mes no alcanzaría a aprender nada, en tres recién le estaría tomando el ritmo, y seis meses sí era un tiempo ideal para estudiar y prudente para pedir un permiso en la oficina.

Inició los preparativos para emprender su alocado viaje a la capital británica con alegría y un exquisito grado adrenalínico, con el apoyo y compañía de su hija Renata, que se encontraba estudiando en la universidad, igual que su hijo Apolo; ambos vivían en Santiago y compartían un departamento. A Renata le pareció bien la idea de su madre, y después de recorrer varias agencias de viajes, se decidió por una que le ofrecía un paquete de estudios completos, que incluía desde los pasajes hasta el pase escolar, además del curso de inglés por seis meses, visa de estudiante y estadía en casa de una familia de británicos.

En cuanto regresó a Copiapó, Esmeralda, a primera hora del día lunes, habló con su jefa comentándole la decisión que había tomado, y explicándole que necesitaba un permiso por seis meses sin goce de remuneración, a lo que ella respondió estupefacta:

–¿Qué? ¡No puede ser, no puedes irte así! Acabo de asumir el cargo y tú eres mi profesional de confianza, te necesito.

—Lo sé, lo siento mucho, pero es una decisión tomada, mira, aquí tengo los váuchers con el pago del curso y los pasajes.

—¡Guau, te apresuraste demasiado! Deberías primero haber enviado la solicitud de permiso a la ministra.

—Lo sé, pero no podía esperar, es que la decisión ya está tomada, lo siento mucho por ti, Teresa, pero necesito hacer un alto en mi vida, estoy muy agotada y estresada, además que viene un periodo muy complejo por las elecciones presidenciales, y para serte franca, no deseo verme involucrada en campañas políticas ni nada por el estilo.

—Bueno, en ese caso si ya tienes la decisión tomada y hasta los pasajes comprados, no hay nada que hacer. Enviaré tu carta a la ministra Laura.

—Muchas gracias.

Esa misma tarde recibió una llamada de la ministra. Laura estaba muy molesta y casi gritando, hablaba sin parar al otro lado del teléfono:

—Esmeralda, ¿cómo se te ocurre que te vas a ir por seis meses? ¡Imposible!, no puedes dejar botado tu trabajo, eres personal de confianza de la presidenta de la república, y más encima estamos con cambio de jefatura en tu región y se nos viene un fuerte trabajo con las elecciones presidenciales para la reelección de nuestra presidenta Bachelet. ¡No, no tienes permiso!

—Pero, ministra, ya compré hasta los pasajes —acotó.

—Lo siento, deberías haberme preguntado antes de tomar esa decisión —y colgó el teléfono.

Esmeralda se quedó con la palabra en la boca, sin tener siquiera un segundo para insistir, estaba atónita, estupefacta, no sabía qué hacer. Temblando caminó en dirección a la oficina de su jefa para contarle y desahogarse, y esta respondió con un leve grado de pena y comprensión:

—Era de esperar que la ministra te respondiera así, no puedes irte de un día para otro, eres la sub directora, personal de confianza, y yo realmente te necesito.

—Sí, lo sé y reconozco que actué precipitadamente, pero de verdad ya no quiero estar más aquí, me siento estresada y no podría ayudar a hacer una campaña política, no es correcto, no puedo.

—Bueno, en ese caso tendrás que renunciar, no te queda otra —respondió encogiendo los hombros.

—¿Renunciar? ¿Renunciar a mi cargo? ¿Y qué voy a hacer cuando regrese desde Inglaterra? No, lo siento, no puedo renunciar —dijo muy compungida y triste.

—No veo otra solución —intervino en tono serio Teresa—. Lo siento, no hay nada que yo pueda hacer para ayudarte.

—Le escribiré a la ministra explicando mi situación, insistiré con mi permiso —insistió Esmeralda en tono decidido.

—Buena suerte —se despidió Teresa en tono suave mientras retomaba la lectura de los documentos que tenía sobre su escritorio.

Esmeralda volvió a su oficina a continuar su trabajo, caminando a paso lento, con la cabeza gacha, muy preocupada y abrumada.

En forma inhabitual, recibió la respuesta inmediata de parte de la ministra a su carta solicitud: la respuesta era negativa, como lo esperaban todos menos ella, para quien los "no" no existían. Ante aquella situación, su jefa directa le sugirió que escribiera dos cartas y las dejara firmadas antes de viajar a Londres, una carta de permiso sin goce de remuneraciones y la otra presentando su renuncia, siendo la segunda carta una estrategia como última alternativa, en el caso de que la ministra se mantuviese en su negativa.

Esmeralda desconfiaba de la carta de renuncia voluntaria, pero entendía que era absolutamente necesario si finalmente no le autorizaban el permiso laboral, pues de lo contrario sería sancionada por abandono de su puesto de trabajo y quedaría inhabilitada por cinco años para ejercer nuevamente un cargo en el servicio público; se encontraba entre la espada y la pared, no le quedaba más que acogerse a la sugerencia de Teresa. Así lo hizo y así le respondieron, en cuanto llegó a Londres recibió un email donde le daban a conocer que habían aceptado su renuncia voluntaria. Aquel cargo que desempeñaba era muy codiciado, estratégico y con excelente remuneración y era de esperar que fuese peleado por otros empleados. Irónicamente, lo tomó una de las arpías.

Fueron días de mucha tensión para Esmeralda en todos los aspectos, empezando por el ámbito laboral; tuvo que trabajar más de lo acostumbrado para entregar el cargo a su jefa recién llegada, cuya profesión era tecnólogo médico, que no conocía el servicio y menos aún la complejidad de las políticas públicas de género, lo difícil que resultaba sensibilizar a los otros entes del aparato público para cumplir con las demandas del nivel central, incorporar la variable género en la ejecución de las políticas públicas, hablarle de transversalidad, brechas de género, inequidad, indicadores de impacto y de autogestión, ¡uff! Aquello le consumió días y días de su precioso tiempo, a la vez que debía focalizarse lo que más pudiera adelantando trabajos y haciendo cierre de programas y proyectos en la medida que fuese posible.

Otro gran tema fue desocupar y arrendar su casa, no era fácil ni cuestión de días, sobre todo teniendo presente que en Chile se estila arrendar las casas vacías, no amobladas, como en otros países; otra preocupación eran su auto y su adorable mascota Zafiro, pero todo esto pasó a ser pelos de la cola frente al nuevo y gran acontecimiento que le esperaba y que debía enfrentar, hecho de tal trascendencia que ese sí la haría titubear y replantearse su proyecto de viajar a Londres.

Le tocó vivir una situación familiar inesperada, y a pesar de ser una noticia realmente maravillosa, la hizo vacilar acerca de llevar a cabo su viaje de estudios. Su condición de madre estaba por encima de todo, aunque la relación con sus hijos no era de la mejor y el hecho de quedarse, si bien es cierto que contribuiría a apoyar a Victoria, no siempre lo iba a poder hacer debido a la incompatibilidad con su ex marido, quien le dificultaba e impedía el contacto con ellos, manipulándolos en forma astuta y exitosa. Era su estrategia favorita para hacerle daño y vengarse de Esmeralda por haberlo abandonado.

La noticia en cuestión era que sería abuela, maravillosa noticia sin lugar a dudas, pero para ella no era el mejor momento. Se vio sumergida en una nebulosa de sentimientos contradictorios, por un lado, una infinita emoción y alegría de tan solo imaginarse siendo abuela, y con lo que le gustaban los niños de seguro iba a ser una muy chocha y adorada por sus nietecitos, y por otra parte, estaba con los nervios de punta y un estrés galopante, no podía dormir, le angustiaba en demasía el hecho de solo pensar que si viajaba y algo le pasaba a su hija durante el embarazo, no se lo perdonaría jamás, en toda su vida.

Fue terrible, Esmeralda se sentía mal, le invadían sentimientos de culpabilidad reforzados por los lapidarios comentarios y juicios de su ex marido, quien la acusaba de egoísta y madre desnaturalizada que solo pensaba en su bienestar personal y no en el de sus hijos, que era inconcebible que estuviese pensando en abandonar a su hija embarazada, y más aún por la situación personal incierta de Victoria, con una relación de pareja incipiente y una carrera universitaria a medio camino. Era imposible no sentirse como la villana de la película y dudaba en llevar a cabo su proyecto de estudiar inglés en el extranjero; se dio el coraje de ir visitar a quienes serían sus consuegros, a los padres de la pareja de su hija a quienes no conocía personalmente. A la madre de Vittorio, como había trabajado en el mismo servicio público de salud algunos años atrás, sí la conocía un poco; aun así, se animó pensando en que podrían ser su carta de salvación, pues si su hija contaba con el apoyo de ellos en calidad de futuros abuelos, podrían en parte aliviar su gran pesar apoyándola durante su ausencia. Al llegar a la casa de ellos le abrió la puerta Ximena, la madre de Vittorio, que vestía un delantal de cocina, tenía las mangas arremangadas y las manos mojadas, se veía un poco sorprendida con la visita de Esmeralda, pero sonriente la invitó:

—Hola, pasa, pasa, acompáñame a la cocina, estoy haciendo el almuerzo —la hizo pasar y la guio a través de un estrecho pasillo hasta la cocina, donde entraba la luz del cálido día que anunciaba la pronta llegada de la primavera a través de una puerta que daba hacia el patio y se encontraba entreabierta, el interior de la vivienda olía a comida recién hecha; el agudo olfato y alergia a los gatos que tenía Esmeralda la alertó de la presencia de los mininos, el pestilente olor, que podía percibir a leguas de distancia, le provocaba estornudos.

El ambiente era de frialdad y nerviosismo, con una mezcla bien sui géneris de olores provocada por el exquisito aroma a comida casera que salía desde la cocina, donde Ximena preparaba con mucho afán el almuerzo. Esmeralda hacía un gran esfuerzo para conversar y hablar del motivo de su presencia, aunque era más que obvio, o quizás no al darse cuenta más tarde, que pensaban muy diferente y los conceptos sobre la vida eran literalmente opuestos. Ximena seguía afanosa cocinando, con evidentes signos de nerviosismo al igual que Esmeralda, que trataba de justificar y explicar su repentina visita. Había pensado iniciar la conversación felicitándolos porque iban a ser abuelos igual que ella, y por primera vez, era una gran bendición y regocijo familiar, y que el real y crucial objetivo de haber ido hasta su casa era pedirles todo el apoyo posible para su amada hija durante su ausencia. Sin embargo, nada se estaba dando de acuerdo a lo planificado, a pesar de que la recepción no fue tan mala por parte de Ximena, pasaron unos quince minutos en la cocina conversando de trivialidades y evadiendo el tema que les interesaba, a la espera de que bajara su esposo y se incorporara a la reunión familiar; el marido al parecer se encontraba descansando en su habitación, en el segundo piso de la vieja y hogareña casa familiar. Entre la ajetreada manipulación de ollas y trastes que usaba para la variedad de platos que preparaba a un mismo tiempo, mínimo cinco, salía un olor tan apetitoso que fue inevitable que se le hiciera agua la boca, a tal punto que tuvo la osadía de meter su nariz en una de las ollas y probar un humeante guiso de carnes y mariscos.

Entre tanto, Ximena comentaba que los jóvenes de hoy en día eran muy distintos a sus años de juventud y ni que pensar en los tiempos de sus padres y menos aún en la época de sus abuelos; decía su futura consuegra:

—Hoy en día la prioridad de los chiquillos son sus estudios, hacer carrera profesional, disfrutar la vida y ni piensan en entablar una relación de pareja seria, solo disfrutar y pasarla bien —sin lugar a dudas preparaba el terreno haciendo sentir a Esmeralda que no contara con su hijo, quien no asumiría su paternidad, reforzando y dejándolo muy claro con sus siguientes comentarios en clave de monólogo:

—De hecho, y sin ir más lejos, estando en la universidad quedé embarazada y me tuve que hacer un aborto, porque mi prioridad era terminar mis estudios, ni loca me iba a hacer de una guagua a esas alturas de mi vida, si tenía veinte años si acaso.

"A buen entendedor pocas palabras", se dijo a sí misma Esmeralda con profunda tristeza y decepción. Estaba escandalizada con los comentarios de Ximena, pues Esmeralda era una mujer católica pechona, luchadora por la vida desde el primer segundo de su concepción, jamás aceptaría ni siquiera tocar el tema de un posible aborto en su familia, y menos aun tratándose de la sagrada vida de su hija y de su nieto. En eso apareció el padre de Vittorio, un hombre de aspecto avejentado y desaliñado, que la saludó de mano e invitó a sentarse en un viejo sillón que olía a pichi de gato y cubierto de pelos, lo cual le provocó una instantánea reacción alérgica; en pocos segundos su hermoso vestido se cubrió de pelo de gato, causándole gran incomodidad y una seguidilla de estornudos que le sería imposible controlar y evitar. La frescura aromática que se desprendía de las coloridos flores que adornaban la mesa de centro, fueron su salvación para sostener la respiración, mientras con disimulo se las arreglaba para entablar una conversación, la misma sostenida en la humeante cocina se repitió en el living, pero en esta oportunidad además con la participación del dueño de casa, el padre de Vittorio; al darse cuenta Esmeralda de que no habría acogida alguna ni reciprocidad por parte de ellos en la inmensa alegría que sentía sabiendo que se convertiría en abuela, tomó conciencia de que no lograría su cometido y se despidió con un tono de súplica, vergüenza y tristeza:

—Agradezco profundamente su tiempo y el que me hayan recibido en su hogar en mi calidad de madre de la pareja de su hijo, solo les pido y agradeceré de todo corazón, que mi hija Victoria pueda contar con vuestro apoyo, y en particular el tuyo, Ximena, en tu calidad de mujer, madre y profesional del área de la salud, en el caso de que mi hija requiera de auxilio si se presenta alguna emergencia durante mi ausencia.

—No te preocupes, viaja tranquila, tu hija estará bien, no le va a pasar nada —respondió Ximena, mostrándose aliviada de que se terminara aquella incómoda reunión. Por su parte, el padre de Vittorio fue más escueto, limitándose a decir:

—Hasta luego, que le vaya bonito, disfrute de su viaje.

No hicieron ningún comentario sobre el hecho de que iban a ser abuelos.

Esmeralda se retiró muy triste al darse cuenta de que su hija no contaría con el apoyo de la familia del padre del bebé que esperaba, para ella fue muy difícil de entender y aceptar, aunque el saberlo le hizo buscar otras estrategias y redes de apoyo: sus amigas matronas la apoyarían sin lugar a dudas, pues las unía una gran amistad construida durante años de servicio público y crecimiento personal y familiar.

El embarazo de Victoria le traería a su mente recuerdos de su difícil embarazo y las terribles circunstancias en que dio a luz a su hijo Apolo, aquel hecho le daba vueltas en su cabeza y rogaba a Dios para que el embarazo y parto de su hija fueran de absoluta normalidad y no como el de ella, tan traumático.

Su hijo Apolo nació en una fría, lluviosa y agitada noche de invierno penquista, el personal médico compuesto mayoritariamente por estudiantes internistas de medicina y obstetricia invadían la amplia y vieja habitación de la maternidad del hospital regional de Concepción Guillermo Grant Benavente, de donde salían los gritos desgarradores de la joven mujer, sorprendida y aterrada por los dolorosos síntomas del parto prematuro de su primogénito. Lo que más asustaba y provocaba los gritos de Esmeralda, no era el dolor físico sino el riesgo de muerte de su hijo que aún no estaba en condiciones de nacer, porque apenas tenía seis meses de gestación. Ella habría dado todo y más por impedir el parto, retrasándolo hasta que su hijo alcanzara madurez y llegara a los nueves meses de gestación, pero era imposible porque ya había entrado en la fase activa de parto. Sus gritos y gemidos retumbaban entre los tétricos pasillos del viejo y agrietado edificio que había resistido unos cuantos terremotos e infinidad de fuertes temblores, típicos de un país sísmico como Chile; sus gritos podían oírse desde muy lejos sin que la copiosa y ventosa lluvia que golpeaba las ventanas pudiese acallarlos, haciendo aún más tenebrosa aquella noche. Era increíble sentir cómo ese bebé, con tan solo veintiocho semanas de gestación, pateaba el vientre de su madre con una fiereza indomable, como si se sintiese atrapado y sofocado y pidiese a gritos nacer. Las contracciones, agudas y rápidas, no se hicieron esperar, y tras un monitoreo de la intensidad y frecuencia, la eminencia médica del momento alzó la voz y ordenó:

—Llevar de prisa a la paciente a la sala de parto, es hora, no podemos esperar —mientras a paso firme abandonaba la sala de pre parto.

—¿Qué pasa? ¿Qué pasa, Johnny? —preguntaba la joven madre—. René, por favor, contesten, ¿qué pasa? —gritaba Esmeralda con voz de auxilio, añadiendo—: Johnny, no puedo dar a luz, tengo apenas veintiocho semanas de embarazo.

Esmeralda suplicaba invadida por un miedo aterrador mientras miraba con ojos desgarradores a su esposo Mario, quien sostenía fuertemente sus manos y acurrucaba su cabeza junto a la de ella tratando de calmarla al mismo tiempo que trataba de mostrar entereza para contenerla a ella y a sí mismo, pero él también estaba atónito y tan preocupado como ella. Johnny y René, sus amigos estudiantes de medicina, les explicaron que la primera fase del trabajo de parto ya se había iniciado con una dilatación de ocho centímetros, lo que hacía imposible revertir el proceso y el parto se debía concretar a la brevedad posible para evitar otra complicación y/o infección del bebé.

—Por eso, Esmeralda, cuando te pedí permiso para hacerte un tacto vaginal, era para evaluar y saber en qué situación te encontrabas, y pude diagnosticar claramente que habías iniciado la fase activa del parto por la dilatación que presentaba el cuello del útero y tu bebé en posición de parto —explicó Johnny.

—¿Qué? ¿Me estás diciendo, Johnny, que mi hijo está listo para nacer? ¿Va a nacer ahora, ya? —preguntó Esmeralda casi gritando, con su rostro desfigurado por el asombro y la preocupación. Ella soñaba con la llegada de su primer hijo, pero aquel no era el momento, su nacimiento prematuro podría poner en riesgo su vida, además aún no estaban preparados para recibirlo, ni siquiera tenían pañales, ni qué decir de una cunita donde acostarlo. Sabía que aquello no era lo esencial ante la magnitud de lo que estaban viviendo, pero era preocupante para la joven pareja considerando su calidad de estudiantes universitarios sin recursos económicos, a quienes apenas les alcanzaba para alimentarse a medias. Esmeralda no se había alimentado en forma adecuada durante su embarazo, incluso hubo días que pasaban en blanco por la falta de comida.

Recordaba con pena y muy avergonzada un día que fue a casa de una de sus docentes de universidad a buscar un libro, amablemente la profesora la hizo pasar y le ofreció un café, y ella, a punto de desvanecerse por la falta de alimentación y en un estado de desnutrición evidente, con voz muy dulce y entrecortada por la vergüenza, pidió:

—Señorita Ximena, muchas gracias, usted es muy amable, ¿pero sería posible una fruta, por favor?

—Sí, por supuesto, ¿qué prefieres, una naranja o una manzana?

Esmeralda, con el hambre que tenía, hubiese querido que le diera las dos frutas, pero en consideración a los buenos modales con que la habían formado sus padres, optó por la brillante y rojiza manzana que le mostraba la señorita Ximena desde la puerta de la cocina.

—La manzana, por favor —respondió Esmeralda. Aquella fue la manzana más exquisita, crujiente y jugosa que recuerda haber comido en toda su vida.

Volvió al presente, a la conversación con sus amigos internistas:

—Sí, tu guagüita está lista para nacer, incluso con la cabecita hacia abajo, lo que es muy bueno porque será un parto normal y muy rápido —explicó Johnny sonriente, y prosiguió en tono más serio y complaciente—: Por eso después que te examiné de inmediato pedí llamar al médico de turno para informarle el inicio del proceso de parto. Pero no te preocupes, todo saldrá bien, nosotros te acompañaremos durante el parto y hasta que nazca tu bebé. Tranquila, todo saldrá bien.

En la sala de parto todo transcurrió rápidamente como lo había previsto Johnny, aunque sin la normalidad esperada. René acompañaba y apoyaba emocionalmente a Esmeralda ante la imposibilidad de que Mario ingresara a la sala de parto, en esos años aún no se permitía en los centros de salud la compañía de la pareja de la mujer que iba a dar a luz, menos aún en recintos hospitalarios públicos, pero a Dios gracias ella contaba con la compañía y el apoyo incondicional de sus grandes amigos universitarios, quienes tenían la facilidad de acceder prácticamente a todas las especialidades del hospital, como era el caso de Johnny y René, alumnos del último año de medicina, y un par de matronas y enfermeras, que realizaban todos sus pasantías e internados y la última etapa de sus estudios antes de adquirir el grado de profesional universitario. Afortunadamente contaba con esa maravillosa red de apoyo que fue crucial frente a los inesperados y graves acontecimientos que ocurrirían en el parto esa lluviosa noche de invierno, donde no hubo medicinas para contrarrestar el dolor, y las contracciones se hacían cada vez más intensas, dolorosas y seguidas una tras otra al ser estimuladas con suero fisiológico con el propósito de acelerar la última fase del parto, pues la dilatación del cuello del útero era suficiente para dar a luz, a esas alturas no era posible revertir el proceso prematuro del parto, ni siquiera considerando que aún faltaban tres meses para que el bebé estuviese a término.

–¡Puja, puja…! ¡Esmi, puja más fuerte, Esmi, con todas tus fuerzas, ya es hora, tu bebito está a punto de nacer! –le decía René apretando una de sus manos y con la otra levantada y vuelta un puño con el gesto de "fuerza, fuerza" …– ¡Vamos, tú puedes!

–¡Aaaayyyy, aaayyy…! ¡Es muy doloroso, no puedo más! – gritaba y gemía Esmeralda–. ¡Me duele, me duele demasiado! –lloraba mientras con una mano se agarraba de los fierros del costado de la camilla y con la otra apretaba con fuerza la mano de René.

–Ya viene… ya viene… se le ve la cabecita, puja, puja… da el último empujoncito con todas tus fuerzas para que nazca tu bebé – dijo la matrona que apoyaba al ginecólogo.

–Bisturí, por favor, se requiere hacer un par de incisiones más –pide el ginecólogo.

–¡Noooo, noooo, por favor! –gritaba Esmeralda como si la estuviesen matando.

–Viene saliendo… viene saliendo… –decía con voz fuerte la matrona.

–¡Ooohhhh, no! –casi gritó de pronto el médico, muy sorprendido.

–¡Qué terrible! –gritó también la matrona.

–¡No, no…! ¡No puede ser, hay que correr al quirófano! – replicó el ginecólogo.

Todos corren con el bebé fuera de la sala de parto, incluso René. En eso alguien dice:

–Parece que son dos, sí, otro bebé, ayúdenme, por favor, a seguir atendiendo a la paciente.

–¿Qué pasa? ¿Qué pasa? –gritaba Esmeralda exigiendo una respuesta–. ¿A dónde se llevan a mi bebé? ¡Lo quiero ver, no se lo pueden llevar, es mi guagüita, por favor, por favor! –suplicaba con gritos desgarradores, queriendo levantarse de la camilla con la fiereza de una madre recién parida a quien le han arrebatado su cría.

En eso se siente desvanecer mientras al mismo tiempo recibe en su brazo derecho un fuerte y agudo pinchazo de una gruesa y fría aguja. Optaron por sedarla para calmarla y seguir con el parto.

Al cabo de unas cuantas horas, Esmeralda despertó en una sala de recuperación post parto, muy adolorida, confundida, mareada y sedienta, con los labios resecos y la lengua como trapo. Como pudo se hizo notar por una de las enfermeras, que se acercó amablemente a su cama preguntándole solícita:

–¿Cómo te sientes?

Esmeralda tan solo exclamó con voz somnolienta:

—¿Dónde está mi bebé? Lo quiero ver, ¿por qué se lo llevaron sin dejarme verlo?

Y rompió a llorar, absolutamente destrozada. La enfermera le acarició el rostro y con voz muy dulce intentó calmarla y consolarla, y al mismo tiempo le respondía las preguntas:

—No te preocupes, tu guagüita está bien, la tuvimos que colocar en una incubadora porque es muy pequeñito y sus pulmoncitos aún no están maduros, aún no puede respirar solito.

—¡Ah! ¿Tuve un hombrecito? —preguntó Esmeralda—. Por favor… por favor… tráigame a mi hijo, lo quiero ver y empezar a amamantarlo, mire, se me está cayendo la leche, tengo mucha —dijo sonriente, mostrando cómo estaba de mojada la camisa de hospital que vestía.

En ese preciso momento se acercaron a su cama Mario y Johnny, quienes entraron a paso firme a la habitación como si tuviesen prisa, en tanto que en sus semblantes se evidenciaba claramente el cansancio y la preocupación.

—Sí, sí, mi amada Esmi, tuviste un varoncito —murmuró Mario con suave voz, esbozando una tierna sonrisa al tiempo que la abrazaba. Se aferraron el uno al otro invadidos por el llanto y la emoción.

Esmeralda suplicaba que le llevara a su hijito.

—Sí, sí, por supuesto, mi amor, claro que podrás ver y cuidar a nuestro hijito.

Johnny, Mario y la enfermera se miraron entre sí esforzándose por explicar y darle una dolorosa y poco esperanzadora noticia.

Mario carraspeó para limpiar el nudo que le apretaba su garganta y poder sacar la voz, y empezó a hablar:

—Mi amorcito, mi amada Esmi, sí tuvimos un precioso hijito —las lágrimas le ruedan por sus mejillas y a duras penas continuó—. Nuestro hijito nació enfermito.

Esmeralda, muy ansiosa y sollozando le preguntó, mientras lo tomaba por el suéter y lo zarandeaba con las manos exigiendo que le dijera la verdad:

—Pero ¿qué tiene, por qué dices que nació enfermito?

—Es que es muy chiquitito, lo tienen en una incubadora, está luchando por su vida, juntos saldremos adelante, tengo mucha fe en que así será.

Esmeralda replicó alzando su voz, con mucha confianza y seguridad:

—Sí, sí, por supuesto que nuestro hijito se recuperará y saldrá adelante, lo amamantaré, sí, con mi lechecita engordará y crecerá súper rápido, por favor tráiganmelo para empezar a amamantarlo ahora ya —exigió mirando al personal de enfermería que estaba cerca de ellos.

Mario no pudo responder, no fue capaz de contarle que su hijito había nacido con una malformación genética y que las posibilidades de que sobreviviese eran casi nulas, no podía creerlo ni él mismo y menos aún romperle el corazón a Esmi con tan dolorosa noticia. Estaba destrozado, conteniendo un mar de lágrimas que trataba de evitar. Con un nudo en la garganta, y haciendo un esfuerzo sobrehumano para mantener la entereza y no romper también en llanto, miró a Johnny suplicándole con los ojos y dándole a entender que era el momento de contarle a Esmeralda la verdad. Johnny se acercó a ella y con voz muy suave empezó a hablarle sobre el estado de salud de su bebé:

—Esmi, sí, tu bebé lo tuvimos que poner en una incubadora para brindarle ventilación artificial, porque como es muy pequeñito, sus pulmoncitos aún no están maduros y requiere de tiempo para que pueda respirar por sí solo —le explicaba Johnny con aire paternal.

—Por eso mismo y con mayor razón, necesito alimentarlo con mi leche para que crezca y se recupere más rapidito. Sí, por favor, Johnny, tráemelo, lo quiero ver y acurrucar aquí conmigo —dijo Esmeralda en tono de súplica. En eso Mario rompió en sollozos y acariciándola como a una niña le dijo:

—Mi amorcito, mi amada Esmi, lo que pasa es que nuestro hijito nació con un problema en su guatita y lo van a operar hoy.

–¿Qué? ¡No puede ser! –quedó en estado de shock, pero exigió que le contaran lo que estaba sucediendo con su bebé, necesitaba saber más.

–No te preocupes, Esmi, nuestros amigos nos están apoyando, se han portado súper bien, un siete, se comunicaron con el doctor Sergio Rojas, una eminencia en cirugía infantil, y él lo va a operar hoy a las 9:00 de la mañana.

–Sí, en un ratito –afirmó Johnny mientras miraba su reloj y asentía con la cabeza.

–Pero, ¿qué tiene mi guagüita? ¿Por qué lo van a operar? ¿De qué lo van a operar? ¡Ah! ¿Por eso se lo llevaron corriendo ayer en cuanto nació? ¡Por favor, díganme qué pasa! Lo quiero ver antes de que se lo lleven al otro hospital, ¡por favor… por favor…! –suplicaba con una expresión de infinito dolor, una madre recién parida a quien le arrebatan a su cría por segunda vez, y sin siquiera darle la oportunidad de verla ni abrazarla junto a su pecho.

–Sí, por supuesto que puedes ver a tu bebé antes de que lo trasladen –aceptó Johnny.

En eso volvió a mirar su reloj y exclamó:

–¡Oh, no! ¡Ya es hora! –y corrió fuera de la habitación alcanzando, por un segundo, al personal que había iniciado el traslado del bebé por los fríos y pulcros pasillos de neonatología, los interceptó y regresó donde Esmeralda en compañía de una enfermera, quien empujaba suavemente y con firmeza la incubadora. Dentro estaba una miniatura de bebé conectado a infinidad de cables y mangueritas por todas partes, en su pecho, brazos, piernecitas, nariz y boca, y su corazoncito latiendo a mil por hora, moviendo su cuerpecito diminuto en forma sorprendente, parecía que iba a explotar y desintegrarse. La enfermera acerca la incubadora a la cama de Esmeralda diciendo:

–Mira, aquí está tu hijito luchando por su vida.

Esmeralda rompió en llanto mientras deslizaba sus manos con fuerza sobre la incubadora queriendo tocar, tomar y acariciar a su hijito, necesitaba con ansias abrazarlo, besarlo, protegerlo y arrullarlo junto a su pecho. Aquel deseo no pudo cumplirse por las circunstancias en que había nacido y su crítico estado de salud. Había que correr, el tiempo apremiaba, la ambulancia esperaba y el pabellón estaba listo para su primera cirugía, y así fue que Esmeralda vio por primera vez a su hijo, fueron tan solo unos pocos segundos de contacto entre madre e hijo antes de que se lo llevaran y arrebataran por segunda vez. Fue un tiempo crucial y suficiente que le permitió transmitirle su infinito e inagotable amor de madre, energía, coraje, fuerza y fe en Dios y en la ciencia médica para luchar por su vida. Ante tanto dolor y angustia que oprimía su corazón, rezaba y oraba con inmensa devoción y fe a Dios por la vida de su hijito, mientras lo veía alejarse en la incubadora empujada por la enfermera, seguido y acompañado por Mario y Johnny. En ese preciso instante se le ocurrió llamar a su hijo Apolo, nombre griego que significa "el que aleja la muerte". Apolo es el dios de las artes, del día y el sol, hijo de Zeus y Leto. Más tarde le diría a su esposo su decisión.

–Nuestro hijito se llamará Apolo –le contó con alegría, firmeza y seguridad, agregando–: Apolo es un nombre que irradia fuerza y poder invencible de un ganador y aleja la muerte.

El hecho de llamar Apolo a su hijo rompió la gran tradición sostenida por décadas en la familia de su esposo de perpetuar en el hijo primogénito el nombre de su padre, abuelo, bisabuelo y tatarabuelo, Mario Salvador, quien no pudo rebatir la decisión a pesar de su fuerte carácter, personalidad machista y dominante, estaban ante una situación excepcional, se trataba de la vida de su hijo, y teniendo presente la condición de madre de Esmeralda, quien había tomado la decisión como estrategia para proteger y salvar la vida de su hijito, no había nada que hacer, solo acatarla y rezar por la vida y salud de su hijito, que empezaban a llamar ya por su nombre de Apolo.

Así fue la traumática forma en que Esmeralda, la novia peregrina, se convirtió en madre de su primer hijo, quedando marcados para siempre en su retina y corazón cada segundo y cada detalle vivido aquella lluviosa y fría noche del 3 de julio de 1984, en la vieja maternidad del hospital regional de Concepción Guillermo Grant Benavente.

Fue un bebé concebido con pasión fulminante y amor desbordante de juventud, producto de su primer y gran amor, quien nació prematuramente, aunque igualmente anhelado. Apolo hizo su entrada a este mundo como un gran dios guerrero, luchando por su vida y naciendo para proteger la vida de toda la humanidad y alejar la muerte. Nació en medio de una atmósfera que no tuvo nada que envidiar a una película de terror y suspenso, con el personal médico sucumbido en el nerviosismo e histeria colectiva que se había desencadenado, no solo en la sala de parto sino en toda la maternidad y la sección de neonatología del viejo hospital penquista. El diagnóstico fue que Apolo había nacido con el intestino fuera de su cuerpecito, lo que en términos médicos se llama gastrosquisis, es un defecto de nacimiento en la pared abdominal donde los intestinos del bebé salen del cuerpo a través de un orificio al lado del ombligo; un caso en miles de millones y le había tocado a ellos, una pareja de jóvenes universitarios desprovista de seguros de salud y solvencia económica para enfrentar una enfermedad tan compleja e inusual con la que había nacido su primogénito. Había que ser fuerte y luchar por la vida de su hijo. Al día siguiente, estando en plena convalecencia del parto, solicitó ser dada de alta, bajo su responsabilidad, para estar cerca de su bebé. Necesitaba recuperarse y estar bien para ser de utilidad y salvar la vida de su hijito.

Esmeralda era de contextura muy delgada y padecía una desnutrición y anemia severas surgidas durante el embarazo, debido a la insuficiente y mala calidad de la alimentación, que se sumaba a los vómitos diarios desde el primer día de embarazo y que persistieron hasta el día del parto; fueron náuseas y vómitos incontrolables e inexplicables, pues lo habitual es que ocurran en algunas mujeres durante los tres primeros meses y no durante todo el embarazo, como sucedió con Esmeralda. Aquel interrogante tuvo respuesta solo después del parto, cuando el neonatólogo tratante les comentó que los vómitos continuos durante el embarazo eran un síntoma característico cuando el feto presentaba alguna malformación o irregularidad en el proceso de gestación, el organismo en forma natural genera rechazo o puede incluso provocarse un aborto espontáneo, lo que felizmente no sucedió en el caso de Esmeralda –agregando– que es posible detectar la malformación a través de una ecografía, pero lamentablemente en el caso de Esmeralda hicieron solo una y era probable que en ese momento el bebé estuviera de espaldas o en una posición que hizo imposible detectar la malformación congénita o su sexo. El profesional neonatal hizo hincapié en la lactancia materna, que iba a ser crucial seguir alimentándolo con la leche de su madre cuando fuera dado de alta, para ayudarlo a recuperar su inmunidad y facilitar un crecimiento saludable, por lo que recomendaba a Esmeralda amamantar a otro bebé del servicio de neonatología o a cualquier otra guagüita cuya madre no tuviese leche, para así preservar su lactancia. Esmeralda agradeció y aceptó la recomendación del médico. Pero al llegar a casa Mario le explicó otra forma pelicular de preservar la lactancia, ya que se opuso rotundamente a la posibilidad de que ella alimentara a otra guagua.

—Tú no vas a alimentar a ninguna guagua ajena con la leche de mi hijo, yo me tomaré tu leche a diario y así no se te secará y podrás alimentar a nuestro hijo cuando salga del hospital —ordenó Mario en forma enérgica.

Y así cada día al despertar, a mitad de la tarde y antes de dormir, Mario, tal cual un bebé, se recostaba en la cama al lado de Esmeralda y tomaba toda la leche vaciando sus pechos adoloridos, afiebrados y con los pezones agrietados; tenía tanta leche que era extremadamente necesario que Mario se la tomara, incluso a pesar de que había días en que hubiese preferido no hacerlo. Esmi cada día tenía más y más leche, era increíble cómo borboteaba de sus pechos, al punto que incluso al recostarse de espalda en la cama la leche saltaba como una pileta de agua de una plaza, y mientras Mario tomaba la leche de un pecho ella debía cubrir el otro para evitar que siguiera derramándose como un inagotable manantial.

A raíz de esa práctica, Mario empezó a engordar y lucía rebosante como niño de pecho con sus machetitos rosaditos y su piel brillantita, amén de que se generaban bromas al respecto, en el círculo de amigos cercanos, quienes estaban al tanto de la estrategia asumida por la pareja con tal de asegurar la lactancia materna para Apolo, por ejemplo, era común que le hicieran bromas tales como:

—Mario, ¿quieres que te bote los chanchitos? Venga, mi guagüita, para botarle los chanchitos —solían decirle sus compañeros de universidad. En todo caso no era broma, la leche materna le hacía eructar igual que a los bebés.

En una oportunidad, tal vez por semana santa, Esmeralda y Mario se fueron por el fin de semana de paseo a una cabaña en las montañas junto a un grupo de amigos de universidad; ella aceptó la invitación con el compromiso de que al día siguiente se levantarían temprano para ir al hospital a visitar a su hijito y extraerse leche para dejarla en el hospital, pues Apolo se alimentaba por sonda con la leche de su madre. Empezó consumiendo dos centímetros cúbicos cada dos horas y lentamente fue incrementándose la dosis.

Esa noche, estando todos alrededor de la chimenea canturreando al son de un par de guitarras y compartiendo una agradable velada, Esmeralda no daba más con sus pechos adoloridos y afiebrados, así que entre risas y bromas, tomó de la mano a Mario para ir a amamantarlo; a su regreso todos se reían a carcajadas y se ofrecían para botarle los chanchitos, pero todo en buena onda, se entendía la situación al mismo tiempo que admiraban la estrategia que habían adoptado a fin de mantener la lactancia para el pequeño bebé.

A la mañana siguiente, fue imposible despertar a Mario para regresar a Concepción desde San Pedro, lugar donde se encontraban de paseo. Por más que lo remeció para que despertara no lo logró, al parecer se había quedado hasta muy tarde y había bebido más de la cuenta. Esmeralda emprendió sola el camino de regreso a Concepción, se encaminó por la línea férrea a fin de acortar camino en esa fría mañana de invierno hasta alcanzar la estación de trenes. Al llegar al hospital se encontró con el médico de turno, que realizaba la visita matinal a los pacientes, Cuando preguntó por el estado de salud de su hijito él respondió:

—No te hagas ilusiones con tu bebé, tú eres una mujer muy joven y podrás tener los hijos que quieras. Tu hijo está gravemente enfermo, ha pasado por dos cirugías y no creo que resista una tercera. Ánimo —concluyó el médico mientras palmoteaba la espalda de Esmeralda.

Comenzó a llorar, desconsolada, refugiándose en el vestíbulo de neonatología, donde debía cambiarse de ropa antes de ingresar a visitar a su bebé, y también era el lugar donde se extraía leche a diario para entregarla a la central de abastecimiento y alimentación de neonatología para que alimentaran a Apolo. Luego de botar parte de su desgarrador dolor de madre al recibir tan desalentadora y lapidaria noticia, caminó lentamente y casi sin fuerzas por el pasillo de cristales con la mirada fija en la incubadora de su hijo. Como a diario lo hacía, acariciaba una y otra vez a su bebé introduciendo una de sus manos a través de las manguillas de la incubadora, mientras le contaba cuentos y conversaba de las cosas que harían cuando fuera dado de alta, irían a los parques a jugar, al campo a visitar a sus abuelos, a bañarse a la playa y comer muchos helados y golosinas, también le hablaba de cuando creciera y fuera al colegio, cómo haría amiguitos hasta llegar a ser un gran hombrecito. Sin embargo, aquella mañana fue muy diferente, era imposible contener la pena y el dolor que la invadían, evitaba acariciarlo para no transmitirle su dolor, pues él podría percibirlo y eso afectaría negativamente su delicado estado de salud. En eso siente una suave y cálida mano sobre su hombro irradiando luz y energía, era una de las auxiliares con quien se encontraba a diario e intercambiaban saludos y pequeñas conversaciones.

—¿Qué pasa, por qué lloras tan desconsoladamente, querida Esmeralda? —le preguntó con suave y comprensivo tono de voz al mismo tiempo que la alejaba de la incubadora y la abrazaba con una infinita ternura, como si fuera su hija o un ser querido.

—Hija mía, calma, no llores, cuéntame qué pasó ahora.

Esmeralda volvió a llorar al contarle que el doctor acababa de informarle que su hijo no resistiría una tercera cirugía, que estaba muy débil, que no se hiciese ilusiones con su bebé.

—Hija, escúcheme, yo llevo muchísimos años trabajando en el hospital y he visto que los médicos a veces se equivocan, dan por desahuciados a algunos de nuestros pacientes, pero con fe en Dios y con el infinito amor de sus padres, y en especial con el amor infinito de las madres, los niños se recuperan milagrosamente ante los ojos incrédulos de los médicos. Sí, así es, se recuperan y más pronto de lo imaginado. Yo le aconsejo que siga visitando a diario a su hijito, viniendo todos los días a verlo, una o dos veces, o la mayor cantidad de veces que pueda, acarícielo, convérsele, transmítale su amor de madre, su cariño y su protección, dígale cuánto lo ama y cuán importante él es para usted, confíe en lo que le estoy diciendo, tenga mucha fe en que su hijito se recuperará.

Pasaron los días y tal cual como se lo advirtiera el auxiliar paramédico, Apolo superó una tercera e incluso una cuarta cirugía, hasta que por fin, al lograr los dos kilitos de peso y la madurez de sus pulmones, fue dado de alta, después de tres meses sometido a intensos tratamientos además de las cirugías. Era precioso como un angelito y tan chiquito como un muñequito de juguete, había superado su estatura y peso de nacimiento, aunque seguía siendo extremadamente pequeño respecto a los parámetros esperados para un bebé de tres meses, siendo clasificado en estado de desnutrición durante sus primeros años de vida.

Volviendo a los planes de hacer un break en su vida, teniendo casi todo listo y organizado, excepto la falta de permiso de su jefatura, para emprender su viaje a la capital británica en busca de un respiro a su agobiante vida de funcionaria pública sofocada por la rutina, empezó a sentirse un poquito más relajada al ser sorprendida con innumerables despedidas organizadas por diferentes grupos de amigos: la invitaban a cenas, tragos y asados, se sentía muy querida y se convertía en un referente para muchas de ellas, quienes querían tener la valentía, independencia y facilidades económicas para darse un año sabático e irse, igual que Esmeralda, a estudiar inglés a cualquier país del mundo, no necesariamente a Londres, ya que Inglaterra era uno de los destinos turísticos más caros, así como los cursos de inglés. Había hecho su elección pensando en la conectividad con el resto de Europa, lo que facilitaría hacer algún viaje para turistear y conocer, además de ser la cuna del inglés, pero había otra razón poderosa y oculta en su subconsciente que había considerado en el momento de tomar la decisión de si ir a estudiar a Canadá, USA, Australia o a Londres, era la posibilidad de reencontrarse con ese gran amor apasionado que tuvo con Todd. Pero no tenía ningún contacto con él, le había perdido el rastro tras cambiar de trabajo, el ir a Inglaterra le mantenía la ilusión de poder lograrlo al estar más cerca de él, viviendo en el mismo país. La última despedida fue en Santiago, una velada inolvidable con sus amistades más cercanas de sus años de universidad, algunos compañeros de trabajos previos, primos y parte de su familia, y para ella fue muy importante el contar con su madre y con su hija Renata.

A pesar de que el vuelo tuvo una escala de ocho horas en São Paulo, además de haber pasado una noche en un hotel al perder el vuelo de conexión por estar distraída, fue un viaje muy placentero y divertido, incluso siendo en clase de turista; resulta que, al retomar el vuelo rumbo a Londres, una de las azafatas se le acercó y saludó muy amable y con extrema familiaridad, preguntándole sonriente:

—Hola, tú eres Esmeralda, ¿cierto?

—Sí, yo soy, ¿por qué? —replicó con sorpresa y curiosidad.

—¡Ah! ¡Qué bueno que te encontré! ¿Así que vas a estudiar inglés a Londres?

—Sí, voy a Londres a estudiar inglés —asintió Esmeralda con mayor intriga esbozando una sonrisa.

—Qué bueno, me alegro, te vas a divertir y pasarla muy bien, te lo aseguro. Si necesitas algo dime no más, con confianza, encantada estaré de ayudarte.

—¡Ah! ¡Qué bueno, muchas gracias! Me encantaría cambiarme de asiento si fuese posible, me carga ir tan cerca del baño, por los olores y la bulla de tantos pasajeros que lo usan a cada rato y no te dejan dormir —aventuró sonriente y en tono de súplica.

—Mmmm, *sorry*, el vuelo está completo, ninguna posibilidad, lo siento de verdad, pero te puedo traer otra frazada y almohada para que te acomodes mejor, ¿quieres?

—*Yes, please* —responde muy contenta y agradecida. La hermosa y amable azafata regresó no solo con el típico paquete con un par de almohadas y una frazada, sino que además llevaba un estuche de esos que regalan en *bussiness class* y que contiene útiles de aseo y un protector para disminuir la intensidad de las luces mientras duermes.

Fue un viaje extraordinario, sentía que le había caído muy bien a la azafata, quien se esmeraba en hacerla sentir cómoda. Lo extraño era que no lograba entender cómo ella sabía que iba a estudiar inglés a Londres, tampoco podía preguntarle, porque le era muy difícil comunicarse y escucharla al estar sentada en el segundo asiento cerca de la ventana en una fila de cuatro pasajeros, además que cada vez que se acercaba lo hacía como un relámpago, intercambiaba un par de mensajes o simplemente muy sonreída le hacía entrega de algún regalo y se retiraba rápidamente, tanto que le resultaba muy incómoda la situación pensando en los pasajeros sentados junto a ella, así que cuando le llevaba a Esmeralda bebidas y snacks extra, ella repartía a toda la fila, aunque no siempre. Los viajeros se mostraban muy contentos con que Esmeralda fuese sentada junto a ellos; y ni qué decir cuando la atendía a la hora del servicio de alimentación, le ofrecía dos raciones y que se repitiera las veces que quisiera; la misma situación sucedía con las bebidas, fue tanto lo que le regaló que llegó a hacer una verdadera colección de botellitas de whisky y vino, de esas tan bonitas de una porción que sirven en los vuelos. No hace falta decir cuánto bebió y comió durante el vuelo, durmió como un angelito y se le hizo el viaje cortísimo. A pocos minutos del aterrizaje en Londres, se acercó la azafata para despedirse comentando que estaba feliz de haberla conocido y que por favor le diera sus saludos a su mamá, añadiendo en tono de nostalgia:

—La extraño tanto, éramos muy buen equipo y cuando se fue de la aerolínea sentí una gran pena —en eso volvió a sonar el timbre del altavoz, era hora de prepararse para el aterrizaje. La chica se despidió rápidamente lanzando un beso con la mano y se alejó casi corriendo a retomar su trabajo sin darle tiempo a decir ni una sola palabra, solo alcanzó a levantar su mano en un gesto de despedida y le dio las gracias. Había sido una verdadera confusión de pasajeros, con la gran suerte para Esmeralda de llamarse igual a la hija de la amiga de la azafata, e ir a estudiar inglés a Londres. ¡Qué extraña y bendita coincidencia!

Al llegar a Londres y como típica turista provinciana que no sabe cómo llegar a su destino, tomó el camino más fácil: compró el paquete de estudios con servicio de taxi al domicilio y al aeropuerto, haciendo honor al dicho tan popular "Juan Segura vivió 100 años". La esperaba Jane, la dueña de la casa, quien le dijo:

—Te esperaba ayer, ¿qué pasó?

—Lo siento, Jane. Hubo un retraso de más de ocho horas en el vuelo de conexión en el aeropuerto de Guarulhos, Brasil, y entre tanta espera, cuando por fin salió el vuelo lo perdí porque no escuché el llamado, estaba muy lejos de la nueva puerta de embarque asignada, así que me enviaron a pasar la noche a un hotel y me reembarcaron hoy en el primer vuelo de la mañana.

—¡Ah, eso pasó! Estaba preocupada por ti, no pude llamar a tu escuela porque era fin de semana. Pero pasa, pasa, déjame ayudarte con tus maletas —y mientras le comentaba que al día siguiente llegaría otra estudiante proveniente de Brasil.

—¡Ah! ¡Qué bueno, excelente noticia!

—Sí, será muy bueno para las dos, se podrán acompañar e ir juntas al colegio.

–Sí, me parece perfecto, pero ¿cómo nos vamos a comunicar si ella habla portugués y yo español?

–Bueno, justamente esa es la idea, que aprendan a hablar inglés y que practiquen, al igual que lo estás haciendo conmigo, no hablas bien, pero te das a entender, así se empieza, tranquila.

–Maravilloso, ¿pero tendremos habitaciones separadas? ¿Cierto? Porque yo contraté el servicio con una pieza individual, no voy a compartir dormitorio, quiero una habitación solo para mí.

–*Yes,* no te preocupes, tengo dos habitaciones para recibir a solo dos estudiantes, no más, y mujeres, evito recibir hombres, salen todas las noches, llegan tarde y meten mucho ruido, además que son muy desordenados y sucios. No, gracias.

Le hizo un gesto con la mano para que la acompañase:

–Sígueme, vamos para que conozcas tu habitación y te acomodes –y empezó a bajar por una escala que se iniciaba en una abertura tipo cuadrado que estaba en el primer piso, en un desnivel haciendo como si fuera una pequeña pared; así Esmeralda se encontró con una de las primeras diferencias culturales entre su país e Inglaterra: le llaman *ground floor*, es decir, planta baja, a lo que para un latino es el primer piso, y el segundo piso viene a ser el primer piso para los británicos, súper raro. Como en USA, no existe el piso número trece, se lo salta en la numeración, del piso 12 pasan al 14 por cuestiones de superstición y con el fin de alejar la mala suerte.

La habitación era amplia, aunque le complicaba un poco que estuviese en el subterráneo por sus crisis de ansiedad y pánico por la claustrofobia, le daba terror el solo hecho de pensar que podría quedar atrapada, pero se tranquilizó al ver que contaba con luz natural y podía escuchar y ver a los pajaritos a través de unas pequeñas ventanas con barrotes, a lo largo de la parte superior de la pared que daba a un pequeño patio interior. También le tranquilizaba saber que a partir del día siguiente tendría la compañía de Karla, la estudiante que venía de São Paulo.

A la mañana siguiente llegó una bella y energética joven de larga cabellera rubia y ojos verdes y brillantes, muy alegre, quien tras dejar su equipaje le pidió a Jane, la dueña de casa, que le explicara cómo llegar a la estación más cercana del tren *underground,* diciéndole que iría al carnaval de *Notting Hill,* pues le habían comentado que era un espectáculo único, maravilloso y que no se lo podía perder, que era tan grande y fascinante como el carnaval de Río de Janeiro. Invitó a Esmeralda para que la acompañara, y a partir de allí se cayeron muy bien, compartían el trayecto al colegio y juntas vivieron muchas aventuras, riéndose de tonteras y angustiándose por llegar tarde a la casa y perderse la cena.

Sí, los ingleses tienen reglas y son muy severos con ellas, Jane era muy simpática y amable, aunque también muy apegada a sus propias reglas y rutinas, era extremadamente rigurosa, no transaba con los horarios de la cena, la cena era a las seis de la tarde y si no llegaban antes de las ocho de la noche, botaba la comida a la basura porque le molestaban los olores cuando estaba acostada, quejándose de que la despertaban. Era evidente que, al calentar la comida en el microondas, además de generar olores producía ruido, y eso la despertaba. El tema es que era un tipo de vivienda nada convencional, su dormitorio estaba como en un segundo piso a un costado de la pared, era como una especie de balcón abierto hacia la planta baja, donde estaba prácticamente todo, la entrada a la casa —donde había que sacarse los zapatos antes de entrar y ponerse otros de uso exclusivo para el interior de la vivienda, o simplemente caminar descalza–, inmediatamente estaba la cocina, seguida del comedor y el living, que estaba entre el *ground floor* y su dormitorio, la vivienda era hermosa aunque poco funcional por la falta de privacidad en su dormitorio. Al cabo de dos semanas, Esmeralda ya había comentado en su colegio la necesidad de cambiar de pensión / *home stay*, sumado a que descubrió que la dueña de casa tenía problemas de alcoholismo al darse cuenta de que desaparecieron dos de tres botellas de exquisito vino chileno que había llevado de regalo o para disfrutar en una ocasión importante, como las fiestas patrias o año nuevo.

Fue trasladada a la vivienda de Hepzibah, una jamaicana muy creyente, maternal y con una generosidad increíble, divorciada, con tres hijos y tres nietos, de quien recibió mucho cariño, apoyo y comprensión. Pasó prácticamente a ser parte de la familia y querida por todos, era habitual que la invitaran a fiestas familiares y eventos en los que participaban sus hijas. Para Halloween la invitaron a una fiesta de disfraces, y cuando regresó a la casa Hepzibah le preguntó:

—¿Cómo estuvo la fiesta, disfrutaste?

—Sí, me encantó, me divertí mucho, y me entretuve mirando los potos tan bonitos y grandes de las mujeres, de caderas anchas y con una cintura de muñequita y yo no tengo nada —le comentó dándose vuelta y mostrando se trasero mientras se tocaba el pantalón.

—*Naughty girls, ¡hahhahaha!*

Efectivamente, todas las personas que estaban en la fiesta eran en su mayoría jamaicanos, personas muy alegres, buenas para bailar, cantar y hacer bromas. Había otra situación con Hepzibah que le llamaba la atención que a ambas las hacía reír mucho: cada día aparecía con una peluca nueva, de distinto estilo y peinado, incluso de diferente color, y además le encantaba usar sombreros y gorros bien llamativos. Este fue otro aspecto nuevo en la vida de Esmeralda, el compartir con gente de distintos países, fascinarse con sus culturas y formas de vidas.

El primer día de clases lo inició junto a su nueva amiga Karla, caminaban diez minutos, siguiendo las indicaciones dadas por Jane, hasta llegar a la estación de Hampstead, donde debían fijarse muy bien a qué tren subir que fuera en la dirección correcta, porque de lo contrario hará un desvío y las llevará a otro lugar, lo que suele suceder cuando vas distraída, porque en la plataforma donde deben subirse al tren, la misma línea que les lleva hasta la escuela tiene dos diferentes recorridos: parte del trayecto pasa por las mismas estaciones y luego se desvía a destinos absolutamente opuestos, siendo Hampstead una de esas estaciones donde los trenes pasan por las mismas y luego hacen un desvío en dirección a su destino final.

Westminster Abby y un whisky con su amiga Karla

Al llegar a la escuela se encuentran con una pequeña sala de recepción atiborrada de jóvenes estudiantes en su primer día de clase, igual que Esmeralda y Karla. Tras chequear sus documentos el personal de recepción las envía a una sala donde deben dar un test para saber en qué nivel están. Karla queda en nivel intermedio en tanto Esmeralda en pre intermedio, hecho que las separa de clase. Eso no evita que sigan haciendo juntas el mismo trayecto, al menos de ida; de regreso a veces era diferente, pues sus compañeros de clase podrían organizar diferentes actividades.

Al llegar a la sala de clase se encontró con aproximadamente quince jóvenes estudiantes y un par de personas adultas, que también eran estudiantes al igual que ella, de quienes rápidamente se hizo amiga. El tema de la edad nunca había sido un problema, le era indiferente, lo que determina sus acciones son sus gustos e intereses, independientemente de la edad o de lo que sea convencional. Si quiere hacer algo y lo puede hacer, sin dañar a otros, por qué no, ese es su lema para actuar y disfrutar su vida.

Desde un principio las clases de inglés fueron súper extrañas, pero también muy interesantes y entretenidas. Sí, era una aventura y la vivía y disfrutaba como tal, quince alumnos igual a quince países diferentes, y no es broma, así de sui generis eran las clases. Era difícil y cómico tratar de entender la forma de hablar de cada uno, porque independientemente de que todos dijeran Hola, a todos se les escuchaba distinto por el acento de su lengua materna. Había que acostumbrarse y afinar el oído para entender que a estudiantes de

India, Portugal y Pakistán se les escucharía absolutamente diferente lo que estuviesen diciendo, a pesar de ser la misma palabra o frase.

Siendo ella nula para los idiomas, con un oído que no podía ser peor, le sirvió muchísimo su experiencia y forma de ver la vida; sacó ventaja de ello, e hizo caso de cada mensaje y recomendación que le daban. Por ejemplo, en la escuela se les prohibía hablar en su lengua materna, debían practicar y esforzarse por aprovechar cada instancia de comunicación para hablar inglés, aunque se viera de lo más ridículo comunicarse en este idioma con un coterráneo pudiendo hacerlo de forma fluida en la propia lengua, de otra forma no aprenderían a hablar inglés. Esmeralda siempre lo hizo así, incluso si estaba fuera de la escuela. La gran diferencia de edad con los jóvenes estudiantes, quienes en su mayoría eran *teenagers* y como mucho, algunos de ellos tendrían veinticinco años, la ayudaban mucho, se trataban de igual a igual, amén de que ella vestía similar y se veía extremadamente joven para su edad –pasaba fácilmente por alguien de treinta, aunque estaba cerca de los cincuenta–.

Esmeralda hacia amistades con gran facilidad

Clases de inglés

Se sentía muy cómoda y feliz recorriendo las calles de Londres gracias a los consejos dados por dos personas claves; cuando apenas tuvo tiempo, visitó la embajada de Chile con el objeto de presentarse y ofrecerse como voluntaria en su calidad de asistente social para lo que ellos necesitaran, se entrevistó con el canciller del Consulado, un hombre serio, hijo de militares, muy directo y franco para decir las cosas. En forma muy seria y mirándola a los ojos en tono inquisitivo, le preguntó:

—¿A qué vino usted a Londres, a pasear, a aprender inglés, o en busca de un británico con quien casarse?

Quedó perpleja ante la franqueza y agudeza con que la abordó en busca de respuestas, a lo que respondió, medio asustada, aunque convincente:

—A estudiar inglés, por supuesto.

—Bueno, en ese caso, le voy a dar dos consejos, y por favor, hágame caso, no se arrepentirá: primero, no haga tal cosa de juntarse con los chilenos, con ellos no va a aprender ni una sola palabra de inglés, pero lo va a pasar chancho, -expresión chilena para decir que va a disfrutar, pasarlo bien-, la van invitar a compartir asados, a celebrar cumpleaños y de cuanto hay, las excusas no nos faltan a los chilenos para juntarnos a comer y a tomar. Lo segundo, no se quede encerrada en la casa con la excusa de que hace frío, salga sí o sí, y todos los días, da lo mismo si hace frío, si está lloviendo o nevando, se me abriga bien no más, se pone un gorrito de lana, guantes y calcetines chilotes, porque me imagino que trajo, ¿cierto? Porque aquí los va a necesitar, en invierno sí que hace frío y mucho.

Sabio consejo que siguió al pie de la letra. Por otra parte, su amigo Luis Silva, chileno residente en Londres desde fines de los años '70, abogado que trabajaba para una organización de caridad a nivel internacional, al reunirse para servirse un café y hacerle entrega de una exquisita botella de vino tinto de gran reserva, le recomendó algo similar:

—Usted sale sí o sí todos los santos días mientras esté en Inglaterra, esté lloviendo, haga frío o esté nevando, se abriga bien, se prepara unos buenos sanguchitos y un termo con café y a recorrer las calles de Londres se ha dicho, esta oportunidad de pasear y conocer no se la puede perder.

Y así fue que cada día después de clases se iba con sus compañeros, con alguna amiga o sola, usando su pase escolar, tomaba el tren, se bajaba en una estación distinta y caminaba dejándose perder por las viejas y empedradas calles londinenses.

Recorría siempre barrios históricos, paseos sin destino definido que la llevaron a conocer parajes impensables, fotografiando con su cámara y su retina cada una de sus conquistas y descubrimientos. Su amor y pasión por la historia anglosajona la llevó a hacerse miembro de los museos y castillos de la monarquía británica, tuvo pase libre para ingresar las veces que quisiese, y así se enamoró de la cautivante y enigmática Torre de Londres; la visitó infinidad de veces y siempre encontraba algo nuevo e interesante que capturaba su atención, fascinada con sus mil y una historias, misterios, intrigas, engaños, celos, bodas, guerras, batallas, pestes, hambrunas, deslealtades, ambiciones, juicios, condenas y decapitaciones, incluso de reyes y reinas, como Ana Bolena, la segunda esposa del rey Enrique VIII, y María Estuardo, la reina de Escocia, quien fuera decapitada después de más de veinte años de cautiverio en la Torre. Alucinaba con el brillo y la exuberancia de las joyas de la corona real, custodiadas en una de las dependencias de la Torre, incluyendo la corona de la actual reina Isabel II de Inglaterra, que se envía a buscar cada vez que la reina la requiere para una ceremonia especial, siendo devuelta a la Torre de Londres con sumo cuidado y cautela.

Las clases eran muy entretenidas e interesantes; enseñaban el inglés con material de la historia del Reino Unido y de interés para los turistas, hecho que captaba la atención de los estudiantes, pues aprendían la lengua al mismo tiempo que se empapaban de la historia y cultura anglosajona, y también de los Estados Unidos de América, Canadá y Australia, los jóvenes estudiantes y también Esmeralda, alucinaban con los entretelones de la formación y desintegración de famosas y consagradas bandas de rock, sobre la vida de artistas y otras celebridades; se valían de temas sorprendentes, como alguien que se había hecho millonario y famoso en un abrir y cerrar de ojos con un invento o descubrimiento, no siempre producto del trabajo, esfuerzo y perseverancia, sino por la mezcla accidental de un ingrediente o simplemente por azar. Era fascinante estudiar temas como el nacimiento de *Coca Cola, McDonalds* o *Disney World*. Además, consideraban actividades sociales, culturales y de entretención, incluso organizaban viajes a lugares turísticos de Inglaterra y a otros países de Europa, siendo una gran oportunidad para conocer al contar con el apoyo de la escuela de inglés, ir en compañía de otros estudiantes y a precios muy económicos. ¡Ah! Algo súper simpático era ir a los bares con uno de los profesores: si el primer día de clases, que en realidad eran todos los días lunes, día en que llegaban alumnos nuevos, así como los días viernes eran el día de las despedidas, el profesor que estaba de turno esa semana invitaba a los alumnos recién llegados, y a todos los que quisieran ser parte de la aventura y diversión, a conocer un típico bar o taberna inglesa. Esmeralda era la primera en levantar la mano y anotarse, y así conoció infinidad de bares y las historias que se contaban en torno a ellos, por qué eran famosos y qué personalidades los visitaban, había una serie de leyendas de amoríos y tragedias, duelos por el amor de una doncella, lugares donde se habían gestado las traiciones y asesinatos más grandes de Gran Bretaña, derribado reinados y ganado guerras y batallas.

Era alucinante. Esmeralda no podía estar más feliz disfrutando de su libertad tras su bendito divorcio. Aunque había una situación que no solo para Esmeralda era insoportable, sino para otras personas también, era el olor insoportable a transpiración que emanaba de algunos estudiantes, no se sabía si era porque no se bañaban o simplemente porque no usaban desodorante, por el tipo de alimentación, pero el olor a sudor era nauseabundo e insoportable, más aún durante los meses de septiembre y octubre, tanto que hubo algunos días en que hizo calor veraniego, y a pesar de abrir las ventanas de par en par, no se podía aguantar el mal olor, aunque finalmente la gente termina por acostumbrarse, como buenos animales de costumbres que somos los humanos. Eso sí, ella trataba de sentarse lo más lejos posible de aquellos alumnos, ya fuese hombre o mujer.

All Ice Bar

Bailando en las discotecas de So Ho en Londres

Esmeralda era muy sociable y amiga de todos

Otro aspecto muy interesante de los días lunes, que era una verdadera fascinación para todos, empezando por el profesor, era la *speaking class*, donde cada alumno debía contar lo que había hecho durante su fin de semana; era una forma de apoyar y facilitar que todos practicaran. En general, todos se quedaban encerrados con la excusa de que hacía mucho frío o que no conocían a nadie, que no sabían dónde ir, que la barrera del idioma, que se podían perder, que era la primera vez que salían de casa, etcétera, etcétera. No faltando el pretexto para no salir de la comodidad y calidez del dormitorio, era muy raro que salieran (bueno, era pleno invierno y las temperaturas bordeaban los bajo cero y con vientos que calaban los huesos). En cambio, Esmeralda era un bumerán de historias, anécdotas y aventuras, todos esperaban con ansias su turno y la escuchaban fascinados, siempre tenía mucho que contar, y a pesar de su paupérrimo nivel de inglés, se las ingeniaba para darse a entender, usando las manos como un verdadero malabarista para comunicarse con el lenguaje corporal e inventando palabras, lo que arrancaba sonoras carcajadas de todos al escucharla; el profesor era su gran salvavidas al momento en que se entrampaba tratando de explicar algo.

La graduación de su amiga Isidora

Hubo una anécdota muy buena: entre las amistades que hizo Esmeralda durante sus seis meses de estudios en Londres estaba Isidora, una joven abogada chilena que fue a estudiar inglés por tres meses como estrategia para alejarse de una relación de pareja asfixiante.

Isi, era muy simpática, hermosa, muy segura de sí misma. Su forma de hablar llamó la atención de Esmeralda, decía muchos garabatos, aunque en ella no sonaban grotescos. Isi le decía a Esmeralda:

–Lo que me gusta de ti, Esmi, es que no te da ni pizca de vergüenza hablar en inglés, hablas como el loly pero hablas, eso me encanta, que te atreves, aunque hables como el puto loly.

Volviendo a la clase de inglés, cuando ella trataba de salir del paso inventando palabras, el profesor reaccionaba:

–Esa palabra no existe en inglés, Esmeralda, buen intento –agregando–: los estudiantes de habla hispana se caracterizan por inventar palabras, pero no, síganos deleitando con lo que hizo durante su fin de semana.

–El día sábado me levanté muy temprano y me fui a recorrer el centro de Londres, hacía mucho frío y habían pocos turistas recorriendo las calles, lo que era bueno para tomar fotografías; a propósito de fotografías, estuve en el palacio de Kensington, sí, el palacio donde vivía lady Diana, en el palacio hay una exposición de sus vestidos más hermosos, que incluye fotografías de las ceremonias y oportunidades en que los usó, hay vestidos y sombreros que hacen una combinación perfecta, al igual que las carteras y zapatos, de una elegancia y finura extraordinaria, sin embargo lo que más llamó mi atención era su ternura y amor por los niños y cercanía con la gente. ¡Qué pena que haya muerto! –agregó con tristeza.
Un compañero italiano replicó enojado:

–La mataron, fue asesinada por orden de la reina.

–¡No, no es verdad! Fue un accidente –intervino la joven proveniente de Taiwán.

Todos hablaban al mismo tiempo, lo que se escuchaba era "la mataron", "sí, la mataron porque estaba embarazada", "porque había dado una entrevista desacreditando a la monarquía", etc. En eso el profesor intervino:

—*Wow*, ¡qué bien!, me encanta escucharlos a todos hablar, esa es la idea, generar diálogo. Sin embargo, debemos ser cautelosos con nuestros comentarios y opiniones, no se sabe efectivamente el origen del accidente, hay varias versiones, aunque fue muy lamentable el fallecimiento de la princesa Diana.

—Sí, es muy triste, recuerdo su boda tan linda, se veía preciosa, era un cuento de hadas —acotaron Esmeralda y otros estudiantes, a un mismo tiempo y suspirando.

—Profesor, yo también me quiero casar con un príncipe, presénteme uno, por favor —exclamó sonriente y bromeando una chica caribeña, generando las risas de todos.

—Bueno, Esmeralda, ¿algo más que contarnos?

—Sí, sí, resulta que yo no sabía que no se podían tomar fotografías, estaba feliz recorriendo la exposición y tomando fotos hasta que se acerca una señora de las que cuidan las exposiciones y me dice en tono serio y amable: "Por favor, no se pueden tomar fotografías", "¡oh, lo siento, no lo sabía!", le contesté y seguí recorriendo la exposición. Había unos vestidos tan hermosos que no pude contener el deseo y tomé con discreción un par de fotografías, lo que seguí haciendo durante todo el recorrido en cada una de las habitaciones, hasta que sentí la presencia de alguien, me sentía observada, miré hacia los costados, nada anormal, y al darme vuelta cruzo mi mirada con un señor de terno negro, audífonos y guantes blancos, quien me miraba muy serio y con el ceño fruncido, a buen entendedor pocas palabras, me disponía a abrir mi mochila para guardar la cámara fotográfica cuando escuché la voz firme del guardia:

—*"Please, mam,* antes de guardar su cámara fotográfica, por favor, borre todas las fotografías que tomó en el palacio".

—"¿Quééééé´?", exclamé en shock, "*Yes,* se le advirtió que está prohibido tomar fotografías y usted persistió. *Sorry".* Bueno, tuve que borrar todas las fotos que había tomado en el interior del palacio de *Kensington.*

—¡Oh, qué pena! —exclamaron suspirando sus compañeras. El profesor aprovechó para aconsejarles:

—Es importante que respeten las normas y reglas de los británicos, son muy rigurosos con el cumplimiento de ellas, no las pueden romper, de lo contrario les puede suceder lo mismo que a Esmeralda o algo peor. Ah, y las personas que son sorprendidas tomando algo que no les pertenece, incluso pueden ser deportadas y sancionadas con la prohibición de volver a ingresar al Reino Unido. A lo que un alumno respondió:

—Eso no es nada, hay países donde les cortan las manos a las personas que roban.

—No, eso son puros cuentos.

—¿Qué, no crees? Pregúntales a tus compañeros que vienen de países árabes.

Era una riqueza de experiencias y aprendizaje cultural único, increíble y sorprendente.

Esmeralda se dio cuenta en su primer día de clases de que existía una gran rivalidad entre los ingleses y los estadounidenses en cuanto a cómo hablan el inglés; Gran Bretaña es el origen y cuna del verdadero inglés, y eso fue lo que la había motivado a tomar la decisión de estudiar en Londres y no en otro país. Era habitual escuchar a los profesores en cada oportunidad que se les presentaba, y también a algunos ingleses, rectificar a sus alumnos no solo en la hora de clases sino también en los *break,* corredores o sala de estar, cafetería o donde se encontraran:

–Excuse me, no se dice "vacation", se dice *"holidays".* No se dice *"elevator",* la forma correcta es *"lift".*

Y ni hablar de la pronunciación, eso sí que es absolutamente diferente, las palabras a pesar de escribirse idénticas se pronuncian absolutamente distinto; estas eran algunas de las rectificaciones habituales:

–Pronuncie bien, se dice *"tomaeto" no "tomeiro", "party" no "pary", "water" no "warer".*

En fin, son innumerables las diferencias entre el inglés que se habla en el Reino Unido y el que se habla en USA, además de las diferencias dependiendo en qué área vivieras, bueno, es lo mismo que pasa en la mayoría de los países, la gente que vive en el sur habla distinto a la que vive en el norte, diferentes costumbres y formas de vida.

Otro tema interesante a debatir, que surgió con la intervención de Esmeralda en una de las clases de conversación de los días lunes, fue la forma de relacionarse con los británicos y la discriminación.

A raíz de que Esmeralda les contó gratamente sorprendida la experiencia vivida en su fin de semana, algo que rompía con la imagen estereotipada de que los ingleses eran personas parcas y frías, resulta que esa mañana salió muy interesada en ir a conocer el monumento que se había construido en honor a las mujeres de la Segunda Guerra Mundial, llamado *Cenotaph,* ubicado cerca de *Trafalgar Square.* Tras haber dado vueltas sin poder encontrarlo, se acercó a uno de los dos guardias que estaban custodiando la puerta de ingreso al palacio de Banquetes de *Whitehall,* al frente de la guardia a caballo ubicada en el palacio de *Whitehall* o el palacio de Pasillo Blanco, que fuera la residencia principal de los monarcas ingleses en Londres a partir de 1530 y hasta 1698, año en que la mayor parte de sus estructuras fueron destruidas por un gran incendio; después de esta breve reseña histórica que solía acompañar cada relato, empezó a contar con alegría, eufórica y orgullosa, que se sintió tratada como una verdadera princesa:

—Bueno, estaba cansada de tanto caminar y además hacía mucho frío, como no pude encontrar el monumento a las mujeres de la Segunda Guerra Mundial, vi a dos guardias custodiando el palacio de Banquetes, el que acababa de visitar el fin de semana anterior, bueno, me acerco y le pregunto con cara de angustia y suplicante: "Hola, por favor, ¿me puede decir cómo llegar a *The Cenotaph Memorial?* No lo puedo encontrar", el guardia de la casa real me mira muy sonriente y muy galán y coqueto me responde: *"Madam, The Cenotaph War Memorial* está muy cerca de aquí", hace una reverencia, pone una mano en el pecho y con la otra señala el camino diciendo: "Me encantaría tener el honor y el privilegio de escoltarla hasta el memorial, por favor, tómese de mi brazo", al mismo tiempo que miraba a su compañero y le guiñaba un ojo en complicidad masculina. Yo no podía creer lo que estaba viviendo, que el guardia me ofreciera a mí, sí, a mí, acompañarme hasta el memorial, y más encima caminando tomada de su brazo. Es que de verdad no lo podía creer, bueno, qué iba a hacer, acepté y sonriente nos fuimos caminando como una pareja de novios, yo me reía sola y él me miraba muy sonriente y con cara de pícaro. Era para no creerlo, el monumento estaba ahí, a menos de una cuadra de distancia del palacio de Banquetes, en ese momento yo me moría de vergüenza, mi cara estaba más roja que un tomate, y él, soltándome el brazo y haciendo otra reverencia se despidió diciéndome:

—"Hemos llegado, *madam*, este es *The Cenotaph WWII Memorial*, disfrute, adiós, adiós". Y se fue.

Todos sus compañeros de clase estaban emocionados y sorprendidos con la experiencia vivida por ella, pero no todos tenían su misma suerte, y así muchos empezaron a contar sus experiencias.

—Por ser de Colombia me discriminan, creen que soy un traficante de drogas.

—A nosotros nos discriminan por venir de países árabes, creen que todos somos terroristas.

—Yo cuando pregunto por una dirección o dónde queda algún lugar, ni siquiera me escuchan y siguen caminando de largo.

—Yo no sé qué pasa con Esmeralda que siempre la tratan bien, parece que coquetea mucho —generando las risas de todos.

El profesor intervino:

—Muy interesante tu experiencia, Esmeralda, muchas gracias por compartir y por entregar tanta información turística e historia de UK y hasta con fechas —pero Esmeralda lo interrumpió abruptamente:

—Es que a mí me encanta la historia del Reino Unido y me fascina ver en el terreno lo que leo en los libros y enciclopedias, y algo que me está pasando ahora, es que cada vez que veo en una película algún lugar donde he estado, grito de emoción, y me digo: yo conozco ese lugar, fui a conocerlo, he estado ahí. Por ejemplo, el palacio de *Windsor, Buckingham,* el *Gran Bazar* en *Estambul,* las pirámides de Egipto… —otro alumno atajó diciendo en tono de broma e incredulidad:

—¡Yaaaa! ¿Y dónde no has estado? Si pareciera que has recorrido todo el mundo —y ella respondió riendo en el mismo tono irónico que él:

—Y eso no es nada, estoy recién empezando a viajar y a conocer el mundo, aprovecho de darles uno de mis secretos, por lo menos es mi forma de pasear: nunca repito ningún país ni lugar, porque no tengo dinero, tiempo ni vida para recorrer todo el mundo, así que no voy a perder ni mi tiempo, ni mi dinero y menos aún mi vida, visitando un lugar que ya conozco, puedo regresar al mismo país pero a otra parte que no conozca, pero, insisto, prefiero ir a otro país porque la cultura es absolutamente diferente, bueno, salvo excepciones muy especiales en que tengo que volver al mismo lugar, como por ejemplo a buscar mi traje de baño que se me quedó en el hotel —terminó riendo, guardándose para ella el secreto de sus mágicos y maravillosos zapatitos rojos, que eran el medio para recorrer el mundo.

Ritual de los mágicos zapatitos rojos

El profesor retomó:

–Volviendo a cómo son los ingleses y las situaciones en que se hayan sentido discriminados, es importante tener presente que, efectivamente, a los ingleses les desagrada ser abordados en la calle por un desconocido y más aún, si lo hacen en forma inapropiada, es súper importante tener en cuenta, primero que nada, saludar, pedir disculpas por interceptarlo y preguntarle si le pueden solicitar información, pero lo que pasa en la práctica, y generalmente son los jóvenes quienes lo hacen, de un golpe y sopetón preguntan "¡Ey! ¿Dónde queda el *Cenotaph?*". ¿Creen ustedes que si Esmeralda le hubiese preguntado así al guardia del palacio de Banquetes hubiese sido tan amable con ella y acompañado hasta el memorial? Obviamente que no, con amabilidad y una sonrisa podemos llegar muy lejos.

Esmeralda había conocido el Gran Bazar de Estambul gracias a *Saliha,* un compañero de clases, de quien se había hecho muy buena amiga; él la invitó, junto a otra compañera proveniente de Japón, a pasar unos días en Estambul, la capital de Turquía, aprovechando el fin de semana largo en que iría a visitar a sus padres. *Saliha* las preparó antes del viaje respecto a algunas costumbres que había que respetar en su casa y durante su estadía en Turquía, como por ejemplo usar turbante para salir a la calle y delante de su padre. La madre de *Saliha* fue muy amable al mostrarles una infinidad de turbantes para que eligieran los que quisieran, y enseñó cómo colocárselos. Su familia fue muy acogedora y generosa, a la llegada a la casa los estaban esperando con gran cantidad y variedad de platillos de comidas típicas de su rica tradición gastronómica. *Saliha* fue un excelente guía. Con su primo David, quien también era estudiante de inglés, las llevaron a conocer los lugares más típicos de Estambul, visitando museos y mezquitas, donde las mujeres no pueden entrar, solo los hombres ingresan a orar, descalzos, y era habitual escuchar por altoparlantes rezar el Corán, y ver cómo al sonido de una campana, los hombres cerraban rápidamente sus negocios y oficinas y corrían a las mezquitas a orar, luego retomaban sus trabajos; algunos otros cerraban las puertas de sus locales comerciales y en una esquina se arrodillaban a orar.

Para ella y su amiga, el Gran Bazar fue un punto de fascinación, atiborrado de tiendas colmadas de ropa de cuero, tejidos, lanas, semillas, dulces, hasta animales, todos usando túnicas y las mujeres turbantes, era tal cual se veía en las películas, donde un hombre con un turbante te lleva tras cortinas y pasadizos hasta llegar donde el gran califa. A pesar del gran atractivo que ejercía en ellas, también generaba un cierto grado de ansiedad y miedo. ¡Ah!, también se encontraron con serpientes a las que hacían bailar al son de la música salida de un instrumento parecido a la flauta. Por doquier había pipas de cristal para fumar el vapor de yerbas aromáticas, y obviamente se dieron el gusto de vivir la experiencia. La familia de *Saliha* no fumaba, a diferencia de la gran mayoría de turcos que sí lo hacen, fuman muchísimo, un cigarrillo tras otro.

Las llevaron a pasear en catamarán por el río y las agasajaron con una cantidad extraordinaria de dulces árabes, que tanto le gustaban a Esmeralda; como los familiares de *Saliha* las querían conocer, visitaron varias casas de tíos y abuelos, quienes las esperaban con grandes recibimientos y abundante comida. Había que ingresar descalzas y sentarse en el suelo, solo estaban exceptuadas de esa tradición las personas que sufrieran algún grave problema de salud. Antes de regresar, la mamá de *Saliha* les regaló uno de sus turbantes, que ellas pudieron elegir, y bolsas repletas con dulces turcos y chocolates.

Esmeralda se divertía en Londres como nunca lo había hecho en toda su vida, hija de familia muy conservadora y sobreprotectora. Nació y creció en el campo junto a sus seis hermanos, jugando y ayudando en los trabajos y quehaceres del día a día. Siendo niña, no extrañaba la ciudad salvo la visita de sus primos, que viajaban cada año desde Santiago, la capital de Chile, al campo, a disfrutar de sus dos meses de vacaciones escolares. Allí se juntaban más de veinte primos, con quienes jugaba día y noche. Además de ayudar en los trabajos de cosecha, era habitual verlos cargar camiones con sandías y melones, deshojar maíz, siendo parte de la trilla y las cosechas, ayudando a encerrar a los animales, y se deleitaban bañándose en el río y las lagunas. En general, lo que hacían por diversión era parte activa de los trabajos de cosecha; lo que ellos veían como un juego para el padre de Esmeralda era un apoyo y alivio, a pesar de que en más de una ocasión le hacían pasar un mal rato al quebrar las sandías, correr sobre las cosechas o espantar los caballos.

En Londres, Esmeralda se relacionó en forma esporádica y muy puntual con la colonia de chilenos residentes en el Reino Unido, gracias a las invitaciones que le extendían desde el Consulado de Chile para ser parte de ceremonias como el lanzamiento de un libro, conciertos de música folclórica o la celebración de fiestas patrias, instancias que le permitieron conocer y hacer amistades con chilenos.

Así surgieron varias amigas, entre ellas Camila, joven hija de madre chilena y padre inglés, nacida en Chile y criada en Inglaterra; hablaba muy poco español y se esforzaba por practicar cada vez que tenía la oportunidad de reunirse con chilenos. Era una persona sociable, de personalidad ansiosa, de ideas extravagantes y seguidora de tendencias y proyectos nuevos, como ser parte del proyecto de la delegación al planeta Marte —se postuló, pero fue descalificada en la tercera etapa—; era amante de la fotografía, seguidora de *Spencer Tunick* y de la familia real. Su condición de fan la llevó a vivir experiencias increíbles, como levantarse a las tres de la mañana para ser una de las primeras en tomar una ubicación privilegiada por donde pasara el carruaje de la reina, o en el día de navidad, participar en la santa misa e ingeniárselas para llevar un ramo de flores y tener así la posibilidad de acercarse a algún miembro de la familia real, lo que consiguió en más de una oportunidad, y para probarlo tiene fotografía en primer plano con los príncipes *Harry y William.*

Para las fiestas patrias, fue invitada a la fiesta de celebración del 18 de septiembre que organiza cada año la Casa Chilena UK, organización de la sociedad civil que reúne a los chilenos residentes en el Reino Unido, con el objetivo de compartir su cultura y tradiciones. Se contaba con la participación de las autoridades del gobierno de Chile en el Reino Unido, como el embajador y cónsul y sus esposas.

Celebracion fiestas patrias con Casa Chilena UK

Este evento le permitió a Esmeralda conocer y compartir con más compatriotas y hacer nuevos amigos –directivos y algunos jóvenes, como Macarena y Paulo, la invitaron a seguir celebrando al día siguiente en un bar, con asado y baile, en forma más distendida e informal.

Durante los fines de semana recorría junto a sus compañeros de clases lugares maravillosos de Inglaterra, como Stone Gen, las ciudades universitarias de *Oxford y Cambridge, Southend,* entre otros sitios, y quedó maravillada con los vestigios de la cultura del Imperio Romano presente en antiquísimas construcciones, el museo y los extraordinarios baños de la cuidad de Bath.

Esmeralda, haciendo honor a su signo zodiacal y como buena acuariana, le encanta el agua; pero quedó extremadamente decepcionada con las playas que conoció, de aguas turbias formadas por una mezcla de las aguas del río Támesis y el Canal de la Mancha, con arena sucia compuesta más por tierra que arena, y la famosa marea baja y alta, que cuando fue a *Southend* se impresionó al encontrase con un paisaje desolador, como post tsunami, con barcos, botes y yates encallados en medio del lodo, y el agua a más de trescientos metros de distancia mar adentro, algo desconocido para ella en el norte chileno. O la playa de Brighton, que independientemente de ser un hermoso balneario con un muelle, diversiones, la típica costanera colmada de restaurantes y comercio multicolor para turistas, la decepcionó, pues en lugar de arena en la playa había piedras, que le producían un dolor insoportable al caminar hasta alcanzar la orilla del agua, que era un poco más clara e incluso con un suave oleaje, esto dependía de la época del año y del clima.

Las noches las hacía día recorriendo bares y discotecas, ubicadas en las calles de la bohemia londinense, *Soho* y *Piccadilly Circus* eran el centro de su perdición, donde bailaba hasta el amanecer, a más no dar, junto a sus compañeros de inglés y turistas, todos bailaban con todos, no importaba quién fuese, ese era el estilo, la idea era pasarla bien.

Otro aspecto interesante de la cultura inglesa, es que las mesas en los bares se comparten, y es habitual que, en una mesa para cuatro personas, se sienten dos parejas que no se conocen entre sí y hagan sus propios pedidos de comida y bebidas, aunque a veces intercambien un pequeño diálogo, por lo general relacionado con el servicio del local, y otras veces incluso llegan a convertirse en amigos.

A fines del mes de noviembre hizo un viaje relámpago a Chile a petición de su ex marido, que necesitaba urgentemente su firma para la venta de una propiedad de la sociedad conyugal: nada más y nada menos que la casa familiar, una inmensa propiedad de más de veinticinco habitaciones, vivienda que ella nunca quiso a pesar de ser una casa maravillosa, con pisos de parqué vitrificado, muebles con cubierta de mármol de Carrara, hall, sala de estar, habitaciones en desniveles, chimenea, dormitorios en suite con baños exclusivos e incluso jacuzzi, con ventanales desde el techo hasta el piso que daban una luminosidad espectacular y una vista única hacia los hermosos jardines y piscina con cascadas. A pesar de tanta belleza no le podía gustar porque perdía el contacto con sus hijos, era tan grande y hermosa que le parecía un museo; recordó los viajes a la casa de playa en Bahía Inglesa, donde la familia estaba reunida todo el día, era una vivienda de veraneo pequeña, cómoda y muy acogedora, y lo que le encantaba era que había un solo televisor en el living comedor cocina, lo que facilitaba que la familia estuviese reunida.

Realizó las firmas de rigor y tras visitar a sus hijos y saber que Victoria estaba bien, ya viviendo con su pareja y evidenciar claramente sus siete meses de embarazo, y visitar a sus padres, se regresó de inmediato a Londres a retomar sus clases de inglés, con la sorpresa que la *English School se* cerraría por dos semanas por las fiestas de navidad y año nuevo. Todo el mundo estaba alborotado y muy ansioso esperando el día para viajar a sus hogares y disfrutar navidad y año nuevo junto a su familia. Esmeralda acababa de regresar de Chile y era absurdo viajar de nuevo, así que decidió aprovechar la oportunidad para viajar no tenía en mente un lugar definido, y así fue que sus mágicos zapatitos rojos cayeron en Sharm El Sheikh en Egipto, nunca había viajado a Egipto, y fue una gran oportunidad para conocer aquel país y alejarse del frío invierno de Inglaterra.

Al llegar a *Sharm El Sheikh,* en el aeropuerto la estaban esperando de la agencia de viajes, y reconoció a algunos pasajeros del mismo vuelo que se acercaban al guía turístico. Tras chequear sus váuchers, pedirles que lo siguieran al estacionamiento e invitarlos a subir a un bus que esperaba por ellos, se presentó y quiso saber amablemente:

—Levante la mano quienes hablan árabe —y acto seguido—, ok, ahora levanten la mano quienes hablan inglés —y añadió—: son los dos idiomas con que nos relacionaremos durante su estadía en *Sharm El Sheikh.*

Ella, sin hablar ni una sola palabra de árabe y muy poco de inglés, levantó con timidez la mano sumándose a los turistas de habla inglesa. Comenzó a sentir un escalofrío que recorría su espalda producto del miedo y la preocupación de encontrarse fuera de su zona de confort; estaba en la segunda fila del autobús y se dirigió a una de las parejas sentadas en la fila de los primeros asientos:

—Disculpen, por favor, ¿puedo ir con ustedes?

—Oh, sí, ¿viajas sola?

—Sí, vengo sola –responde con voz compungida clamando por protección.

—No te preocupes, puedes estar con nosotros.

Esmeralda agradeció sonreída y dio un suspiro de gran alivio.

Al llegar a la recepción del hotel, se despidieron intercambiando nombres y números de habitación ante cualquiera cosa. En realidad, no necesitaba de ningún guardia ni niñera, solo era que necesitaba saber que contaría con alguien en caso de cualquier eventualidad. Al día siguiente se saludaron a la hora del desayuno y luego inició su recorrido por las instalaciones del resort para averiguar qué servicios extra ofrecían y las posibilidades de viaje que tenía, quería conocer las famosas pirámides de *Egipto,* estaba ahí y no podía perderse aquella oportunidad, así que compró su ticket y tomó el vuelo a *El Cairo.* Era el día de navidad y no se sentía bien, su salud se había descompensado, tenía fiebre, la llevaron al servicio de emergencia del aeropuerto donde le inyectaron penicilina antes de iniciar el recorrido por *El Cairo*, en dirección a las pirámides. La guía era una mujer joven extremadamente amable y la acompañó durante todo el viaje, incluso trató en dos oportunidades de ayudarla a entrar a las pirámides, pero le resultó imposible bajar más de tres metros, pues al ver que la entrada se iba angostando y el aire se enrarecía, una sensación de claustrofobia la dominaba y retrocedía. Un turista, muy amable, la tomó de la mano y le dijo:

—Acompáñame, yo te llevaré, no tienes de que temer, es súper fácil bajar, de verdad no tienes de qué temer. ¿De dónde eres?

—De Chile —respondió con voz temblorosa dándose coraje para bajar a conocer las pirámides por dentro, no se podía perder la oportunidad después de haber viajado desde tan lejos.

—¿Vienes de Chile? Ah, con mayor razón no puedes perderte la oportunidad de conocer las pirámides de *Tutankamón*.

Diciendo esto, la tomó firmemente de la mano y empezaron a descender por un estrecho túnel inclinado, donde había que agacharse para no chocar con la parte superior. A pesar de que el túnel era angosto, la escala era de doble sentido, y había turistas que bajaban mientras otros regresaban a la superficie. Al cabo de unos cinco metros, no pudo más con la ansiedad y la sensación de ahogo, empezó a gritar y a pedirle a Michael que la soltara y salió despavorida del estrecho túnel perdiendo la oportunidad de conocer las pirámides. Le quedó solo el placer de haber andado en camello y fotografiarse frente a las pirámides más famosas de Guiza.

Pirámide de Guiza

Disfrutando vacaciones de navidad Egipto

Disfrutando como una adolescente

Disfrutando del mar Rojo

Después fueron a recorrer un poblado de artesanos especialistas en papiros, estaba horrorizada por la suciedad de las calles, convertidas en verdaderos basurales y hasta con animales muertos en la berma del camino, los vehículos eran muy viejos y antiguos, la gente se veía muy pobre, usaba ropajes largos y la gran mayoría de las mujeres se cubría el cabello. Se trasladaban en triciclos, bicicletas y motos, había muy pocos autos y un par de buses y minibuses de turistas.

Al regresar al hotel la esperaba en su habitación una exquisita y abundante cena navideña, y tras servírsela bajó al salón principal del resort para reunirse con sus nuevos amigos ingleses, con quienes compartió la experiencia vivida en El Cairo. Estos amigos le comentaron que habían viajado para relajarse y apoyar a Estefanía, que acababa de perder a su único hijo de tres años, enfermo de leucemia.

Ya con más confianza, al día siguiente compartieron todo el día en la playa, disfrutando del sol tan esquivo en Inglaterra, y ella gozó bañándose por primera vez en el mar Rojo, le encantó por sus aguas cristalinas y templadas, con oleaje y playas de arenas doradas, nada que ver con las aguas turbias de *Southend o Leigh-on-Sea* de Inglaterra y las playas con piedras de Brighton. El siguiente tour, llamado Safari en camello por el desierto de *Sharm El Sheikh,* incluía una vista telescópica de la luna y un show de encuentro con la cultura local, ocasión que le permitió conocer a Keith, un inglés de similar edad, muy amable y simpático con quien hizo una gran amistad que perduraría en el tiempo.

Era un día de mucho calor, se sentía casi insoportable el paseo por pleno desierto en camellos, animales que se movían muy lento haciendo eterna la caminata. El desierto era similar al de su amada y entrañable Atacama, aunque muy sucio, con rumas de basuras, no solo el rastro que suele quedar tras el paso de turistas poco conscientes y nada amigables con el medio ambiente, sino claras evidencias de que acostumbraban ir a botar la basura doméstica al desierto. Mientras Esmeralda se sentía decepcionada del paisaje, Keith se quejaba que no podía sentarse bien, que las jorobas del camello estaban muy juntas una de la otra, que era muy pequeño el espacio e incómodo permanecer sentado y más aún el movimiento del camello al caminar, que a pesar de hacerlo muy lento generaba grandes dolores en esa parte tan particular del cuerpo de Keith, era demasiado estrecho para una persona de su contextura física, para un hombre alto y fornido; al bajar del camello dio un suspiro de gran alivio, en tanto el suspiro de ella era por bajar y poder refrescarse y caminar. Coincidieron con miradas y risas que aquella experiencia había sido poco placentera y que al fin había terminado.

Como ambos provenían de Inglaterra y viajaban solos, hicieron yunta, participando en la ceremonia del fuego, bailes y la preparación de tortillas, en espera de que oscureciera lo suficiente para tener una mejor visibilidad de la luna. Se encaminaron en medio de la oscuridad del desierto, con un cielo cubierto de estrellas resplandecientes, encontrándose a unos trescientos metros con dos jóvenes expertos en astronomía, provistos con dos inmensos telescopios ubicados en dirección a la luna, imagen que a Esmeralda le recordaba las enciclopedias.

Mirar la luna fue impactante, asombroso y muy emotivo, parecía tan real como artificial y con una vista tan cercana que daban deseos de tocarla con las manos. Eran muchos los turistas y se hizo larga la estadía en el desierto, por lo que decidió sentarse con Keith a platicar sobre el tour y diversos temas de Inglaterra. Se les pasó la noche volando, cuando se percataron de que quedaban muy pocos turistas, se incorporaron rápidamente y regresaron a la zona de los buses sin encontrar el bus que los había llevado. ¡Se habían ido!, sí, se habían ido dejándolos abandonados en medio del desierto. Los pocos buses que quedaban se fueron retirando hasta quedar solo dos, sintieron el frío de la pampa y aterrados por el miedo de sentirse abandonados en un lugar absolutamente desconocido para ellos y con cero posibilidades de comunicación telefónica, se acercaron a los guías preguntando por su bus y pidiendo que por favor los llevaran de regreso al menos a la ciudad. Los guías afortunadamente contaban con dos asientos libres, y accedieron a llevarlos hasta su resort, Keith y Esmeralda no podían creer la pesadilla que estaban viviendo, además del frío que empezaba a calar sus huesos se sentían furiosos por la irresponsabilidad del guía, se preguntaban:

—¿Cómo no se iba a dar cuenta que le faltaban dos pasajeros en el bus?

—Es imposible e imperdonable que no se dieran cuenta que le faltaban dos pasajeros antes de emprender el viaje de regreso, es evidente que deben contar el número de personas y verificar que todos estén, y si falta uno lo tienen que esperar o ir a buscar, no puedo creer que nos hayan dejado abandonados en pleno desierto – comentaba Keith furioso amenazando con denunciar a la agencia de viajes y desprestigiarla lo más que se pudiera a través de su página web y redes sociales.

Fue una noche de terror, a pocos minutos de llegar a la ciudad, el chofer del bus se detuvo ante el cambio de luces que le hizo un vehículo que iba en dirección opuesta, bajó rápidamente una persona y preguntó si traían por casualidad a dos de sus pasajeros, era la guía del tour que los había dejado abandonados en pleno desierto, al reconocerla Esmeralda y Keith, se bajaron furiosos y le reprocharon la actitud de la guía, y esta a su vez replicó que era su responsabilidad la de regresar a tiempo al bus.

Su nuevo amigo, Keith

De regreso a Londres, Esmeralda gozaba al máximo su libertad y estadía en la capital británica, asistiendo diariamente a sus clases de inglés y no necesariamente estudiando, porque una vez que se retiraba de la escuela se iniciaba la diversión; retomaba su rol de turista, recorría palacios y castillos y su gran fascinación, la Torre de Londres, que visitó en innumerables oportunidades y que le dejaba con el deseo de volver una vez más. Los museos de historia y arte eran otros de sus grandes intereses, los visitaba en aquellos días de frío insoportable, detestando el viento que parecía que se la iba a llevar como a Mary Poppins.

Otra amiga era Zoe, quien la invitó a Gales a pasar el año nuevo en casa de su madre, Rosa Betts, oportunidad en que conoció los clubes sociales ingleses. Estos son tipo sedes comunitarias, donde los miembros tienen acceso a diversos beneficios gratuitos o por un valor muy económico, como eventos musicales, fiestas bailables, *quiz nights,* partidos de fútbol o cenas, aunque uno de los aspectos más atractivos para los socios era el bar a precios casi de costo.

Disfrutó de una noche de año nuevo espectacular, compartió con familias de chilenos casados con ingleses en un ambiente de algarabía, con disfraces, y por primera vez participó en persona el cantar esa canción escocesa tradicional de despedida que le ponía los pelos de punta, llamada *"Auld Lang Syne",* que acostumbran cantar a las doce de la noche para despedir el año viejo y recibir las bendiciones del nuevo año, todos tomados de las manos y los brazos entrelazados formando un círculo, ese tema siempre le había emocionado y le producía un gran sentimiento de amor y fraternidad.

Tuvo la gran oportunidad de ser parte de esta tradición, y mejor aún, salir a la calle a lanzar al aire lámparas chinas de papel con una vela encendida adentro y un papelito con los buenos deseos para el nuevo año.

Antes de su regreso a Londres, su amiga Zoe la invitó a Liverpool a disfrutar de la cultura de los Beatles, recorriendo las calles, el museo y la turística taberna *The Cavern*, donde la mítica banda de rock diera sus primeros pasos a la fama. Fue una noche inolvidable, bebiendo whisky y bailando al ritmo de la música de la legendaria banda de rock inglesa, interpretada por una banda tributo, que lo hacía espectacular.

Rosa Betts

Una mañana a fines del mes de enero, faltando tan solo seis semanas para terminar su aventura, se inició otra muy especial y que no estaba en sus planes, lo cual le dio un giro de 180 grados a su vida. Todo fue a raíz de que su amiga Luzia, mujer que bordeaba los sesenta años – fácilmente tendría sus 58–, brasileña, docente de ciencias, que viajó a Londres a aprender inglés como parte de su malla curricular de estudios de doctorado, y con quien había entablado una relación de amistad muy cercana, ese día llega tarde a clases y al entrar a la sala, todos se quedaron mirándola con asombro sin poder quitarle la vista de encima, vestía diferente, lucía radiante, sonriente y con un brillo muy especial en sus ojos que se podían ver claramente a través de sus lentes, caminaba como una diva, como dueña del lugar, vistiendo un hermoso y elegante vestido de color negro, pantys, zapatos de tacos y había cambiado su mochila por una cartera de charol negro. Al sentarse al lado de Esmeralda, esta no puede contener la curiosidad y le pregunta:

—¡Guau!, ¿y este cambio? ¡Cuéntame!, ¿qué onda? ¿Tienes alguna reunión o vas a una ceremonia?

—Tengo una cita, en el recreo te cuento —respondió con tono firme y desafiante, cual ídolo.

Tanto Esmeralda como los estudiantes que estaban sentados a su alrededor la escucharon decir "cita", y al unísono exclamaron:

—*What? ¿*Qué?

Es que era tal el contraste de verla vestida tan elegante en comparación a como lo hacía habitualmente, igual que todos los estudiantes, con jeans y zapatillas, que hasta el profesor no resistió la curiosidad, además de que los alumnos comentaban discretamente, y le era casi imposible continuar explicando el uso de las preposiciones. Carraspeó para llamar la atención y se dirigió a su alumna y en forma muy diplomática fue indagando el motivo de tanta elegancia:

—Luzia, felicitaciones, luce muy elegante y distinguida.

—Gracias, profesor.

—Me imagino que debe tener alguna reunión muy importante por la forma de vestir.

—Sí, efectivamente, tengo algo muy importante que hacer hoy, pero no precisamente es una reunión.

—Ah, una entrevista de trabajo, qué bien, mucho éxito y felicitaciones… —Luzia interrumpió abruptamente al profesor y cual avestruz que levanta la cabeza y estira el cuello, con voz de mujer empoderada y muy contenta aclaró:

—¡Tengo una cita!

—¿Una cita? ¿Y cómo es eso?, *sorry, sorry,* disculpe la pregunta —mientras todos los alumnos se sumaban haciendo las preguntas y murmuraban con asombro, el profesor se da vueltas al pizarrón con plumón en mano diciendo—: a ver en qué estábamos, que el amor… es un sentimiento único…

Y todos rompen a reír a carcajadas. Mientras sigue la clase, Esmeralda y Luzia miraban con ansias las agujas del gran reloj de pared, deseando que avanzara más rápido de lo normal, para tener la oportunidad de conversar.

Al quedar solas, Luzia le contó que se inscribió en una página de internet de citas a ciegas y que hoy quedó de encontrarse con una persona en la Galería Nacional de Arte, ubicada en la plaza de Trafalgar. Esmeralda, muy sorprendida, replicó con pavor:

—Pero ¡cómo! ¿No te da miedo? Puede ser un psicópata y quién sabe lo que pueda hacer contigo.

—Tranquila, amiga, por eso mismo le pedí reunirnos en la galería de arte, porque es un lugar público y además de guardias hay cámaras de seguridad por todas partes.

—Ah, qué bien, sí, es una buena idea, aunque a mí me daría mucho miedo.

—No, no hay de qué preocuparse, si no me gusta le digo chao y punto.

—Sí, tienes razón. Pero ¿cómo se contactaron?, a ver, cuéntame, cuéntame…

—Súper fácil, vas a internet y googleas por citas a ciegas, hay muchísimas páginas, yo estoy en Almas Gemelas, tú también podrías inscribirte, ¿quién sabe si en una de esas te encuentras con tu príncipe del siglo XXI?

—Estás loca, ¡no, me muero de vergüenza y miedo!

—¿Vergüenza? ¿Vergüenza de qué si no vas a hacer nada malo?

—Vergüenza de que alguien que me conozca vea mi nombre en esas páginas, qué van a decir de mí, no, no puedo, yo soy una persona pública en Chile, me conoce mucha gente y en Copiapó salgo en los diarios y la radio, hasta en la televisión de vez en cuando, no, no, eso no es para mí.

—Bueno, tú sabes lo que haces. En todo caso podrías pensarlo, total, aquí nadie te conoce.

Junto a Isabel y Luzia en el Underground

Se hizo hora de regresar a clases, Luzia se despidió con aires de fresca coquetería camino a su cita en tanto Esmeralda regresó a la sala de clases, pero antes le deseó mucha suerte y le pidió que se cuidara, y le recordó que la llamara en cuanto terminara la cita para contarle cómo le había ido. Al volver a la clase fue inevitable cuchichear con sus compañeros sobre la cita de Luzia, todos querían saber, incluyendo al profesor.

Luzia la llamó sin el entusiasmo con que la había visto llegar a la escuela. Le contó que sí, que se encontró con su amigo de la cita a ciegas, que se veía un hombre interesante, serio, formal, pero tenía algo que no le agradaba, no sabía qué era, le provocaba cierto recelo y desconfianza, y que había decidido seguir escribiéndole pero que no creía que volverían a reunirse. En tanto que en Esmeralda nacía la inquietud de cómo sería si ella probaba, total, en Inglaterra nadie la conocía y faltaba tan poco para regresar a Chile que no perdía nada con intentarlo. Al llegar a casa le contó a Hepzibah acerca de la cita a ciegas que había tenido su amiga Luzia y que ella estaba pensando en intentarlo para divertirse, y esta le respondió:

—Si quieres te muestro la página donde yo estoy inscrita.

—¡Ah! ¿Tú también estás en esas páginas de citas a ciegas?

—Sí, ¿por qué no? Pero me ha ido súper mal, no he tenido suerte, llevo más de tres años y todavía no he tenido ninguna cita, nada, todavía nada de nada, los hombres que me han escrito son viejos, gordos y feos —ríe a carcajadas y la invita a ver su página en el computador que tenía sobre una pequeña mesa en una esquina de la sala de estar.

La página se llamaba *"Plenty of fish"* –Abundantes pescados–. Tras ver cómo funcionaba se retiró a su habitación y empezó a llenar el formulario de inscripción. Lo hizo en forma rápida y muy natural, respondiendo con absoluta verdad y colocando una foto muy linda que se había tomado en una canoa en un paseo a Cambridge.

Jugando con fuego

Al día siguiente, cuando despertó y encendió su computador, tenía cientos de mensajes, no lo podía creer, estaba eufórica, empezó a leer y a responder los mensajes de las personas que más le llamaban la atención. Así se pasó una semana, sonriendo y saltando como una joven adolescente con tantos piropos que recibía, hasta que se puso a pensar lo que le había comentado su amigo Luis respecto a las páginas de citas a ciegas:

—Estoy inscrito, sin embargo, es una pérdida de tiempo, te escriben contando que son las mujeres más dulces del mundo, hermosas, sin hijos, solteras, que son jóvenes y que han tenido mala suerte en el amor.

—Pero sí, puede ser, ¿por qué lo dudas?

—Porque el papel aguanta todo, te escriben cosas maravillosas e inventan una historia a todo color o mejor aún, se presentan como la cenicienta.

—Entonces, ¿por qué sigues inscrito, si sabes que no es una buena opción y que estás perdiendo el tiempo?

—Estoy y sigo inscrito, porque cuando me encuentro con el perfil interesante, de inmediato le propongo juntarnos y la invito a servirnos un café o un trago, para ver qué tan real es lo que escriben y salir de la duda de inmediato y no perder mi tiempo.

—¡Ah! ¡Qué buena idea!

—Me he encontrado con cada adefesio, me envían fotos de cuando eran jóvenes y encima photoshopiadas, y en la práctica son más feas que un mono y más viejas que el hilo negro.

Fue así, con el comentario de Luis en mente, que empezó a pedir una cita con los prospectos que más le llamaban la atención, muy buenos mozos, estupendos…, sin embargo, siempre se encontraba con un pero evadiendo un encuentro, se excusaba con que vivía muy lejos y era imposible reunirse, aunque ellos le ofrecían hasta recibirla en sus casas, no, jamás viajaría a Escocia, Belfast, ni siquiera a Liverpool, que estaba más cerca de Londres, para reunirse con un hombre desconocido, ¡no, qué peligroso!, se decía a sí misma. Decidió bajar el nivel de búsqueda, dejó de lado los perfiles de hombres súper buenos mozos porque los veía con desconfianza, le parecían un poco narcisistas y quizás hasta gigolós.

En eso se topó con el perfil de Terry, un hombre común y corriente, con un perfil normal. Le desagradó que le gustaran los gatos y el rock, pues ella era alérgica a los gatos y odiaba el rock, pero algo le atraía de él, quizás la forma de mirar con que aparecía en su foto de perfil. Serían dos temas complejos de lidiar, pero se decidió a contactarlo, total, nada iba a perder, solo sería compartir si es que él llegaba a contestar y concretar una cita, no iban a entablar una relación de pareja ni mucho menos casarse. Decidida le envió un icono con una carita feliz, tan simple como eso. Él respondió al cabo de unas horas, intercambiaron mensajes por tres días, averiguando un poco más de cada uno, hasta que ella, siguiendo los consejos de su amigo Luis, le propuso un encuentro, que sí, que le interesaba conocerlo. Acordaron reunirse en la estación de *Embankment,* se sentía extremadamente nerviosa y asustada, pero recordó a Luzia, no había que temer, se reunirían en un lugar público y ella no aceptaría hacer nada que no desease.

Fue muy fácil encontrarse, él la esperaba a la salida de las barreras de marcar los tickets, se saludaron y la invitó ir a conocer su lugar de trabajo. Se desempeñaba como ingeniero de mantención en las casas del Parlamento británico, caminaron por los hermosos jardines colindantes al río Támesis, entre la estación de *Embankment* hasta Westminster, llamado White Hall Garden, eran prados maravillosos que ella no había recorrido a pesar de ser tan curiosa y haber visitado el área una infinidad de veces. Ambos se mostraban nerviosos y conversaban muy poco; él parecía más bien tímido, por eso Esmeralda trataba de conversar, diciendo frases sueltas:

—¡Oh! Qué hermosos jardines, no los conocía.

—Sí, son bellos, sabía que te iban a gustar

—Sí, me encantan, las flores son muy lindas.

—Por eso pedí juntarnos en esta estación, para tener la posibilidad de caminar hasta mi trabajo.

—Ah, muchas gracias.

Ese era el tipo de conversación. Al llegar a la entrada del edificio que está frente al Parlamento británico, llamado *Portcullis,* se detuvo indicando que esa era la entrada. Ella vio frente a sí una imponente puerta giratoria de vidrio blindado y unos cuantos guardias y policías apostados hasta con metralletas; Terry presentó su tarjeta de identificación e informó que ingresará con su amiga:

—*Please*, debes presentar tu tarjeta de identificación y van a revisar tu mochila —le comentó Terry esbozando una sonrisa nerviosa.

—Ok —ella abrió su mochila, sacó su carnet de estudiante y se lo pasó al guardia, quien tras chequear el nombre y mirar la fotografía comprobando que efectivamente correspondía a ella, le pidió la mochila para revisarla; hizo una revisión rápida y luego la pasó por el detector de metales, pero generó tal ruido, que todos se alarmaron e incluso los policías llevaron las manos a sus armas. Esmeralda se asustó y preguntó a Terry:

—¿Qué pasa?

—No lo sé, detectaron algo en tu mochila.

—Pero ¿qué? No tengo ningún arma ni bomba, ¿qué onda?

—Tranquila, tranquila —intentó él calmarla, pero su semblante reflejaba también evidente nerviosismo y preocupación.

La mujer policía tomó la mochila y va sacando uno por uno libros, lápices, maquillaje, botella de agua, termo, chocolates, cremas y un sinfín de cosas que suelen llevar las mujeres en sus carteras. Ella estaba ruborizada de vergüenza y muy incómoda, al abrir la policía el otro compartimento, sacó un par de bandejas plásticas de la colación, y dentro de una de ellas había un cuchillo y tenedor metálicos. Esa había sido la causa de que la alarma se activara.

Respiró aliviada, aunque seguía avergonzada, le requisaron el servicio y volvieron a chequear la mochila. Al no hacer ningún ruido le pidieron que abriera brazos y pies para hacer el chequeo personal, igual que en los aeropuertos, pero en ese momento ya no da más y preguntó muy molesta y enojada:

—¿Por qué me hacen esto? ¡Yo no soy ninguna delincuente! —
en tanto la mujer policía miraba a Terry en busca de una explicación
y preguntándole qué calidad de invitada estaba tratando de ingresar al
Parlamento.

Él, muy nervioso, respondió a los policías que todo está bien, que ella
es chilena y que no conoce las reglas de ingreso al edificio, al mismo
tiempo que miraba a Esmeralda y le pedía con los ojos que fuese más
amable con la policía, que solo hacía su trabajo. Esmeralda a cada
minuto que pasaba más molesta estaba, la hicieron sacarse el
impermeable, la casaca, el gorro, los guantes e inclusive las botas, le
hicieron una revisión exhaustiva, además de que se sentía muy
intimidada al girar con brazos y piernas abiertas mientras Terry la
miraba deleitándose con su finura y proporcionada figura. ¡Qué
vergüenza más grande!

Después de haber pasado todo aquel chascarro, él le pidió disculpas,
pero ella estaba tan molesta que sentía que estallaba y solo quería
regresar a su casa.

Con la dulzura y paciencia con que le hablaba Terry logró calmarse a
medida que caminaban por un largo y majestuoso pasillo de aspecto
antiguo, él le explicaba que ese pasillo los llevaría hasta el gran salón
del Parlamento, y a las dos cámaras, la de los Comunes —o MP,
miembros del Parlamento— y de los Lores; ella veía embelesada la
majestuosidad del edificio, recorriendo un inmenso hall con estatuas
de ministros y reyes, era realmente fascinante. Finalmente la invitó a

servirse una bebida en uno de los tantos bares que había en las dos casas del Parlamento, algo insólito e impensable para la cultura chilena, ¿es que acaso los ingleses pueden beber mientras están trabajando?, le preguntó con extremado asombro, y él respondió con naturalidad:

—*Yes,* ¿por qué no?

—En mi país eso es imposible, de hecho, hay una ley anti alcohol, hacen test al azar a los trabajadores antes de ingresar a sus faenas mineras, y si alguno es detectado con signos de haber bebido durante las últimas 24 horas, es sancionado y puede ser expulsado de su trabajo.

Riendo Terry respondió:

—Por suerte no estamos en Chile, aunque yo no bebo en mi trabajo, pero a veces a la salida nos juntamos en uno de los bares, siendo habitual encontrarse con alguno de los MP e incluso con el primer ministro. Yo nunca he coincidido con el primer ministro, pero sí con varios parlamentarios, los lores y el primer ministro tienen otros bares y restaurantes a los que no podemos acceder.

—*Really?,* oh, qué interesante.

Ingresaron a un bar muy elegante, ubicado adentro de una de las dos casas del Parlamento británico, le preguntó qué deseaba beber y ella respondió modestamente que un jugo de naranja. No quería dar a conocer que le encantaba beber y menos aún whisky, quería mostrarse como una señora de buenos modales y mantener la compostura.

El bar tenía una vista espectacular a la plaza del Parlamento, de donde también era posible ver *Westminster Abbey* y la bullente y luminosa ciudad de Londres de noche, con un tráfico interminable de buses de color rojo, tan típicos de Inglaterra. Todo iba bien, a pesar de varios hechos que le llamaban la atención, el primero y más desagradable fue ser revisada al ingreso del edificio, algo absolutamente necesario y que ella no había considerado; luego varias personas lo saludaron en el bar y, por último, él le mostró la foto de perfil donde ella sale radiante vestida con un traje color naranja y sentada en una canoa el canal Cam, Terry, señalando con su mano la fotografía, le dijo:

—Tú eres casada, tienes un anillo en el dedo anular de tu mano izquierda.

—No, no soy casada, estoy separada hace varios años.

—Pero ¿cómo, si llevas puesto un anillo de mujer casada?

Sonriendo ella respondió:

—En Chile podemos usar anillos en todos los dedos de las manos si queremos, no es necesariamente signo de que estés casada, de hecho, mira, llevo tres anillos puestos, uno en cada dedo anular y otro más.

Disfrutaron su mutua compañía, y aquella resultó ser una cita a ciegas muy exitosa e incluso fascinante, excepto por el bochornoso incidente al ingresar al edificio. Quedó encantada con su primera cita a ciegas, Terry se veía un hombre bonachón, tímido, buena gente y muy tranquilo. Le encantaba que fuera caballeroso con ella y le había fascinado la idea de que la llevara a conocer su lugar de trabajo.

Se despidieron en la entrada de la estación del tren quedando de volver a verse, lo que hicieron a la semana siguiente a la salida del trabajo; en esa oportunidad la invitó a cenar a un restaurante de comida thai, conversaron en forma más distendida sobre familia, trabajos, gustos, intereses y obviamente las anécdotas y aventuras de Esmeralda en Londres, se rieron mucho pasando una excelente velada. Se pusieron de acuerdo en ir a conocer el castillo de Windsor el siguiente fin de semana.

La música romántica y clásica eran un gran deleite y la ópera su pasión, antes de viajar a Inglaterra alucinaba con ir al Royal Opera, pero fue un sueño que no pudo cumplir pues los tickets se vendían con meses de anticipación y eran extremadamente caros para quienes no eran miembros o integrantes del círculo de amigos del teatro, y las entradas disponibles eran con visión parcial, no estaba dispuesta a pagar una fortuna y tener una mala ubicación. Por eso debió conformarse con disfrutar de los clásicos musicales que había en cartelera durante todo el año en Londres y por décadas, recordó que con su amiga brasileña Karla y el primo Flavio fueron a ver "Mama Mía", les encantó, cantando y bailando al ritmo del grupo ABBA, haciendo además travesuras como ingeniárselas para cambiarse de asientos a unos más cercanos del escenario y tomar fotografías, lo que estaba prohibido hacer.

Posteriormente, fue a ver los musicales de "Los Miserables" y "El Rey León". Sucedió otra situación extraordinaria a raíz de haber conocido a Terry, su nuevo amigo, quien le envió un mensaje invitándola a un concierto de rock en *Wembley Arena,* de una banda de industrial heavy metal llamada *Rammstein,* que ella hasta ese momento desconocía... Aquella invitación no le llamaba la atención para nada, y pasados un par de días, él la llamó para preguntarle si lo iba a acompañar al concierto de rock, ella respondió titubeante:

—Mmm, no lo sé, es que siendo bien honesta —y agrega alzando la voz—: me carga el rock, yo soy más de música romántica, baladas y blues, y me fascina la ópera. No el rock, *sorry.*

—Ah, entiendo, pero ¿has ido alguna vez a un concierto de rock? ¿Has visto alguna banda de rock?

—No, jamás, porque no me gusta el rock, me carga, lo siento.

—Qué pena, es que igual me encantaría verte.

—Bueno… déjame pensarlo, mañana te doy la respuesta.

Pensaba qué iba a hacer en un concierto de rock, le cargaba ese tipo de gente, todos vistiendo de negro, chaquetas de cuero, tatuajes, pelos largos, o con el pelo parado como puercoespín, llenos de cadenas y con bototos tipo militares, no, definitivamente no era su ambiente.

En eso recibió un mensaje de su hija Renata, y aprovechó de contarle sobre la invitación al concierto de rock de *Rammstein*. Su hija, que era amante del rock, respondió emocionadísima, y tan alto que todos en la casa pudieron escucharla:

—¿Quééé, te invitaron a un concierto de *Rammteins?* ¡Yo quiero ir! *¡Please, please,* me encanta *Rammstein!*

—Anda, te regalo mi entrada.

—No, hablando en serio, mamá, es una banda de rock pesado, metal, es una banda alemana muy famosa, a mí me encantaría ir a verlos tocar.

—Pero qué opinas, ¿voy o no voy?

—No, no vayas, cómo se te ocurre, no te va a gustar, menos a ti que te encanta la música tipo Il Divo y la música romántica, si te gusta hasta la ópera, jajajaja, no, no vayas, no te va a gustar, en cambio yo iría feliz. Pero no puedo.

Al día siguiente, haciendo caso omiso de la conversa sostenida con su hija Renata, le respondió a Terry que sí, que iría al concierto de rock, y agregó:

—Y si no me gusta, por último, sería una oportunidad de salir y conocer.

Al final resultó ser una experiencia fascinante, extraordinaria, delirante, que hasta el día de hoy comenta que ha sido el concierto más extraordinario al que tuvo el privilegio de ir, es que quedó fascinada, enloquecida, eufórica, con la voz gutural del vocalista de la banda, *Till Lindemann,* y ni hablar de los efectos especiales y el show, realmente extraordinario, con bocanadas de fuego real, que sentías cómo se calentaba el ambiente.

¡Y cuando el vocalista se subió a un bote inflable de color negro tipo soviético y todos los fans que están de pie en medio del salón de concierto empezaron a moverlo con las manos trasladándolo desde el escenario por todo el salón y de regreso! Es que era para no creerlo. Los efectos especiales, el show, todo, fue maravilloso. Fueron semanas que estuvo contando la gran experiencia vivida, el inicio de su gusto por el rock a sus 50. Sin embargo, aquella noche no pudo dormir con el zumbido de la música en sus oídos, que le duró casi una semana.

Concierto de Rammstein

Entre sus compañeros de clase estaba un compatriota, Alejandro Meneses, periodista de uno de los canales de la televisión nacional de Chile, quien hizo una estadía de un mes en la escuela compartiendo su clase. Le preguntó si podía hacerle una entrevista para un reportaje que va a preparar para su canal de televisión, a lo que accedió gustosa, igual que otros dos alumnos chilenos. Aquella entrevista fue transmitida a nivel nacional, y la vieron amigos, conocidos y familiares, quienes la molestaban por lo famosa que se estaba haciendo.

Reportaje para TVN Chile

También se relajaba caminando por los hermosos parques y alimentando a los patos, gansos y ardillas. Recuerda que un día al salir de clases se fue a recorrer Green Park y olvidó llevar maní para alimentar a las ardillas. Revisando su mochila encontró un chocolate, lo abrió y se le ocurrió ofrecerle un trocito a una de las ardillas, les encantó y se lo fue dando cuadrado por cuadradito hasta que se lo comieron todo. Cuando se terminó el chocolate ella se fue y las ardillas la siguieron por unos cuantos metros queriendo más. ¡Pobrecitas las ardillas, la gozaron y probablemente sufrieron un gran dolor de estómago después!

Faltando un mes para terminar el curso en Londres, Esmeralda dejó de disfrutar, su entusiasmo y alegría desbordante se habían apagado, se asemejaba a los grises días de invierno típicos de la capital británica, cubiertos de neblina, cortos y muy fríos. No dormía pensando en la posibilidad de que su nieto naciera antes de la fecha prevista, su hija al ser primeriza y no estar segura en qué mes quedó embarazada, porque sus periodos menstruales eran acíclicos, hacían más incierta la fecha del parto y su desesperación se acrecentaba. Por ello decidió regresar en forma anticipada a Chile, no podía fallarle a su hija otra vez, no se lo perdonaría jamás, y menos Victoria. Se las ingenió con su empresa de seguros para cambiar el pasaje de regreso a Chile, tenía una razón muy poderosa: el nacimiento de su primer nietecito.

Entretanto Terry le escribía y la llamaba con mayor frecuencia e invitándola a salir. Ella sentía que él se estaba encariñando, pero Esmeralda no tenía en sus planes una nueva relación de pareja, menos volver a enamorarse y ni hablar de casarse, aunque un segundo matrimonio es mejor que el primero, al menos eso pensaba. Evitaba salir con él y cuando lo hacía trataba de verse lo más desastrada posible, no se maquillaba y se ponía la ropa que menos le gustaba y peor le sentaba. El día en que Terry la fue a buscar en su auto para ir de paseo al castillo de Windsor, se puso un pantalón y un sweater que no le combinaban para nada, y fue donde Hepzibah a pedirle su opinión.

—Hepzibah, qué te parece esta ropa que me puse, ¿cómo me queda?

—Mmmm, no, no me gusta, no combina el floreado del pantalón con la blusa a rayas azules.

—Ok, ok, gracias —y se fue a su habitación saltando como una niña y cantando, volvió a cambiarse y a preguntar la opinión a Hepzibah.

—Sí, esta ropa te queda mejor, aunque igual el amarillo y el negro no hacen mucho juego.

—Ok, ok —y va y se cambia por tercera vez.

—No, imposible, esa ropa sí que te queda muy mal, si pareces un espantapájaros, anda a cambiártela antes que pase a buscarte tu enamorado. *Naughty girl (*Niña traviesa).

—No, no, no es mi enamorado, es solo un amigo, no quiero nada con él ni con nadie, soy feliz sola y además tú sabes que me faltan apenas unos días para regresar a Chile —replicó fastidiada.

—Pero se nota que le gustas, él está loquito por ti, sí, sí.

Al cabo de unos minutos sonó el timbre y Esmeralda salió casi corriendo de su habitación a despedirse de Hepzibah, que queda atónita al verla cómo vestía. Alzó la voz y en tono enojado la reprendió:

—Esmeralda, no puedes salir así a la calle, te ves horrible, anda a cambiarte, pareces un espantapájaros —le ordenaba a gritos como si fuese su madre.

—Eso quería escuchar, visto mejor de lo que pensaba, gracias, gracias, Hepzi, *I love* you, estoy feliz, me veo mejor de lo que pensaba —y se fue tirándole besos con la mano.

Terry la saludó sonriente entregándole una tarjeta, chocolates y flores, pues era el día de los enamorados, ella quedó ¡Plop!, no tenía idea de que era San Valentín. El viaje fue bastante incómodo porque él se mostraba realmente interesado en ella, trataba de acercársele y cada vez que tenía la oportunidad le ponía la mano en su hombro o trataba de tomarle el brazo. Recorrieron el majestuoso, pomposo y bellísimo castillo de Windsor, deslumbrada y con la boca abierta con la maravillosa arquitectura, el brillo de las pinturas con polvo de oro en el techo de las diferentes habitaciones, tantos cuadros y retratos de los integrantes de la familia real del imperio inglés desde siglos, los sillones, los cortinajes y las lámparas, objetos de tanta belleza que son casi imposible de describir.

De regreso a Londres Terry no quería despedirse de ella, la llevó hasta China Town a ver la celebración del año nuevo chino, oportunidad que tuvo ella para relajarse caminando entre las comparsas de dragones gigantescos de papel rojo, anaranjado y verde. Finalmente se detuvieron a cenar en un restaurante pues era ya de noche.

Esmeralda le pidió que la llevase de regreso a la casa y se le hizo interminable el trayecto; había grandes silencios entre ellos, él quería algo más y ella solo pensaba en regresar a Chile y no quería vivir una aventura de un par de días, no, eso no iba con ella. No era de un *touch and go*.

Cuando se despidieron él trató de besarla en la boca y ella alcanzó a esquivarlo, movió la cara y lo evadió. Esmeralda era una mujer campesina, criada bajo una gran disciplina y donde los amoríos no existían, donde debías tener una sola pareja en tu vida, casarte siendo virgen y unirte para siempre. Ella ya había fallado una vez y no estaba dispuesta hacerlo de nuevo.

Club de Leones Hampstead

Comenzaron los preparativos para el regreso a Chile y con ello las despedidas. Se fue a despedir de su gran amigo Bernardo, fundador del Club de Leones Hampstead, quien la invitó a servirse una exquisita cena junto al presidente del club y sus respectivas esposas; le agradecieron haber tenido la iniciativa de unirse a su club durante su estadía en Londres, siendo para ambos clubes, tanto para el que ella representaba en Chile como para el de Bernardo, una gran oportunidad de conocer e intercambiar experiencias del trabajo voluntario que realizaban en Inglaterra y al otro lado del Atlántico.

León Bernardo Stella

Sus compañeros de clases y la familia de Hepzibah, también organizaron despedidas, deliciosas cenas, paseos a parques y a jugar con nieve, y las infaltables despedidas en los pubs y bares favoritos, incluyendo un par de discotecas en Soho. Se sentía como una reina, lo había pasado divino, su viaje a Londres había sido una experiencia única que dio un vuelco de 180 grados a su vida.

Sus amigas Hepzibah y Elena

Terry la seguía cortejando y no quería dejarla ir sin al menos robarle un beso, estaba profundamente enamorado de ella. Dos días antes de su viaje, acordaron juntarse en la misma estación de *Embankment* donde se habían conocido, la invitó a un lugar muy especial, del que ella quedó enamoradísima. Se trataba de un barquito anclado en el Támesis, acondicionado como un bar flotante, con bares en la popa y la proa, justo al frente de London Eye, con una vista espectacular. En el interior los bares y restaurantes eran muy lujosos, en la planta baja había una gran discoteca y un teatro, quedó fascinada y le daba una gran pena que ya quedaran solo dos días para su viaje, de haberlo conocido antes, de seguro se hubiese convertido en una clienta habitual.

Esmeralda brillaba de alegría, sentada en una mesa junto al ventanal que daba la mejor de las vistas al London Eye, él por su parte, lucía muy buen mozo, sus ojos azules resaltaban con su camisa, a pesar de que era del mismo color. Ambos compartieron en forma muy amena y ella olvidaba por momentos protegerse de él, en el sentido de no darle falsas esperanzas.

La despedida fue bastante compleja. En primer lugar, Terry no quería irse del barquito alargando lo más que podía el momento de servirse el último sorbo de la cerveza, tenía muy presente que la estación de trenes estaba a tan solo unos pasos y sería la última vez que la vería y disfrutaría de su compañía, así como tendría la última oportunidad de robarle un beso. Al salir del bar, caminaron muy lento, al llegar a la barrera donde se marcan los tickets para ingresar, él sacó su tarjeta y la marcó e ingresó, ella sorprendida le pregunta:

—¿Por qué has marcado tu tarjeta e ingresado a la estación? ¿Si no es tu línea?

Él responde con cara de tristeza:

—Es que te voy a ir a dejar, te voy a acompañar hasta tu casa.

Esmeralda reaccionó bruscamente y replicó casi ruda:

—¡No, no! ¡Cómo se te ocurre, no es necesario! Además, tú vives muy lejos de mi casa y este tren va en dirección opuesta.

—No te preocupes, quiero acompañarte, es la última vez que nos vamos a ver, déjame hacerlo.

—Insisto, no es necesario —repitiendo—, este tren va en dirección opuesta a tu casa —se miran sabiendo que ya no les queda tiempo y que la hora de despedirse ha llegado. Esmeralda, más calmada, baja la guardia y lo abraza para despedirse, fue un gran abrazo, de mucho amor y sentimientos contenidos, al tratar de alejar sus brazos de él, la retiene y luego busca con desesperación su boca para besarla, ella logra zafarse y arranca por la escala en dirección a la plataforma donde debía tomar el tren de regreso a su casa, teniendo que bajar dos diferentes escalas con un piso intermedio, corría como si la estuviesen persiguiendo para matarla, con la suerte que alcanzó a subir corriendo el tren que estaba a punto de partir; él llegó cuando el tren ya había iniciado su marcha, se miraron por última vez y se despidieron haciéndose señas con las manos, viendo cómo las lágrimas rodaban por sus mejillas.

El día viernes fue su última clase, día en que invitó a todos sus compañeros a conocer el bar del barquito, fueron más de treinta, todos fascinados tomándose fotografías en los bares de proa y popa con vistas el London Eye, luego en el interior del barco, donde se sirvieron comida para compartir y bebieron cervezas, y Esmeralda, como siempre, whisky. Del bar pasaron a la discoteca e hicieron una fiesta muy animada, bailaban como si el mundo se fuera a acabar. Ella estaba eufórica y no quería irse, hasta que tuvo que despedirse antes de que pasara el último tren de las 12:45 am, su ropa estaba mojada de transpiración de tanto bailar, saltar y cantar, durmió un par de horas y a las 6 de la mañana la pasaron a buscar para llevarla al aeropuerto terminando así sus increíbles seis meses de aventuras, viajes y diversión en Londres como estudiante y más que nada como turista, una experiencia única e inolvidable que la acompañará por el resto de su vida.

Disfrutando la vida londinense

Tower Bridge Caseta telefonica y el Big Ben

CAPÍTULO 3

Bienvenida a la realidad y al mundo minero

En cuanto el avión aterrizó en Santiago de Chile, activó su teléfono móvil para llamar a su amiga Jessica, amiga de siempre, en quien podía confiar y efectivamente, había confiado la vida y salud de su hija Victoria; con ansiedad y la respiración agitada le habló:

—Amiga… amiga… Jessica, soy yo, Esmeralda, acabo de llegar a Chile, ¿cómo está Victoria, aún no nace mi nietecito? –le lanzó todo de un sopetón… era tanta su angustia y desesperación por llegar a tiempo y estar junto a su hija en ese momento tan especial de su vida, como es el dar a luz y ser madre. Su amiga le respondió alegre y serenamente:

—Tranquila, tranquila, amiga, todo está bien.

—Pero cuéntame, cuéntame, por favor ¿nació mi nietecito? ¿O todavía no?

—Tranquila, aún no, ayer controlé a Victoria, está muy bien y su guagüita también, en posición correcta para nacer, está en la fecha y puede ser en cualquiera momento, no le doy más de dos días.

—¡Ah, qué buena noticia, Jessica, no sabes cuánto te lo agradezco! Tú has sido mi verdadero ángel, no sé cómo pagarte todo el apoyo que nos has dado a Victoria y a mí, te quiero mucho, amiga.

—No te preocupes, para eso estamos, ¿o no? Bueno, y cuéntame, ¿cuándo llegas a Copiapó?

—Hoy mismo, en cuanto baje del avión y recupere mis maletas haré el embarque a Copiapó.

—Ah, qué bien, te esperamos, ya sabes, puedes llegar a mi casa cuando quieras.

—Muchas gracias, querida amiga, te lo agradezco de todo corazón.

—Me alegra mucho que hayas podido llegar a tiempo, tu hija estará muy feliz y agradecida. ¿Pero cómo lo hiciste, si se suponía que llegarías a mediados del mes de marzo?

—Cambié el pasaje, Jessica, no podía estar más en Londres, me moría de ansiedad y angustia. Además, tú sabes en las circunstancias que nació Apolo, Dios quiera que el parto de Victoria sea normal y todo esté bien.

–Sí, tranquila, en las ecografías todo se ve bien con su guagüita.

–Ya me despido, tengo que bajar, nos vemos. Te quiero mucho, amiga.

–Buen viaje, Esmeralda, yo también te quiero mucho.

Para variar, se encontró con otro imprevisto: una de sus maletas, la más grande, la que contenía todos los regalos y artículos de mayor valor –incluyendo sus joyas–, no estaba, no la pudo encontrar. Dejó constancia en la oficina de la aerolínea y corrió a embarcar rumbo a Copiapó, no podía esperar y en aquellos momentos su equipaje no era relevante.

Al llegar a Copiapó y recoger su equipaje, tomó un taxi en dirección a la casa de Victoria. Su hija se sorprendió al verla y la saludó con frialdad, igual que su yerno. Esmeralda sabía que podría ser recibida con un saludo frío y distante, como de extraños, pero anhelaba en lo más profundo de su corazón que no fuese así y había rezado muchísimo para llegar a su corazoncito, confiando que durante el embarazo y al estar viviendo un periodo tan sublime y especial de su vida como es gestar a un hijo, quizás podría recibirla amorosamente. Por desgracia no fue así y aunque le partía el corazón, debía mantenerse fuerte y ser útil. Por otra parte, tenía muy presente, y por eso se sentía extremadamente culpable, que Victoria estaba muy enojada con ella por haberse ido a Londres a pesar de su embarazo, y que su padre se lo recordaría a diario y cada vez que le fuese posible, envenenando su corazón y distanciándola cada vez más de su madre; aquello causaba daño no solo a Esmeralda, que era su objetivo, también y al mismo tiempo, destruía psicológicamente a Victoria, generando odio hacia su madre y un quiebre familiar imperdonable.

Ese día la acompañó a uno de sus últimos controles de embarazo y al día siguiente, nace su nieto; fueron parte del equipo médico su otra gran amiga matrona Cecilia Díaz y el anestesista, su amigo jeepero Renato, mientras que el ginecólogo fue el padre de una de las compañeras de colegio de Victoria. Todo se desarrollaba en un ambiente de mucha familiaridad, el parto fue muy rápido y todo con tranquilidad, aunque minutos antes, los gritos de Victoria retumbaban en la vieja casona de la Clínica Copiapó, hasta que llegó Renato corriendo a prepararse para colocarle una epidural y calmar sus dolores. Sus gritos fueron impactantes, y a pesar de estar en la sala de pre parto y contar con el apoyo de Vittorio y de Esmeralda, gritaba a más no poder:

—¡Ayyyy, ayyyy, me duele mucho, no aguanto más!

—Tranquila, mi amorcito, ya llegó el doctor —le decía Vittorio tomando una de sus manos y acariciando su cara.

—¡Es que se me va a caer la guagua, se va a salir! —gritaba Victoria.

Su amiga Cecilia, ya vestida con su atuendo de matrona, y un par de auxiliares se aproximaron, Cecilia tomó la mano de Victoria mientras empujaban la camilla hacia la sala de parto, en tanto ella seguía gritando por los fuertes e insoportables dolores que le provocaban las contracciones, repitiendo incansablemente:

—¡Se me va a caer mi guagüita, está saliéndolo… está naciendo…! ¡Lo sé, lo sé, la siento! —gritaba con desesperación.

Cecilia, maternal y profesional, le hablaba tratando de calmarla mientras se desplazaban de prisa por un pasillo camino a la sala de parto. En eso, Apolo y Renata junto a su padre llegaron corriendo a la sala de espera, con cara de alegre curiosidad y queriendo saber si ya había nacido el bebé. Esmeralda abrazó con gran alegría a sus hijos Renata y Apolo diciéndoles:

—¡No, no, aún no nace, acaban de llevarse a Victoria a la sala de parto!

—¡Ah, entonces llegamos a tiempo!

—¡Sí, sí! ¡Qué rico! —exclamó Renata con alivio.

Todos estaban eufóricos y muy contentos esperando la llegada del nuevo integrante de la familia. Esmeralda y Mario se saludan amablemente y muy contentos como familia, siendo una de las pocas veces que lo hacían. Es que era un gran acontecimiento familiar y todos estaban reunidos. En eso Renata pregunta un poco preocupada y avergonzada:

—Mamá, mamá, ¿estamos muy pasados a humo y a trago? Es que estábamos haciendo un asado en la playa, no pensábamos que Victoria iría a tener el parto hoy, nos había dicho que en dos días más.

—No te preocupes, hija, lo importante es que llegaron a tiempo y todos estamos aquí.

Apolo acota en tono de tranquilidad:

—De qué te preocupas, olvídate, lo importante es que estamos aquí junto a nuestra hermana y vamos a conocer a nuestro sobrino.

A lo que su padre responde con tono de confiado relajo:

—Así se habla, hijo, qué importa que estemos con olor a pisco – un aguardiente de uva típico de Chile – y asado, ¿acaso nos van a echar?

A los pocos minutos apareció el médico tratante junto a Vittorio, ambos vestidos con trajes y gorros terapéuticos, el médico de color verde y Vittorio de celeste, quien trae al bebé en brazos, bien acurrucadito contra su pecho y muy emocionado lo muestra diciendo:

—Ya nació mi hijito, aquí está, es gordito, está sanito y se llama Viccenzo —toda la familia se abalanzó para verlo y tocarlo, Esmeralda pone su dedo índice en la frágil manito de su nietecito, quien se agarra con firmeza a ella, y en ese mismo momento nació una conexión y un amor sublime entre ella y su adorado nietecito. Todos estaban muy felices viendo al bebé, y el médico explica:

—Felicitaciones, como pueden ver, ya nació el bebé, todo fue muy rápido, fue un parto normal y sin ninguna eventualidad. Victoria está bien. El bebé nació con peso y estatura sobre los niveles de normalidad, por lo que es una guagua grande y sanita.

Todos agradecieron al médico por su excelente trabajo y las buenas noticas que les acaba de dar. Dirigiéndose a Vittorio le ordena:

—Es hora de llevar el bebé de regreso a su madre.

Todo fue maravilloso, Mario invitó a Esmeralda a unirse a la celebración en un bar, a lo que ella aceptó muy contenta pues era una gran oportunidad para compartir con sus hijos. Antes de retirarse de la clínica, su amiga Cecilia la llamó aparte, y estando adentro le dio un gran abrazo:

—Amiga querida del alma, qué bueno verte, qué rico que alcanzaste a llegar a tiempo.

Esmeralda rompe en llanto de emoción y gratitud diciéndole entre sollozos:

—Cecy, Cecy, amiga querida, no sabes lo angustiada que estaba, no pensé que lo lograría.

—Pero llegaste, aquí estás, qué bueno verte, amiga, cuenta, cuenta, ¿cómo te fue?

—Súper, súper, todo fascinante, tú tienes que ir a Londres, amiga, es otro mundo —poniéndose seria y mirándola con tono de por favor, agrega—: Amiga, de eso conversaremos después, Cecy, ahora es tiempo para mi nietecito.

—Sí, por supuesto, ya conversaremos, pero me tienes que contar todooo, todooo, con lujo de detalles.

—Sí, por supuesto —replicó Esmeralda.

—Ya está bien, mira, ahí está tu nietecito, en esa cunita, ¿lo quieres tomar en brazos?

—¡Sí, sí! ¿Puedo?

—Por supuesto, ¿acaso no eres su abuela? —respondió riéndose mientras iba en busca del bebé.

Esmeralda no podía más de alegría y emoción al tener entre sus brazos y por primera vez a su nietecito, fruto de su amada hija Victoria y prolongación de su familia. El bebé se agarraba del dedo de su abuela con una firmeza increíble que estremecía el corazón de Esmeralda, rodaban las lágrimas por sus mejillas mientras apreciaba la belleza de su nieto, quien aún mantenía su piel semi arrugada y de color azulado por haber estado nueve meses flotando en el océano de amor y vida que su madre había construido con tanto amor para que se gestara y creciera sano, hermoso e inteligente.

Desde esa nube donde se encontraba, escucha a lo lejos a Renata, que la llama:

—Mamá, mamá, nos vamos, ¿vienes con nosotros?

–Sí, sí, ya voy –responde y dando un beso en la frente a Viccencito, en signo de bendición y despedida, se lo entrega a Cecilia no sin antes acurrucarlo una vez más contra su pecho. Se despide muy agradecida de su amiga prometiendo juntarse para "conversar de lo humano y de lo divino", como acostumbraba decir Cecilia.

El compartir con su ex marido y sus hijos fue muy agradable, todos estaban muy felices, sin embargo, no hablaron palabra alguna sobre el viaje ni el regreso de Esmeralda a Londres, era un tema vetado. Esa noche durmió en casa de su amiga Jessica, a quien le contó con lujo de detalles cómo había sido el encuentro con Victoria y cómo se había desarrollado el parto, además del encuentro con su ex marido, su hijo Apolo y Renata.

Jessica estaba tremendamente contenta de ver tan feliz a Esmeralda, la había visto en tantas situaciones de extrema tristeza, derrumbada y a punto de morir, que este momento de felicidad debía atesorarlo y hacerlo perdurar lo más que pudiese, anhelando verla para siempre tan feliz como la veía. Jessica estaba muy agradecida, al igual que su esposo Tito, por el apoyo crucial que Esmeralda le había brindado tras sufrir un grave accidente automovilístico, dejándola parapléjica e impedida de caminar de por vida; sin embargo, pudo seguir trabajando, llegando a ser muy exitosa en su profesión, alcanzando altos cargos a nivel laboral y gremial, con cursos de postgrado e incluso un par de becas de especialización en el extranjero. Esa noche amanecieron conversando, poniéndose al día en todo lo que habían pasado durante el tiempo que no se veían.

Esmeralda cayó rendida en la cama siendo presa de un profundo sueño, del que no la podría despertar ni siquiera el terremoto magnitud 8.8 que azotaría a Chile, ocurrido a las 3.34 am, siendo el epicentro en las costas del Pacifico frente a la región del Biobío, con grandes pérdidas materiales y con sobre quinientas personas fallecidas, las menos producto del sismo telúrico y la mayoría a causa del tsunami, evento natural que no fue alertado oportunamente por las autoridades de turno, conociéndose ese trágico desastre natural como F27.

Afortunadamente la clínica donde estaba Victoria, había sufrido daños menores, y ella y el bebé estaban en perfecto estado de salud, mientras todos bromeaban y se reían de la fuerza con que Viccenzo había llegado a este mundo, causando un terremoto de magnitud 8.8 y un tsunami. Esmeralda empezaba a posicionarse en su condición de abuela, lucía feliz y muy agradecida de la vida y de Dios por tener la posibilidad de estar junto a Victoria en ese momento tan especial de su vida y por el hecho de contar con grandes amistades, que fueron muy cercanas durante el embarazo y el parto. Aconsejaba y ayudaba con los cuidados del bebé a Victoria, le explicaba y mostraba cómo mudarlo, tomarlo en brazos y amamantarlo. Afortunadamente Victoria tenía mucha leche para alimentar a su hijo, quien no paraba de mamar día y noche, y así fueron pasando los días y los meses, visitaba a diario a su hija y nietecito, estrechando cada día más los lazos de un amor infinito entre abuela y nieto, no así con Victoria, quien se mantenía arisca y distante.

Esmeralda logra llegar a tiempo

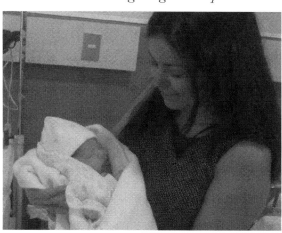

El regreso de Esmeralda a Chile, su reincorporación al trabajo y retomar su vida normal fue un proceso muy difícil, con sus dos casas arrendadas e imposibilitada de hacer uso de ellas y finiquitar los contratos de arriendo. Eso significó que tuvo que hospedarse en casa de su gran y generosa amiga Jessica y luego en casa de Marcelita; además, al estar sin trabajo no era prudente solicitar una de las propiedades para habitar, por cuanto esos ingresos económicos eran fundamentales para vivir al estar cesante. Ilusa e ingenua como siempre, pensaba que, con el cambio de gobierno, la remoción de jefaturas y del personal de confianza de las autoridades salientes, le sería muy fácil reingresar al servicio público. No fue así, y como no era cercana ni activa en ningún partido político, las posibilidades fueron casi nulas, a pesar de intentar ser parte e integrase a la corriente política del momento.

Aprovecha el tiempo de espera de una buena oportunidad laboral, para estudiar un postgrado, regresando a la vida universitaria en calidad de estudiante de Máster en Administración de negocios, MBA, área que siempre le había interesado por su facilidad para las matemáticas y hacer negocios, aunque sus proyectos no habían sido del todo exitosos hasta ese momento. Su reincorporación a la universidad le permitió reencontrarse con viejas amistades y hacer nuevos amigos, volvía a florecer y a recobrar el encanto, oportunidad que le permitió que una compañera de estudios le sugiriera trabajar en el ámbito privado, no necesariamente en su carrera de asistente social, asumiendo la representatividad de un laboratorio químico farmacéutico en la zona norte de Chile, trabajo que contemplaba una línea médica con productos dermatológicos y un área comercial de protección social dirigida al mundo laboral, con un producto estrella llamado *Sunnywork,* exitoso nicho de negocio en respuesta a la ley de protección solar que debían implementar los empresarios para la protección de la salud de los trabajadores expuestos a la radiación ultravioleta, con el objeto de evitar los daños por la exposición al sol y disminuir los riesgos de adquirir cáncer de piel.

Aquella experiencia laboral fue una excelente apertura y crecimiento profesional y personal, un gran desafío en todo aspecto, especialización profesional y trabajo en terreno; además de ser su propio jefe al ser evaluada en base a los niveles de venta que alcanzar, de los que dependía su salario. El nuevo rol profesional, pasó por un radical cambio de vestuario, destacaba por vestir con delicadeza, finura, elegancia y formalidad, aunque lo debe mantener para visitar a médicos dermatólogos y farmacias, siendo su rol fundamental en terreno con la mediana y gran minería, papel que le demandaba cambiar sus trajes de dos piezas, impecables vestidos y tacones por jeans, casco minero y bototos de seguridad. No obstante, ello, mantenía su elegancia, delicado aspecto y femenina personalidad, haciéndose notar donde quisiera que fuera, y en particular al llegar a una faena minera, de la construcción o servicios. Su trabajo no tenía horarios, era habitual madrugar y manejar dos o tres horas hasta llegar a la faena minera en lo alto de la cordillera para realizar una charla de inducción a los trabajadores a las siete y ocho de la mañana, antes de que iniciaran su día laboral, entregando educación y recomendaciones sobre protección solar, la que debía ser muy amena, precisa, práctica y a todo pulmón.

Por lo general Esmeralda tenía que ingeniárselas y ser muy astuta para que la escucharan y ganarse la atención de los trabajadores mientras realizaba su labor educativa en terreno, no siempre disponía de un salón, un container o bodega donde resguardarse del frío o del calor aletargador del verano nortino, improvisando una sala de clases entre contenedores o bodegas que ayudaban a cortar el viento cordillerano del frío invierno o a aligerar el calor devastador e implacable de la pampa nortina, teniendo muchas veces que realizar su trabajo en medio de la pampa, cerros y otras a orillas del mar o bajo unos parronales. Era un trabajo de mucha aventura y riesgos, que disfrutaba al ser amante de la libertad y la adrenalina. Por otra parte, trataba de regresar temprano a casa para correr a casa de su hija y disfrutar su rol de abuela, papel que hacía con admirable devoción, se entregó de lleno a acompañar y ayudar a su hija Victoria con los cuidados del bebé, todo era nuevo para Victoria, y como buena primeriza, la invadían los temores, la angustia y mil interrogantes, esmerándose y desvelándose por proteger, cuidar y criar a su guagüita, irradiando una ternura y amor de madre infinito. Victoria, al igual que su madre, resultó ser una muy buena lechera, tenía tanta leche que cuando terminaba de amamantar a su bebé, la leche seguía derramándose de sus pechos como si nada.

Transcurrían los días y los meses y Esmeralda cada día se sentía más dichosa y orgullosa de ver a su hija convertida en una abnegada madre y ella en abuela, la visitaba a diario, generándose un vínculo indisoluble con su nietecito, diametralmente opuesto con su hija Victoria, quien se mostraba fría y distante con Esmeralda rompiendo su corazón, y por más intentos, terapias y medicinas, no había forma de restaurar esa relación entre madre e hija, que había sido tan cercana y maravillosa durante su infancia, a tal punto que la madre de Esmeralda y sus amistades, le reprochaban por mostrar una notoria preferencia por Victoria respecto a sus otros dos hijos. Victoria estaba muy dolida con su madre, jamás le perdonaría el hecho de haberse separado de su padre; sus hijos, quienes al no querer alejarse de su padre, y él como estrategia para retener a Esmeralda en casa y junto a él, los atemorizaba diciéndoles que su madre estaba loca, que había intentado suicidarse y que estaba dispuesta a todo, que incluso en un arrebato de locura podría ser capaz de matarse con ellos tres juntos, en un acto tan simple como chocar el auto con el tren o tirarse por un barranco. Mario conseguía tener a los niños de su parte, experto en hacerse la víctima y mejor aún, para manipular y tergiversar las situaciones a su favor, se las ingeniaba para que sus hijos prefirieran quedarse a vivir con él y no con ella. En aquel momento, Esmeralda sentía que el mundo se derrumbaba, se sentía morir y enloquecer de pena, frustración e impotencia ante tan dolorosa decisión tomada por sus hijos, no lo podía creer, no podía aceptar lo que acababa de escuchar, cuando él les preguntó a cada uno de sus hijos, sentado con los niños en la cama de Victoria abrazándolos mientras Esmeralda estaba al frente de ellos, parada en el umbral de la puerta, acabando de llegar tras escuchar que Mario la llamaba porque tenían que conversar algo muy importante. Hasta el día de hoy a Esmeralda la persigue esa imagen como una pesadilla de nunca acabar, recuerda nítidamente la imagen de sus tres hijos sentados junto a su ex marido como si los estuviese protegiendo de ella, y lo que les pregunta y ellos responden hace eco en sus oídos y retumba en su cabeza como si fuese a reventar; hablando con voz de víctima, empieza con Apolo:

—Hijito mío, ¿con quién quieres quedarte a vivir, con tu mamá o conmigo? —les fue preguntando uno a uno, y ellos, uno a uno, fueron respondiendo:

—Contigo, papá, no con la mamá.

Ha sido la peor, más cruel y dolorosa situación que le ha tocado vivir en toda su vida, hecho que jamás se imaginó que le podría pasar, jamás lo pensó, jamás se le pasó por la mente, nunca esperó sentirse rechazada por sus propios hijos a quienes había criado prácticamente sola, mientras su padre se había dedicado a darse la gran vida, haciendo las noches días y compartiendo con sus amantes, celando y tratando en forma inhumana a Esmeralda, controlando su vida, limitando y prohibiéndole todo, le molestaba sobremanera que ella trabajara, le exigía y controlaba la hora de salida y de regreso a casa, no podía atrasarse ni un minuto, y jamás le permitió acceder a un curso de perfeccionamiento ni asistir a alguna reunión de trabajo fuera de la ciudad, pues de tan solo pensar que Esmeralda podría dormir fuera de casa le generaba unos celos incontrolables, se enloquecía, se volvía irritable y agresivo, tratándola como si fuese una mala mujer e incluso golpeándola.

Esmeralda vivía con moretones en todo su cuerpo, no así en su rostro, y sufría de reiteradas enfermedades de índole ginecológico como consecuencia de las infidelidades de Mario. Era muy lamentable para ella que los niños crecieran más cercanos a su padre que a ella, él tenía gran facilidad para expresar sus sentimientos y afectos, los buenos y los malos, llegando a ser extremista en sus reacciones; podía ser muy tierno, juguetón y regalón como así mismo, explotar con extrema facilidad por situaciones insignificantes, reaccionando como un verdadero demonio, expulsando bocanadas de fuego con sus hirientes palabras, destruyendo todo, y llegando a situaciones tan humillantes como escupirle la cara. No obstante, siempre había sido más expresivo y afectivo que Esmeralda, provenía de una familia en que acostumbraban expresar los sentimientos de afecto con abrazos, caricias y lindas palabras, como también con gritos. En cambio Esmeralda había nacido y se había criado en el campo, eran seis hermanos, y su madre y su padre venían de familias aún más numerosas, de doce y catorce hijos, familias en que la alimentación era la forma de expresar el amor y preocupación por los hijos, entre más gorditos, cachetoncitos y con las mejillas rosaditas se vieran, era un signo de estar sano y por sobre todo, era muestra de ser hijos de buenos padres, independientemente de que no fueran acariciados, abrazados o arrullados, así era la vida de la mayoría de las familias del campo, donde el trabajo de la tierra y la crianza de animales era el centro de todo. Su madre se levantaba al amanecer para ordeñar las vacas antes de preparar el desayuno y enviar a los niños a la escuela, para luego dedicarse a hacer almuerzo para decenas de trabajadores, pues en esos años, se estilaba dar almuerzo a los trabajadores, además de cocinar a leña, hacer pan amasado, que es una de las variedades de

213

pan más tradicionales y populares de Chile, y lavar la ropa a mano, amén del cuidado y alimentación de los animales como gallinas, patos, pavos, corderos, chanchos y vacas. Para Esmeralda resulta muy difícil imaginarse cómo se las ingeniaba su madre para hacer tantas cosas.

A pesar del gran trabajo que se realizaba en el campo, Esmeralda tiene recuerdos de una infancia feliz, donde todos los miembros de la familia se involucraban en el trabajo del campo, los hijos desde muy pequeños asumían responsabilidades que para ellos parecían un juego, como por ejemplo, apoyar en el regadío de las siembras: los niños se sentaban al fondo de las hileras de maíz o porotos, o de lo que fuera, mientras su padre o algún trabajador estaba el inicio de la hilera abriendo y cerrando tacos, dejando escurrir el agua para hidratar las siembras, los niños debían esperar que llegara el agua al otro extremo y avisar para que así ellos fueran pasando a la hilera siguiente. Esmeralda recuerda con gran emoción cuando recogía huevitos de las gallinas y patas, siendo una gran alegría cuando encontraba en una cerca de zarzamoras y bajo una maquinaria vieja y en desuso, un nido colmado de huevos, se arremangaba el vestido que hacía las veces de canasto, los recogía y los llevaba a su madre, quien se alegraba muchísimo, evitando así que los perros se los comieran. También recuerda cortar porotos verdes, deshojar maíz, acompañar a su padre a pescar en el río, soltando y encerrando los animales, alimentándolos e incluso limpiando los corrales de los cerdos. Así era la vida del campo, no había tiempo para añañucos ni regaloneo, pero era una niña feliz, sintiéndose querida y protegida. No recuerda que su papá o mamá, los abrazaran o les hicieran cariño, pero tampoco lo extrañaban porque nunca los habían recibido.

Esmeralda recién tomó consciencia de las formas de expresión física de la afectividad entre padres e hijos estando en la universidad, al ver la forma de relacionarse de sus compañeros con sus padres y entre amigos, y lo que sí era y le resultaba casi imposible de hacer hasta el día de hoy, era el hecho de no ser capaz de abrazar y hacerle cariño a sus padres ni hermanos, y ninguno de ellos entre sí lo hacen, se saludan de un hola y como mucho con un beso en la mejilla, tras volver a verse después de varios meses e incluso años. A pesar de querer y tratar de ser más afectiva no puede, algo la frena quedándose en el intento, saludando de mano a su papá y a su mamá con un beso en la mejilla, en cambio con sus amigos es extremadamente cariñosa, afectuosa e incluso a veces hasta eufórica con sus saludos, abrazos y besos, y con facilidad expresa sus sentimientos, siendo muy natural y espontáneo decir a una amiga o amigo, "te quiero", "te echo de menos", "me encanta como eres", "pucha que eres buena onda", "eres importante para mí", "te lo agradezco de todo corazón, soy privilegiada y me siento muy orgullosa de que seamos amigos", y frases así.

Con sus hijos desde que nacieron fue muy cariñosa y preocupada de su crianza y educación, aunque también muy severa y exigente, castigadora y buena para poner reglas, disciplina y hábitos. En cambio, Mario era muy expresivo, cariñoso y generoso, mal criador y cuando se trataba de un no, por ejemplo, "no tienes permiso para ir a la fiesta o a quedarte a dormir en la casa de tu amiguito", él les decía:

—Pregúntale a tu mamá, ella sabe si te da permiso o no.

Y así fue como siempre puso la cara ante las situaciones complejas y cuando se requería establecer límites. Por otra parte, el hecho de vivir una vida de violencia intrafamiliar, con un esposo de carácter explosivo, dominante, machista y maltratador, la hacía una mujer muy triste, nerviosa, llorona y de mal genio, reaccionando muchas veces en forma inapropiada con sus hijos, gritándoles y no siendo tan afectiva y cariñosa. Él, por su parte, era muy juguetón y travieso, los hacía reír muchísimo, aunque igual era muy severo y los gritoneaba con insultos y los trataba en una forma muy agresiva, pero los niños aprendieron y se acostumbraron a vivir entre una mezcla de amor y temor hacia su padre, en cambio con su madre era más de crianza y control.

Sin embargo, la falta de expresión física y verbal del cariño, si bien es cierto que no le hizo falta, le jugó una muy mala pasada al momento de tener que expresar sus propios sentimientos y experimentar el amor, amando a sus hijos y siendo muy cariñosa con ellos, no era tan expresiva como Mario, además que, como madre, tenía el rol de inculcar hábitos, rutinas y buenas enseñanzas, mientras el padre se dedicaba a jugar, entretenerlos y malcriarlos, desautorizando a menudo a Esmeralda:

–No le hagan caso a esa vieja, tu mamá está loca.

Otros recuerdos maravillosos de la infancia de Esmeralda eran las vacaciones escolares de verano, que comenzaban antes de navidad y finalizaban los últimos días de febrero. Eran veranos de mucha alegría, diversión, juegos y aventuras provocados con la llegada de los primos que venían desde Santiago, quienes pasaban toda la temporada de vacaciones de verano en el campo, jugaban todos los días y noches, se iban a bañar al río y a la laguna, jugaban al circo, a la escondida, a la pelota, cortaban moras para que su tía Carmencita hiciera mermeladas, ella era muy cariñosa, tierna y dulce, les llevaba muchos regalos y golosinas, era muy querida y la tía preferida de todos. Los niños ayudaban mucho en la cosecha y les encantaba ser parte del proceso de hacer chicha – como los chilenos llaman a la bebida obtenida de la fermentación del jugo de uva –, cortar sandías y melones, subirse a los carretones, máquinas trilladoras y arados. Las noches eran muy esperadas, todos sentados alrededor de una ruma de maíz deshojando uno por uno, esperando que oscureciera, el tiempo pasaba volando, reían con las historias y chistes que contaban. También había noches de terror, en que el miedo los paralizaba al escuchar historias y leyendas del diablo, penaduras, duendes, animitas – nombre dado por los chilenos a pequeños altares que se construyen en espacios públicos como recordatorio de trágica muertes – y también de la llorona – una leyenda que existe en casi todos los países de Hispanoamérica sobre el fantasma de una mujer que aparece en las cercanías de los ríos llorando por sus hijos que murieron, por eso la llaman "la llorona".

Su incursión en el mundo de la minería la mantenía muy motivada trabajando, al igual que sus estudios de postgrado, ambos desafíos le demandaban demasiado trabajo, estudio y tiempo.

Charlas al aire libre en pleno desierto de Atacama

Gracias a sus grandes habilidades de comunicación, relaciones públicas y negociación, se le facilitaba su acceso a las jefaturas y concretar importantes volúmenes de ventas, en tanto su experiencia y formación profesional de asistente social, sumada a su jovialidad, simpatía, espontaneidad, inteligencia y tendencia a hacer bromas y travesuras, le permitían tener una excelente llegada con los trabajadores, haciendo charlas educativas muy amenas, con auditorios que podían ser desde una persona, *one to one*, pasando por pequeños grupos de quince o veinte trabajadores, hasta cien personas, y su gran récord fue una audiencia de seiscientos trabajadores, a las siete de la mañana, en plena playa, al frente del mar, labor educativa que realizó para una empresa transnacional responsable del proyecto de construcción de una planta desalinizadora de agua de mar, para abastecer con agua potable a una empresa estadounidense de la gran minería; aquella fue una experiencia increíble. La había contactado Gunther, el profesional experto en prevención de riesgos y encargado de la seguridad de dicha empresa, quien le solicitó realizar labor educativa a los trabajadores de su empresa, como servicio de post venta. Como era un excelente cliente por el gran volumen de compra del protector solar *Sunnywork*, ella accedió, pero bajo ciertas condiciones, como hospedaje y alimentación. Con más de un año trabajando y experiencia en el mundo minero, había aprendido a negociar y solicitar ciertas facilidades mínimas para realizar su labor educativa en forma más profesional y cómoda para los trabajadores y para ella. Le generaba inseguridad conducir bajo la espesa camanchaca matinal, una neblina densa en la costa chilena, tipo neblina como en la vieja Inglaterra, condiciones climáticas que dificultaban la visibilidad aumentando los riesgos de accidentes automovilísticos, por lo que evitaba conducir bajo esas condiciones. Esa tarde al llegar al puerto de Caldera, Gunther la acompañó a cenar y luego la llevó a conocer el lugar donde debía realizar la labor educativa. La sorprendió gratamente, cuando sonriente y coquetón le dice mientras le muestra el lugar donde será la actividad:

—Mira, mandé a construir un escenario especialmente para ti, es una tarima donde vas a estar dos metros más alto respecto del nivel del mar y de los trabajadores, ellos te podrán ver de todas partes.

—¡Guau, te pasaste! ¡Muchísimas gracias por la gran consideración y detalle!

Estaba muy contenta, aunque el lugar se veía gigante como un estadio de fútbol. En fin, había que asumir. Al día siguiente la pasó a buscar a la cabaña a las seis de la mañana, para que lo acompañase a la reunión de jefaturas, porque una vez terminada esa importante reunión donde se daban a conocer los lineamientos del trabajo del día, de inmediato venía su intervención en terreno, no dándole tiempo para ir a buscarla más tarde.

Al llegar al salón de reuniones había aproximadamente treinta personas, todos hombres, jefaturas de diferentes áreas; Gunther se acercó al gerente y le informó que lo acompañaba la profesional representante del laboratorio químico farmacéutico de *Sunnywork,* que hará la labor educativa a los trabajadores, y este no puso reparos a la presencia de Esmeralda en la reunión.

En eso ella se sintió observada, era un hombre de aspecto extranjero, estadunidense para ser más precisa, quien la miraba fijamente, con ojos muy brillosos y una suave sonrisa, incomodándole un poco la situación; sin embargo, como parecía ser una persona bastante mayor trató de ignorarlo –además de que estaba acostumbrada a que la miraran de forma picarona y coqueta, siendo frecuente que la piropearan y dijeran una serie de frases aduladoras, aunque no faltaba quien se saliera de los márgenes de respeto, habiendo siempre alguien que se encargaba de ponerlos en su lugar, cuidando y protegiendo a Esmeralda y el prestigio de la empresa–, se concentró en poner atención a la reunión. Quien la dirigía le pasó la palabra al señor que no le quitaba la mirada de encima, quien respondió en un tono muy distendido y sonriente, con un excelente dominio del español y con acento gringo:

–No te preocupes, sigue tú la reunión, hoy seré espectador al igual que la hermosa señorita que nos acompaña y que dará la charla de inducción, estoy seguro que será muy interesante y un gran honor escucharla –dijo sonriente y sin dejar de mirarla mientras todos sonríen en señal de aprobación mirándola también. A Esmeralda le entró la curiosidad de saber quién era ese señor, y se lo preguntó a Gunther, quien respondió que era el gran jefe, el representante de la transnacional en Chile, agregando en tono de broma y sonriendo:

–Es gringo, con él puedes practicar y seguir aprendiendo a hablar inglés.

Finalizada la reunión, se dirigieron todos afuera, al área donde Esmeralda tenía que dar la charla, quedando impactada al ver la gran cantidad de trabajadores, todos de pie cubriendo por completo el área que ella había llamado estadio de fútbol; eran alrededor de seiscientos trabajadores, todos vestían buzos de trabajo y chaquetas de seguridad, resaltando el color naranja, y los cascos de distintos colores, lo que diferenciaba el área y la empresa en que trabajaban. Todos se veían expectantes y Esmeralda estaba aterrada. Trató de mantenerse entera, profesional y firme, los dos profesionales de seguridad la acompañaban al pódium, saludaron a los trabajadores y les pidieron guardar silencio para poder escuchar a la señorita que les iba a dar la charla de cómo usar el protector solar.

Esmeralda debía gritar para hacerse escuchar, y a medida que va realizando su intervención va tomando confianza y empoderándose de su rol educativo, lo hace en forma ágil y dinámica, entretenida, haciendo algunas bromas, siendo la típica, y que siempre le daba muy buen resultado, la demostración de la aplicación correcta y uso del protector solar, solicitando el apoyo de dos voluntarios, quienes se ofrecían muy contentos para que la señorita les aplicara protector solar en la cara, resultando ser que ella se colocaba una pequeña dosis en su mano y luego la esparcía con delicada suavidad sobre su rostro, evitando el área de los ojos por la fuere irritación que causaba, y una vez terminada la aplicación les preguntaba en forma muy amable:

—¿Quién de ustedes dos quiere ser mi primer voluntario? — siempre había uno, el que se creía el jovencito de la película, el matador, el que la lleva. Esmeralda comenzaba preguntándole si se aplicaba o no protector solar, cuántas veces al día, si tenía alguna complicación o reacción molesta.

Y mientras sus compañeros le lanzaban algunas bromas, como, por ejemplo:

—Ya po' no te creí' tan machito para ofrecerte de voluntario, cuéntale a la señorita que tu novio coloca el bloqueador —generando las risas de todos.

Sin embargo, la mejor broma vendría de parte de ella:

—Ok, Juanito, ¿está listo para que hagamos la demostración?

—Sí, señorita, estoy listo, colóqueme no ma' el *Sunnywork,* en mi carita —mientras estiraba el cuello y ponía la cara semi inclinada y estirando la piel.

Le llovían las bromas de sus compañeros y muchos de ellos lamentaban no haberse ofrecido de voluntarios. En ese momento, Esmeralda hacía de las suyas:

— ¿Así que está listo para la aplicación de *Sunnywork* en su carita?

—Sí, estoy listo, señorita, aplíqueme no ma' el bloqueador —inclinando aún más su mejilla mientras se pasaba la mano limpiándose el polvo que pudiese tener.

—Ok, Juanito, páseme su manito para colocar la dosis…

No alcanza a terminar cuando su voluntario coloca cara de pavor y todos se burlan y ríen a carcajadas de él, incluso los expertos de prevención de riesgo que acompañaban a Esmeralda, y ella misma que se contagia con la risa generalizada y no puede parar.

Esmeralda se sentía Marilyn Monroe

Esmeralda se sentía Marilyn Monroe sobre la tarima tipo pódium y los cientos de trabajadores aplaudiéndola y ovacionándola, incluso algunos le gritaban "¡Ídola!", mientras la mayoría reían y se burlaban de su compañero de trabajo, quien había ido por lana y había salido trasquilado y en frente de todos ellos. Esmeralda acostumbraba a hacer bromas, era su forma de salir del paso, haciéndolo con mucha astucia y diversión, el ser traviesa también le ayudaba a sortear con facilidad situaciones que podrían haberse tornado complejas, así también como para romper el hielo.

Terminada la reunión y una vez que realiza la charla de inducción, Gunther le presenta al gran jefe, quien la saludó de mano felicitándola y agradeciendo su excelente intervención, diciéndole que lo había impresionado su capacidad para manejarse en el escenario, la seguridad y profesionalismo con que se había dirigido a tantos trabajadores. Esmeralda le agradeció regalando una sonrisa. Su nombre era William quien le obsequió un pendrive diciendo:

−Te regalo este pendrive con algunas de mis canciones favoritas, escribo la letra de mis canciones y también toco con mi guitarra la música de otros artistas.

−Ah, muchas gracias, usted es muy amable.

−Me gustaría que la escuches y me dieras tu opinión.

A partir de ese día y por el lapso de un mes, cada tarde y anochecer la deleitaba con su música, romántica, muy dulce, incluso temas de iglesia, que interpretaba al ritmo de su guitarra vía telefónica, sí, cada tarde la subía a las nubes con su dulzura, dedicación y música que le regalaba, naciendo entre ellos una hermosa amistad. Él se las ingeniaba para llevarle a las diferentes faenas de su empresa para poder verla, invitándola a compartir exquisitos almuerzos.

Esmeralda se sentía muy querida y regaloneada, veía a William como un hombre muy especial, y sí que lo era, todo el mundo lo respetaba y quería mucho y no por ser el gran jefe, se le admiraba por irradiar paz y amor, provisto de una simpatía y humildad extraordinarias, con una generosidad sin límites. Ella sentía un gran amor por él, era una mezcla de padre y sacerdote, quien la regaloneaba y con quien se sentía segura, encontrando calma y paz. Disfrutaban frente al mar exquisitos almuerzos, haciéndosele agua la boca al recordar e imaginarse una paila humeante de camarones al ajillo y la tilapia a la plancha con palmitos y palta, ¡qué delicia!, frente al mar en Bahía Inglesa, sentada en la terraza del famoso *Resto Bar El Platea'o* y en el restaurante del Hotel Rocas de Bahía, así mismo cuando la invitaba a almorzar al restaurante *"El Nuevo Mira Mar de Caldera",* propiedad de sus amigo Rigo Ibarra y Cecelia, le encantaba servirse esos pancitos recién horneados con mantequilla de ajo y cilantro, en espera de los locos, un marisco muy consumido en Chile, con salsa verde que eran otra delicia. William la regaloneó muchísimo, e incluso trató de incorporarla a su empresa. Recuerda que era un aficionado del casino, se pasaba noches enteras jugando en las máquinas tragamonedas, de hecho, la mayoría de los fines de semana viajaba desde Bahía Inglesa a Copiapó y se hospedaba en *"Antay Casino & hotel Copiapó",* tan solo para relajarse y disfrutar jugando, cada vez que lo acompañaba, le decía que le traía mucha suerte, y de hecho casi siempre ganaba muchísimo dinero con las jugadas que ella le hacía, exclamando con gran alegría y sabiduría:

–Tú ganas porque no juegas por ambición, con tu inocencia atraes el dinero al no codiciarlo.

De hecho, Esmeralda jugaba solo por diversión, le encantaba escuchar la música de las máquinas tragamonedas, se volvía loca cuando ganaba por el ruido que generaban las monedas al caer y el tipo de música de ganadores que se escuchaba, como un carnaval y fuegos pirotécnicos.

Esmeralda no soportaba vestir la ropa de trabajo de terreno, y en particular le molestaban sobremanera los zapatos de seguridad, los bototos, le incomodaban muchísimo, le hacían sentir atrapada, sofocada, y más aún durante el verano, cuando el calor era insoportable y tenía que usar zapatos de seguridad –llamados bototos–, jeans, casaca, casco, lentes y hasta protectores para los oídos, pues había algunos señores con los que tenía que relacionarse que eran extremadamente rigurosos con los protocolos, que no le perdonaban el no usar el cien por ciento del equipamiento de seguridad. Uno de ellos era el famoso Pablo Sánchez, quien era bien extraño, alucinaba con que venía del planeta Júpiter, era un espécimen tan raro de esos que no faltan en la vida, incluso en su Facebook se identifica como pabloJupiterCasapobrerGatoconSIDA… ¿quién se puede identificar con ese nombre?, solo Pablo, en todo caso igual tenía sus facetas humanas y vetas de sensibilidad.

Un día, recorriendo las diferentes áreas del proyecto al interior de la faena de Caserones, Pablo le advierte que van a cruzar un pequeño trecho de camino con agua proveniente del deshielo de la nieve de la cordillera; Esmeralda, al ver el agua tan cristalina y el reflejo de las piedrecillas de diferentes tonos cafés que resaltaban con los rayos del sol, suplicó como una niña, con las palmas de sus manos juntas colocadas al frente de la cara en posición de orar:

—Por favor, por favor, ¿puedes parar para tocar el agüita?

Pablo la miró arrugando el ceño al mismo tiempo que detiene la camioneta. Esmeralda abre la puerta y sin bajar, disfruta jugando con el agua y sacando puñados de piedrecitas. Al seguir camino a dar otra labor educativa, Pablo la mira en forma sarcástica y comentando en tono de pregunta:

—Si quieres te puedo llevar donde hay nieve, por si también quieres jugar.

—Sí, sí, por favor, y me tomas fotos —responde eufórica, muy contenta e impaciente.

—¿Para mandárselas a tu jefe? —acota en tono muy serio, explotando ambos en una risa contagiosa. Así nació una relación más afable y aumentando mágicamente las órdenes de compra de *Sunnywork.*

Ese día lo disfrutó a rabiar, ella siempre disfrutaba de todo lo que hacía, siendo feliz con muy poco, con cosas simples y en contacto con

228

la naturaleza. Finalizando el día con algo que le era de máxima liberación y alegría, en cuanto cruzó la barrera de seguridad de salida de la faena minera de Caserones, detiene su auto, manteniéndose sentada frente al volante, se saca uno de sus bototos y lo tira con fuerza a la parte trasera de su vehículo, y luego el otro haciendo la misma acción, baja los vidrios, pone la música a todo lo que dan los parlantes y baja feliz de lo alto del cerro cantando, con su cabellera al viento y con una mano tratando de atrapar el aire, le encantaba sentir esa sensación tan exquisita de la fuerza del viento en su mano, le recordaba cada vez que se había tirado en tándem y en paracaídas.

Tras visitar a su hija Victoria y regalonear a su nietecito, se va a casa a hacer el trabajo administrativo que era muy tedioso, porque tenía que registrar hasta el mínimo detalle realizado durante el día, incluyendo hora de inicio y término de cada entrevista y labor educativa, considerando dónde, con quiénes, cuántos, objetivo, resultados, impactos, ¡*Too much, too much!* Ya eran cerca de las once de la noche, su cuerpo ya no daba más y cayó rendida en los brazos de Morfeo. A la medianoche la despertó una llamada telefónica, entre dormida y despierta respondió pensando que podría tratarse de alguna emergencia, pero no, era su amiga Alejandrina:

—Esmeralda, Esmeralda, amiga, vamos a la discoteca —la invitó, le decía con extrema algarabía, a lo que le responde casi dormida:

—No, no puedo, gracias, estoy agotada.

229

—¿Qué? ¿No me digas que estás acostada, tú, la chica *Sunnywork*, un viernes por la noche?

—Estoy agotada, amiga, déjame dormir.

—Levántate, mujer, la noche es vida y esta vida es una sola.

Logró convencerla para que se levantara, y efectivamente lo pasaron muy bien conversando, compartiendo un picoteo, bebiendo y bailando.

Sus amigas Ilse, Alejandrina, Marcelita y Silvana

Su amiga Alejandrina forma parte muy importante de su vida, a quien la une la profesión, los desafíos, eventos familiares, vida de empuje y garra y por, sobre todo, mucha diversión y aventuras, los fines de semana acostumbraban compartir en pubs y discotecas, les encantaba bailar hasta que cerraban la discoteca a las cinco o seis de la mañana. Alejandrina tenía una personalidad muy fuerte y de poner las cosas claras desde un principio. Una de las primeras veces que salieron de noche la miró a los ojos en forma determinante y dictatorial implantando una de sus normas:

—Vamos a salir juntas, pero en forma independiente.

—¿Cómo es eso?

—Cada una en su auto.

—Pero ¿cómo si vivimos tan cerca, y a veces cuesta tanto encontrar un estacionamiento?

—Ese no es mi problema, tú te las ingeniarás para buscar un estacionamiento.

—Estás loca, amiga, ¿qué comiste hoy o qué bicho te picó?

—Lo que pasa, Esmeralda, es que, si una de las dos se quiere ir antes porque está cansada, tiene sueño o simplemente quiere irse, y la otra lo está pasando bien y aún no se quiere ir a la casa, muy simple, toma su autito y se va para su casita, para qué va a hacer que la otra se vaya a casa si la está pasando bien y capaz que sea esa su noche de suerte. No, po' amiga, hay que ser grandecitas, ¿o no qué piensas tú?

—Bueno, sí, tienes razón. Oh, qué buena esa canción.

—Viste, ya salud y vamos a bailar, que esa canción me encanta a mí también.

Poco a poco se va sacudiendo de los prejuicios y trancas que le habían impedido ser plenamente feliz, empoderándose y disfrutando de su libertad de mujer felizmente divorciada, sin la intención de formar una nueva pareja ni enamorarse y menos aún volver a casarse, el amor de pareja no estaba en sus planes, definitivamente no veía necesario tener una nueva pareja, le había bastado y había sido de sobra la experiencia con el padre de sus hijos, estaba disfrutando, lo tenía todo para ser feliz, excepto una mayor cercanía de sus hijos.

Cuando inauguraron el *Casino de Juegos Antay de Copiapó,* fue un gran acontecimiento a nivel regional; el proyecto tuvo algunos adversarios pero predominaron los pro casino, brindando un nuevo aire a la cuidad de Copiapó, respondiendo a una serie de necesidades y servicios para sus habitantes, turistas y empresarios e incluso para el gobierno, lo que significó un verdadero renacer cultural, con eventos y diversión, proyecto gigantesco que incluía un hotel de cinco estrellas, piscinas, cines, salones de eventos y reuniones, restaurantes y bares. Para la inauguración del *Casino Antay* y la discoteca, le hicieron llegar una invitación VIP, que consideraba el ingreso liberado al casino y a la discoteca, pudiendo llevar hasta siete amigos, quienes hacían uso de los mismos privilegios que Esmeralda, es decir, ingreso gratuito y derecho a una bebida de cortesía. Disfrutaba a más no poder de jueves a sábado, los tres días seguidos bailando hasta el amanecer, se fue haciendo muy popular rodeada de muchas amistades, provenientes de la universidad donde estudiaba su Máster, conocidos del trabajo, en fin, los amigos florecían como las añañucas en el Desierto de Atacama tras una copiosa lluvia. En el caso de Esmeralda era por su jovialidad y facilidad para hacer amistades, además del acceso gratuito a la discoteca. Había días en que llegaba exhausta a su casa tras una dura jornada laboral, pues había ocasiones en que tenía que levantarse de madrugada para llegar a una determinada faena minera y teniendo que manejar dos o tres horas para llegar a destino, a dar la charla de inducción a las siete de la mañana, antes que el personal iniciase su día laboral, y a pesar de estar agotada a más no poder, acostada e incluso durmiendo, muchas veces se levantaba tras las insistentes e irresistibles llamadas de sus amigos, quienes lograban convencerla, se levantaba, volvía a darse una buena ducha fría, se tomaba un par de bebidas energizantes con coca cola y despertaba completamente repuesta y animada. Sus amigos aplaudían al verla llegar y cuando estaba hecha trizas bailando, cantando y disfrutando la noche le hacían muchas bromas:

—Miren, ¿acaso esa no es la bella durmiente?

—No se quería levantar la perla y mírenla cómo baila, si pareciera que es la reina de la pista.

—Reina de la noche querrás decir.

Con la versatilidad que la caracterizaba y su facilidad para adaptarse a diferentes situaciones, haciendo siempre lo que se le ocurría por muy descabellado y de niña chica que parecía ante los ojos de los demás, simplemente lo hacía sin siquiera pensarlo dos veces, lo que sí siempre tenía muy presente era no hacer daño a otra persona.

En su palomita blanca mantenía siempre varias tenidas de cambio, desde su ropa de trabajo y la típica chaqueta, guantes y gorro para pasar el frío hasta ropa formal para una entrevista con algún gerente de abastecimientos y adquisiciones, visita a los médicos o a alguna farmacia, siendo fundamental una tenida casual para pasar a un pub o al casino, cuando se le hacía tarde al regreso de su trabajo. Lo más importante y que amaba era tener siempre a mano un traje de baño y ropa de playa, era maravilloso llegar a *Bahía Inglesa* tipo seis o siete de la tarde, sacarse su tenida minera, ponerse su traje de baño, sin importar que incluso tuviese que cambiarse en un baño público y correr a tirarse un piquero, riéndose sola recordando cómo lo hacía en *Montego Bay* esquivando la vista de los salvavidas.

Así fue como un día, bajando de la empresa Manto Verde, se le ocurre darle una sorpresa a su amiga Cecilia Díaz, la matrona, quien siempre comentaba que pasaba unas vacaciones fabulosas en Villa Alegre, una pequeña playa cerca de Chañaral. Cuando llegó y pudo apreciar la belleza del lugar quedó atónita, la casa familiar heredada de su padre, quien había trabajado toda su vida en la empresa nacional de ferrocarriles, y tuvo la gran oportunidad de adquirir esa maravillosa casa de veraneo con una ubicación más que privilegiada, con arenas suaves color dorado, agua cristalina casi sin oleaje, que venía a ser la extensión de la terraza, disfrutando de una tarde espectacular con su amiga Cecilia, nadando, tomando solcito y "conversando de lo humano y de lo divino", como ella siempre solía decir. Fue una excelente forma de terminar su jornada laboral llegando de noche a casa, muy contenta a descansar.

En eso su hija Victoria llegó a dejarle al bebé porque ella iba a salir, jugó mucho con su nietecito a quien le permitía que hiciera lo que quisiera para luego caer rendida, sin embargo, debía dormir con un ojo abierto, como solían decir en el campo, para cuidar que su nietecito Viccencito no se fuera a caer de la cama o dormirse destapado. Al día siguiente la despertó muy temprano pidiendo leche, rápidamente preparó la mamadera, se ducha, desayunan y lo deja en casa de su madre, continuando viaje de prisa a la universidad, pues las clases eran diurnas y los días sábados.

Entre sus amistades nuevas generadas gracias a su trabajo en la minería, estaba Marsella, ejecutiva de ventas y representante de una da las empresas distribuidoras de su producto estrella, *Sunnywork,,* y Karlita Hernández, quien trabajaba en el área de seguridad y prevención de riesgos, con quienes se veía a menudo al planificar rutas de terreno en conjunto, recorriendo las mismas empresas y clientes, potenciando las ventas y servicios de seguimiento, haciendo cortísimas y muy entretenidas las salidas a terreno. Un día, a la hora de almuerzo, ya empezaba a sentirse fuerte el cara de gallo, sol ardiente de verano, tras finalizar unas cuantas reuniones y entrevistas en empresas pesqueras y el proyecto de la planta desalinizadora de agua en el puerto de Caldera, deciden ir a almorzar a la playa, junto a sus amigas y compañeras de trabajo, Erika, Maritza y Kahina,, vestían como debía ser y era parte de los protocolos para el trabajo en terreno, ropa de seguridad, incluyendo cascos y bototos, así deciden tomarse un par de fotos en la playa antes de almorzar, posando en la costanera de Bahía Inglesa con el mar a sus espaldas, se tomaban fotos con los cascos y sin los cascos, reían mucho, hasta que a Esmeralda se le ocurre la brillante idea de tomarse una foto tirando los cascos al aire, al puro estilo de las películas gringas, donde los estudiantes tiran los birretes al aire una vez finalizada la ceremonia de graduación, resultando ser muy divertido e inmortalizando la imagen en una muy festiva y peculiar fotografía.

Tirando los cascos mineros al aire

Karlita, Esmeralda, Kahina, Marsella y Maritza

William no se daba tregua, con paciencia y seductora perseverancia en la conquista de su amada y soñada Esmeralda, complaciéndola a más no poder. Era fin de año y se acercaba la celebración de navidad, para Esmeralda era una fecha de profundo dolor y angustia, festividad que empezaba a invadir sus pensamientos, siendo presa de una abrumadora tristeza, frustración y angustia, porque significaría que no podría-compartir con sus hijos y su adorado nietecito, ya que su hija Victoria, con seguridad, optaría por disfrutar la cena de navidad junto a su padre, siendo prácticamente imposible la presencia de Esmeralda, por la tensión que se generaba a raíz de la forma inapropiada que tenía su ex marido de referirse a ella con ironías y en forma sarcástica, generando un ambiente de suma incomodidad para toda la familia, acordando no pasar juntos las fechas familiares más importantes, como eran navidad, año nuevo y cumpleaños, turnándose un año cada uno, pero él jamás respetaba los acuerdos y Esmeralda siempre terminaba quedándose sola, con todos los preparativos hechos y sueños de madre rotos, sumergida en un mar de lágrimas, desesperación y angustia, crisis de las que le era muy difícil recuperarse, por la fragilidad emocional en la que se encontraba al sufrir depresión severa, habiendo atentado contra su vida en más de una oportunidad.

En vísperas de navidad, Esmeralda se encontraba en el jardín regaloneando con los cachorros de su perrita Lady, siendo sorprendida al escuchar su nombre desde la reja del antejardín, le era conocida la voz, pero no la reconoció, no pudo reaccionar sino hasta que abrió la puerta y se encontró con William en una flamante bicicleta adornada con un inmenso lazo en el cesto como símbolo de regalo; con una sonrisa amplia y muy contento, se bajó de la bicicleta diciendo:

—Mira, ¿te gusta?, es para ti, es tu regalo de navidad.

La hermosa bicicleta

Esmeralda se llevó las dos manos a la cara saltando de alegría, y exclama:

—¡Guau, no lo puedo creer! ¡Sí, sí, me encanta, muchas gracias, de verdad te pasaste!

Se la entregó retirándose de inmediato y casi corriendo, venía en un vehículo de la empresa y lo acompañaban un par de trabajadores, quienes no podían esperar pues iban de regreso a sus hogares. Esmeralda, a pesar de llevar puesto un vestido formal y tacos, no resistió las ganas de dar una vuelta en su hermosa bicicleta, como pudo se encaramó y dio una vuelta a la manzana, pero le fue difícil el regreso al encontrarse su casa ubicada en una cima del cerro, los vecinos la miraban con beneplácito y su vecina Elsita le comentó:

—Se nota que ese gringuito está enamorado de usted, Esmeraldita. ¿Por qué no lo acepta como su novio? Usted es muy linda y vive solita, necesita y merece una buena compañía de un buen hombre, y qué mejor que él, se nota que la quiere re' mucho, mire, si la regalonea como a una niña.

Efectivamente, William era un hombre muy detallista y generoso, un real gentleman, sabía cómo hacer feliz a las personas, como la gran sorpresa que le dio comprándole la hermosa bicicleta de color verde agua que cautivó su atención en el centro comercial, aquella noche camino a cenar, embelesada como una niña, se acercó a la bicicleta, la tocó como si la estuviese acariciando, deteniendo su vista en el maravilloso cesto que tenía en la parte posterior, que hacía lucir aún más el aspecto femenino e incluso coqueto de la bicicleta, se la imaginó con el cesto colmado de margaritas, flores silvestres que solía cortar a la orilla de un pequeño riachuelo, o de un lago y en medio del campo; fueron tan solo unos segundos apreciando la belleza de la bicicleta, sin hacer comentario alguno, y continuaron caminando en dirección al restaurante.

Un par de días después, cenando, él le comenta que viajará a California a pasar las fiestas de fin de año, que se tomará tres semanas de descanso y que para él sería la mayor felicidad del mundo que lo acompañara. Esmeralda, con dolor en su corazón, rehúsa la invitación para evitar generar falsas expectativas en él, ella lo veía como a un padre, como a un gran amigo en quien podía confiar, sentirse segura, ser ella misma sin ninguna restricción ni autoprotección, no lo podía ver como hombre, en cambió él sí la veía como mujer, estaba totalmente enamorado de ella, a tal punto que le escribió una maravillosa canción de amor, que decía que se había enamorado de ella en cuanto entró a la oficina donde estaban reunidos, que le cortó el aliento y que ni siquiera pudo dirigir la reunión.

"So in Love" https://bit.ly/2QuhPvb

Le comentaba con extrañeza que no entendía cómo ella no se interesaba en casarse, siendo que todas las mujeres solteras y divorciadas que él conocía, lo único que anhelaban era casarse, que andaban con el vestido en la cartera, pero definitivamente no era el caso de Esmeralda, ella era muy feliz viviendo su libertad de mujer divorciada, no estaba en sus planes una segunda relación de pareja y menos aún volver a casarse.

La navidad antes de su viaje a Londres, estaba destinada a pasarla completamente sola, pudiendo haber aceptado la invitación de cenar en casa de una de sus amigas más cercanas, pero no, no era apropiado y hubiese sido tremendamente devastador, al ver todo el amor y expresiones de cariño de los miembros de la familia donde hubiese ido, pensando lo triste y demoledor que era el no poder compartir con sus hijos en una fecha tan trascendental de amor y unión familiar, se sentía despreciada, abandonada y trataba de distraer su mente manteniéndose ocupada.

En los momentos de crisis de ansiedad y angustia, que se acentuaban en periodos de navidad, posterior y después de su viaje a Londres, recurría a una terapia de emergencia donde su amigo psicólogo Alberto, quien la hacía reaccionar y aterrizar en forma abrupta con terapias de shock, con voz fuerte y dominante le decía:

—Reacciona, mujer ¿cómo se te ocurre estar llorando mientras ellos la están pasando estupendo? Dime, ¿te ayuda en algo llorar, lamentarte y querer matarte? No, ¿cierto? Déjate de querer seguir jugando a la familia feliz, eso se acabó y hace rato —y le cambiaba de tema—, ya, cuéntame, cómo la pasaste en Inglaterra, y por qué no te quedaste por allá, qué viniste a hacer acá, si dices que aquí nadie te quiere.

Al final terminaban riéndose como grandes amigos.

Aprovechó la oportunidad en que se relaja y él pregunta sobre sus experiencias en Inglaterra, le contó sobre su amigo Terry, a lo que Alberto exclama con alegría:

—Ah, lo tenías guardadito, así que tuviste un enamorado en tu viaje a Inglaterra y no me lo habías querido contar.

—No, no, si no es para tanto, déjame que te cuente: lo que pasa es que me inscribí en una página de citas a ciegas donde conocí a Terry.

Y él replicó con cara de mucho interés:

—Mira tú, qué interesante, cuéntame, ¿y resultan esos encuentros por internet?

—No lo sé, nosotros nos hicimos amigos y salimos cinco veces —sí, lo tenía muy presente, habían sido solo cinco veces, dejando claro que no había sido una relación de pareja, y prosigue su relato:

—Salimos solo durante mi último mes en Londres, antes de regresar a Chile, yo a él le gustaba, pero a mí no me interesaba, tú sabes, yo no quiero ninguna relación amorosa con nadie.

—¿Y por qué no? ¿Quién te lo prohíbe? Eres una mujer joven y muy buena moza.

—Ya déjate de tonteras, bueno, la cosa es que como yo no quería ninguna cosa con él ni con nadie, cuando me iba a buscar o acordábamos salir, me ponía la peor ropa que tenía, no me maquillaba y trataba de verme lo más desarreglada y fea posible…

La interrumpió Alberto riendo a carcajadas, ella queda estupefacta sin entender qué le había causado tanta gracia, y lo mira con cara de interrogación subiendo los hombros y abriendo los brazos con las palmas de manos hacia arriba en busca de una explicación:

—¡Ay, mujer, tú eres única!

—¿Qué tengo de especial, por qué dices que soy única y por qué te ríes tanto?

—Lo que sucede es que usted, mi linda Esmeralda, causó el efecto contrario en él… Las mujeres acostumbran erróneamente, para lucir bellas, colocarse la ropa más llamativa que tienen y hasta con brillo, se maquillan en forma exagerada luciendo artificiales, pueden verse bonitas, es verdad, sin embargo, no atrayentes al ser una belleza artificial, al ocultar su aspecto natural bajo tanto ropaje, brillo y kilos de maquillaje. En cambio, tú hiciste absolutamente lo contrario al querer mostrarte no atrayente, fea, querer pasar desapercibida e incluso desastrada para que él no se fijara en ti y perdiese su interés, y ¿qué pasó? Entre tanta ropa fea y mal combinada y sin maquillaje – exclama alzando la voz y levantando los brazos–, ¡le causaste el efecto contrario! Resaltó tu belleza natural, al no maquillarte dejaste ver y relucir tus lindos rasgos naturales de tu cara, desatacando la transparencia y brillo de tus ojos, con ese aspecto ingenuo y angelical que tienes, tu sonrisa tan espontánea, tan propia y característica de ti, eso pasó, lo único que faltó fue que no te bañaras para que te encontrara de mal olor…

Rio de buena gana, jolgorio al que ella inevitablemente se suma.

—No, no, no llegué tan lejos, sí me bañaba todos los días, ah, pero comía mucho ajo crudo para tener un tufito que lo alejara a kilómetros y no fuera a intentar besarme, ¡¡jajajajaja!

—¿En serio? No, en serio… no, no te creo…

—Obvio que no, era una broma.

—Ya, chiquilla, tú estás más sana que una lechuga.

Compartir con su nieto Viccencito era su máximo placer y bendición, quien acostumbraba a pasar las noches de los días viernes o sábados con ella, mientras sus padres salían de fiesta, y al otro día le tocaba a ella salir, turnándose con Victoria, aunque su hija siempre protestaba cuando Esmeralda no podía cuidar de su nietecito porque había acordado salir con sus amistades, ante lo que Victoria replicaba con enfado:

—Yo soy joven y tengo derecho a salir y tú no, tú eres una mujer vieja, eres abuela, tienes que quedarte en la casa, haces el reverendo ridículo saliendo a bailar a las discotecas, Dios me libre de encontrarme contigo, me moriría de vergüenza.

Esa era la forma habitual en que Victoria se refería a su madre, de manera muy hiriente y cruel, y lo había aprendido de su padre.

Lamentablemente Esmeralda se tenía que aguantar y soportar los insultos, si le contestaba se enfurecía y la insultaba como si fuera su enemiga. Peor aún, la manipulaba negándole ver a su nietecito. Ante esa circunstancia, Esmeralda callaba con tal de evitar mayores discusiones y poder ver y compartir con su adorable nietecito.

Esmeralda gozaba tanto o más que su nieto de su mutua compañía, lo regaloneaba y jugaba con él cada vez que tenía la oportunidad, le encantaba empoderarlo, hacerlo sentir que tenía súper poderes y tratarlo como a un niño grande, por ejemplo, le decía:

—Vicci, ¿me acompañas a echarle bencina a mi auto?

Él sonreía hasta con sus ojitos y subía corriendo a la palomita blanca, iba feliz porque sabía y le encantaba que su abuela le permitiera a él cargar el auto con bencina, sosteniendo la manguera mientras se llenaba el tanque, y él preguntaba con una ternura que la derretía de amor:

—Abuelita Esmeralda, ¿por qué tú me dejas echarle bencina a tu auto y mi papi no?

Ella le respondía sonriendo:

—Porque yo tengo paciencia y porque me encanta hacerte feliz, *I love you.*

Cada instante vivido con su nietecito Viccencito era sublime

¡Ah! Y las idas al shopping center eran lo máximo para él a sus dos añitos, antes de llegar a la entrada principal del mall, comprobando que no venía ninguna persona cerca que le pudiese arruinar su plan, le decía:

−Viccencito, ¿sabes tú, que si le dices a la puerta que se abra, se abrirá?

Y él la miraba con incredulidad, pero queriendo probar, con sus ojitos abiertos de par en par, sacando pecho, levantando una mano y con voz de mando, repetía lo que su abuela le había indicado que dijera:

—Ábrete, puerta, que vengo yo —y las inmensas puertas se abrían en forma mágica ante su asombro, y tras cruzar el umbral venía la segunda orden:

—¡Ciérrense, puertas! —cerrándose mágicamente.

Y así iniciaban su ingreso al shopping center a comprar algo rico para compartir. Otra magia era el cruzar las calles, también a través de los juegos de súper poderes, que lo ayudaban a empoderarse y generar sentimientos de seguridad al permitirle formar una personalidad segura y de alta autoestima. Antes de iniciar el cruce de la calle, en el paso peatonal y al momento preciso del cambio de luz del semáforo, estiraba su manito, mientras cruzaba diciendo a los conductores:

—Paren, paren, que yo voy cruzando la calle.

Las visitas al cuartel de bomberos, donde su abuela era voluntaria, eran de máxima fascinación para Viccencito, el subir a los carros era una gran aventura, y una un poquito más osada y sin embargo divertida, era bailar con el auto mientras conducía de lado a lado suavemente al ritmo de la música.

CAPÍTULO 4

Evadiendo una nueva relación de pareja

El viaje que realiza Terry desde Londres a Chile, en forma expresa y exclusiva para visitar a Esmeralda, surge a raíz de la forma de ser de ella, tan ingenua y espontánea, quien fascinada con el fenómeno del desierto florido de Atacama, que estaba en su máximo esplendor y apogeo, cubriendo llanos y cerros de hermosas y variadas especies de flores que lucían como verdaderas alfombras multicolores, donde predominaba un maravilloso color fucsia, que le traía el recuerdo de la imagen de una beterraga recién pelada y los sillones de terciopelo de su abuelita Safira, así mismo, majestuosos parajes de frondosas y relucientes añañucas de color rojo y amarillo, flora y fauna que hace desaparecer por completo el desierto más árido del mundo, al menos por unos tres meses. Amante de la naturaleza y el desierto, lo había visitado varias veces con sus amistades e incluso llevó a Fernando Del Pozo, su profesor de Economía y Globalización, quien viajaba expresamente desde Madrid, España, en representación de una prestigiosa universidad madrileña, a impartir clases al Máster en administración de negocios

249

que ella estaba cursando. Los paseos y excursiones más extraordinarios y únicos, los realizaba con su entrañable amigo Nelson, a quien lo unía el amor por la naturaleza, el desierto y la música celta, y con quien solía salir de excursión los días domingos: la pasaba a buscar muy temprano para aprovechar el día, internándose en el desierto por caminos y senderos inhóspitos pero alucinantes a los ojos de un excursionista. Sus paseos al desierto florido se iniciaron con el despertar de las primeras flores silvestres, pasando por la emoción de apreciar la belleza de las primeras añañucas, recorriendo lugares recónditos en busca de especies extraordinarias como la garra de león y las orejas de zorro, plantas nativas de Chile.

Oportunidades en que tomaban infinidad de fotografías, Esmeralda posteando en Facebook una de las bellas fotos en que ella posaba al medio de la imagen, etiquetando a cincuenta amigos de todas partes del mundo, a quienes había conocido durante sus seis meses en Londres y los viajes que acostumbraba a realizar con sus mágicos zapatitos rojos.

Los invitaba a que fuesen a conocer y disfrutar del desierto florido de Atacama, fenómeno único en el mundo, ofreciéndoles hospedaje en su casa. Fue así como una gran mayoría de sus amistades le respondieron alucinados y admirados con tanta belleza natural y a su vez, lamentando no poder viajar, y recibiendo tres comentarios de quienes sí deseaban viajar: su amiga Elena Aguilera de Cataluña, Luzia de Brasil y Terry desde Londres.

La fotografía que daría un vuelco de 180 grados en su vida

Esmeralda, con la misma naturalidad con que los invitó, les respondió: "excelente, me alegra saber que les gustaría venir". Al cabo de tres días, recibió un email de Terry, reiterándole su agradecimiento por tan cariñosa y generosa invitación, y diciéndole que llegaría en dos semanas, adjuntando un archivo con los pasajes y haciendo preguntas sobre algunos detalles del viaje, como si necesitaba colocarse alguna vacuna o llevar algún tipo de repelente para evitar ser picado por los mosquitos, etcétera. Estupefacta, no podía creer lo que estaba leyendo, mientras movía la cabeza enérgicamente de un lado a otro y con la vista fija en el email se decía:

—No, no, esto no puede ser, no me puede estar pasando a mí —se para abruptamente y empieza a pasearse con desesperación dentro de su casa, comenzaba a transpirar y a sentir crisis de pánico y ansiedad, pensaba en voz alta:

—Ese tipo está loco, cómo se le ocurre que va a venir a mi casa, acaso no entiende que cuando decimos voy a ir a tu casa o te dicen ven a verme, uno nunca va, es solo un decir.

En eso reacciona, deja de caminar y poniéndose las dos manos en las sienes, exclama:

—¡¡¡Caballito inglés!!! Ahí está la madre del cordero. Los ingleses toman las palabras en forma literal.

Ya más calmada, entendiendo lo que había sucedido, empieza a buscar la mejor estrategia de responder el email, dándole a conocer que no viajará, que fue un malentendido, que ella no lo podía recibir en su casa; se estaba volviendo loca, el sudor de la transpiración y las dificultades para respirar le traen a la memoria la imagen de la última vez que lo había visto, fue en *Embankment Station,* arrancando desesperada para evitar que la besara, y ahora él pretendía alojarse en su casa, no, no, eso no podía ser. Apaga el computador, se sube a su auto y arranca sin destino. Sus amigos se reían a más no poder con lo que estaba viviendo Esmeralda, le hacían muchísimas bromas:

—Por suerte no todos te dijeron que sí vendrán a ver el desierto florido, ¿cómo los ibas a recibir?

—A ti no más se te podía ocurrir invitar a todo el mundo.

—Los ingleses son verdaderos caballitos con antiparras, caminan derechito y van donde les digan o los inviten.

Sus amigos hombres se pusieron celosos:

—A mí, que soy tu amigo, tu paño de lágrimas, ¿no me has invitado a tu casa ni siquiera a tomar una taza de café y piensas recibir a un gringo por tres semanas? Eres muy desconsiderada con nuestra amistad, eso no te lo perdono.

—Pero si yo no lo invité y no quiero que venga.

—¿Y qué vas a hacer? ¿O acaso pretendes decirle que no viaje?

—Claro, eso le voy a escribir, que no viaje.

—No puedes hacer eso, no es su culpa, es tu error y lo debes enfrentar.

—Pero cómo, ¿se puede ir a dormir a tu casa?

—A ver, planeemos algo, cuéntame qué le gusta hacer además de tomar cerveza.

—Ir a conciertos de rock y jugar tenis.

—Excelente, lo llevaremos a jugar tenis todos los días hasta dejarlo muerto de cansado y no tenga fuerzas para intentar nada contigo.

—Pero ¡qué voy a hacer con él todo el día en mi casa!

—Vas a tener que llevarlo a pasear, ¿acaso no lo invitaste a ver el desierto florido?

Entre todos sus amigos planifican una agenda muy apretada de actividades, la idea era mantenerlo ocupado fuera de la casa y que cuando llegara en la noche estuviese tan cansado que solo deseara caer rendido en la cama a dormir. Así fue como organizaron asados, paseos a la playa, excursiones al desierto y paseos a los parronales, sin embargo, las celebraciones del 18 de septiembre eran solo una semana y después sus amigos debían regresar al trabajo acabándose la ayuda y aquella compañía tan valiosa que le estaban brindando. Uno de sus amigos más osados, el más celoso, le dice:

—Te voy a traer un revólver para que pongas debajo de tu almohada y si intenta algo le disparas no más, va a ser en defensa propia. Y te encierras con llave y si quieres puedes dormir hasta vestida para mayor seguridad.

Llegada la fecha no esperada, al menos por Esmeralda, porque Terry en cambio lo único que deseaba era verla y se la estaba jugando por conquistar su amor, qué mejor prueba de amor que viajar desde Londres a Copiapó, al fin del mundo, donde el diablo perdió el poncho, solo por ver a su princesa amada. Alrededor de mediodía, la llama para decirle que había llegado bien a Santiago de Chile, que estaba en espera del vuelo a Copiapó, y ella le responde en forma escueta y fría:

—Hola, nos vemos en el aeropuerto Desierto de Atacama

Colgó el auricular sin siquiera decirle chao y menos cómo llegaste.

Al no tener ningún interés en verlo ni en recibir su visita, no se esmeró en llegar temprano al aeropuerto, solo organizó su agenda laboral en la ciudad de Copiapó para poder vestir casual y no con tenida de terreno, se le hizo tarde y llegó treinta minutos después del arribo del avión, y como el aeropuerto era tan pequeño, no debió tomarle más de diez minutos bajar y recoger su equipaje. Se notaba que él estaba muy ansioso por verla, la vio llegar y se abalanzó a abrazarla, Esmeralda sin embargo trata de zafarse lo antes posible, diciendo:

—Lo siento, estaba trabajando.

—No te preocupes.

—¿Qué te gustaría hacer?

—Cualquier cosa, lo que tú decidas, soy una persona muy fácil de llevar.

Al escucharle decir "soy una persona muy fácil de llevar que se acomoda a todo", quiso reír de ironía, teniendo en cuenta lo estresada que la tenía con su visita inesperada, al menos para ella, en cambio debió morderse la lengua y comportarse como una señorita, respondiendo:

—¿Te gustaría ir a la playa a conocer Bahía Inglesa y para que almorcemos?

—¡Oh, sí! Es una idea perfecta.

Camino a Bahía Inglesa de a poco se fueron soltando y Esmeralda comenzó a comportarse relativamente más amable, él hablaba más, contándole cómo había sido el viaje y lo sorprendido que estaba al ver el desierto desde el avión, absolutamente seco, árido, vacío, sin ningún verdor, y de repente cuando se aproxima el avión a Caldera la fisonomía del paisaje cambia por completo, quedó embelesado con la majestuosidad multicolor de las flores cubriendo gran parte del desierto.

Caminaron por la playa, estaba más linda que nunca, Esmeralda con orgullo de su tierra atacameña y sus maravillosas playas, le dice sonriente y en tono de cachiporreo:

—Estas son verdaderas playas, con aguas transparentes y arenita, no como las tuyas que parecen chocolate de lo sucias que son —decía exagerando y riéndose como una niña traviesa.

—Muy hermosa Bahía Inglesa, ah, pero el agua es muy fría, no como la del Mediterráneo.

—Que yo sepa, en Inglaterra el agua no es del Mediterráneo, es como si yo comparara la temperatura de las playas chilenas con las de

México o San Andrés, Colombia, son absolutamente diferentes, ¿o no? Anyway, es hora de almorzar.

Antes de emprender viaje a Copiapó, dan una última caminata por la playa, el agua se veía exquisita, estaba ideal para darse un chapuzón, pero aunque se hubiesen estado cayendo los patos asados por tanto calor, no se iba a bañar para no dejarse ver en traje de baño; era un día primaveral, sin turistas, él estaba fascinado, aunque se notaba su cansancio. Al llegar a casa, Esmeralda le mostró la habitación indicándole que dejara su equipaje, y que se preparara para salir, agregando:

—Estamos invitados a la casa de unos amigos, es el cumpleaños de Alejandrina y ella habla inglés, así que será ideal para que tú puedas integrarte y conversar.

—Gracias, pensaba dormir.

—Lo siento, al regreso podrás descansar y dormir.

Ella se mostraba fría y muy seria, se podría decir que hasta casi ruda. En cambio, él y a pesar de su cansancio, acataba con humildad y una ternura infinita, desconociendo en absoluto lo que le espera y el siniestro plan que le tenía preparado la traviesa Esmeralda, quien asustada como estaba, haría todo lo que estuviese a su alcance con tal de defender su honorabilidad.

Era la semana de celebración de fiestas patrias en Chile, todo el mundo estaba de fiesta, y era muy fácil compartir en casa de amigos en torno a un rico asado y empanadas, además de las fiestas oficiales del gobierno como los desfiles, parada militar y ramadas, que son grandes carpas que sirven como centros de entretenimiento, donde se podía disfrutar y bailar al compás de la música folclórica, degustar de la típica gastronomía chilena, y recorrer las ferias de artesanías y juegos populares, deportes criollos, que son los deportes autóctonos de Chile, como domadura de animales y el tradicional rodeo de la minería del 18 de septiembre. Al llegar a casa, efectivamente agotados de tanto pasear, compartir, comer y beber, les era fácil dormirse rápidamente, aunque él se las ingeniaba para darle las buenas noches con un beso en la mejilla, en tanto Esmeralda se encerraba bajo siete llaves en su dormitorio y arrastraba uno de los veladores poniéndolo junto a la puerta, para despertar con el ruido al arrastrarlo, en el caso de que se atreviera a abrirle la puerta. Finalizadas las festividades, y habiendo recorrido todos los lugares turísticos posibles y por haber, e incluso repitiendo los paseos al desierto florido y a la playa, Esmeralda se empieza a inquietar al verlo a él más relajado, sonriente y entrando en confianza, y ella sin saber dónde más llevarlo y qué hacer. A todo esto, sus amigos, los que no sabían los entretelones de la visita del gringuito, como le llamaban con cariño, preguntaban si eran pareja, y al responder que no, hacían bromas diciendo que se veían bien, que podrían formar una linda pareja ofreciéndose hasta para ser padrinos de matrimonio, a lo cual Esmeralda respondía frunciendo el ceño y mostrándose molesta. Hubo otros amigos que fueron más lejos con sus comentarios e insinuaciones, como su amiga

Priscila, a quien se le ocurrió una brillante idea, aunque absolutamente inapropiada en las circunstancias en que se encontraba Esmeralda:

—Esmeralda, ¿por qué no lo llevas de vacaciones al sur, por último, a La Serena? No lo puedes tener encerrado aquí en Copiapó, con lo feo que es.

—No, ¡cómo se te ocurre, Prici! No es necesario, si aquí tenemos playas preciosas.

—Pero si ya lo llevaste a la playa, ¿o no?

—Sí, pero podemos seguir conociendo, nos falta ir a Chañaral.

—¿A Chañaral? ¿Y a qué lo vas a llevar a Chañaral? Esa playa toda contaminada con relaves. Ya déjate de niñerías y váyanse a pasear a Viña del Mar.

Terry se mostraba entusiasmado con la idea y preguntaba a Priscila y a Marcelo que dónde quedaban esos lugares, cómo llegar y qué podrían visitar. Y ellos alucinaban contándole las maravillas turísticas exagerando las descripciones de cada lugar. Pobre Esmeralda, al día siguiente al levantarse él estaba sentado sirviéndose un café y unas tostadas, acostumbraba a levantarse temprano por el tema de las cinco horas de diferencia de Chile con el Reino Unido y por las altas temperaturas del verano, a las que no estaba acostumbrado. La miró con gran alegría y entusiasmo y le cuenta su plan:

—Esmi, me encantaría ir a visitar los lugares que nos sugirió tu amiga Priscila y Marcelo…

Ella estaba en shock y antes de que él pudiese proseguir lo interrumpe abruptamente replicando:

—No, no podemos ir, lo siento.

—¿Por qué no?

—Porque estoy sin trabajo, tengo clase en la universidad y no tengo dinero. Si quieres ir pues ve tú solo.

—¿Cómo, si no conozco Chile? No podría viajar solo, aparte de que no sé hablar español, además que quiero compartir contigo, vine a Chile para verte y estar contigo.

Lo deja hablando solo mientras se dirige al baño a ducharse. Una vez que sale del baño, él insiste y ella le responde:

—Ok, está bien, si quieres que te acompañe, vamos, pero yo lo único de que dispongo es de tiempo y de mi auto, si tú quieres ir tienes que pagar todo, desde el combustible hasta el hospedaje.

—Está bien, cuéntame cuánto cuesta el combustible, una habitación de hotel y cuanto gastaríamos en comida aproximadamente.

—Mmmmm, la gasolina no es cara, por eso no te preocupes, pero sí el pago de peajes, aunque tampoco, no son muchos, lo que sí es caro es el hospedaje en los hoteles.

—¿Cuánto cuesta una habitación de hotel?

–Mmmm, como $100.000 la noche y necesitamos dos habitaciones, una para cada uno, y la comida no es tan cara, pero ponle otros $100.000 por día, aparte de los tragos –le dice abultando las cifras y en tono triunfador, estaba segura que lo iba a encontrar muy caro y desistiría de la idea.

Al salir del dormitorio, la esperaba Terry con papel y lápiz en mano, y le dice con tono ganador:

–Sí, ya saqué cuentas sobre la cantidad de dinero que necesitamos para viajar al sur, y puedo pagar, no te preocupes por el dinero, ¿te parece que nos vayamos mañana?

–¿¿¿¿¿¿¿¿¿¿¿Mañanaaaaa???????????

El camino se le ponía cuesta arriba, y sus amigos se burlaban de ella diciéndole:

–De esta no te salvas, amiga, mmmm, vacaciones en La Serena y en Viña del Mar, sirviéndose un exquisito pisco sour – un cóctel típico de la gastronomía chilena elaborado con pisco y limón – a la orilla del mar contemplando una puesta de sol o disfrutando de una cálida noche de verano… imposible, no hay calzón ni calzoncillo que aguante.

De ese tipo eran las bromas que le hacían, se burlaban de la pobre Esmeralda por ser tan ingenua, en tanto ella, a esas alturas de la visita de Terry, tenía el colon en las manos. Efectivamente, como se lo habían anunciado, la profecía empezaba a hacerse realidad y ella a resistir con todas sus fuerzas. En su primera escala en la bellísima ciudad de La Serena, bullente de colorido y atiborrada de turistas, con infinidad de bares y restaurantes en avenida del mar y el casino de Peñuelas, ambiente que se prestaba para disfrutar unas maravillosas vacaciones en pareja, él se las ingeniaba sin suerte hasta ese momento. Esmeralda, por su parte, se las ingeniaba para escabullirlo. Tras tres días en La Serena, continúan viaje a Santiago, Esmeralda con una sonrisa de ganadora estira el cuello y abriendo la puerta del auto le pregunta:

—¿Manejas tú o yo?

Él responde sereno:

—Como quieras.

—En ese caso maneja tú, quiero descansar y leer mis emails.

Feliz con la primera etapa superada, se sumerge en su teléfono contándole a sus amigas cómo iba el viaje, ellas se reían respondiéndole: no cantes victoria antes de tiempo. Al llegar a Santiago, tuvieron problema con las reservas, algo pasó con la tarjeta de crédito, había sido rechazada la transacción y el hotel no disponía de habitaciones. Se dieron a la tarea de buscar un nuevo hotel, encontrando uno que tenía una sola habitación, él sonriente y sacando provecho de la situación le dice a la persona que los atendía:

—Perfecto, tomo la habitación.

A lo que Esmeralda responde furiosa:

—No, no nos vamos a hospedar en una sola habitación, necesitamos dos.

—Pero ¿cómo, no son pareja?, si se ven tan lindos los dos.

Echando chispas y cansada de correr hoteles toma su bolso y sale furiosa de la recepción. Afortunadamente el hotel contiguo tenía habitaciones disponibles, aunque muchísimo más caras, $150.000 cada una, sí, denos dos, por favor, y mira a Terry haciendo señales de que pagara.

Esa noche fue agotadora, se encerró en su habitación a llorar de rabia, estaba cansada, ya no daba más, ni siquiera lo acompañó a cenar. Al cabo de dos días de visitar los lugares más turísticos de Santiago tomaron dirección al campo, a la casa de sus padres en Pichidegua, donde es recibido como un rey, todos estaban fascinados con él, los papás de Esmeralda se desvivían en atenciones, pasaba horas con su papá jugando dominó y bebiendo vino tinto y cerveza, tiempo que aprovechó ella para descansar y visitar a sus tías, primas y amistades del campo, no siempre lo invitaba a que la acompañara, para eso él estaba feliz con sus papás, poniéndose incluso celosa de lo bien que lo trataban y el tiempo que se daban para poderse comunicar, porque en el campo nadie sabía hablar inglés, y menos sus padres y hermanos.

De ahí se fueron a Viña del Mar, otra vez ella se siente ahogada y ya no quiere más de su presencia, llama a su amiga Irina y se reúnen en un bar ubicado al frente del hotel, con quien se desahoga contándole lo terrible que la estaba pasando, ella la compadecía y escuchaba con suma atención tratando de ayudarla, en eso Irina levanta la vista mirando fijamente al señor que se acercaba a su mesa, era Terry, quien saluda y pregunta a Esmeralda por qué lo dejó solo, por qué salió sin avisarle, a lo que ella responde:

—No te quise molestar, lo importante es que llegaste, qué quieres servirte.

—Una cerveza, por favor, Cristal —le encantó la cerveza Cristal.

En cuanto se paró para ir al baño, Irina se acerca a su amiga preguntando con tremenda curiosidad:

—Pero ¿qué no te gusta de él? Es estupendo, se ve súper tierno, respetuoso y se nota a leguas que está perdidamente enamorado de ti, no seas mala, dale una oportunidad.

—No, no quiero nada con ningún hombre, ni con él ni con nadie.

—Ah, y qué hay de Todd.

—Bueno, esa es otra cosa.

—Pero, amiga, míralo, es muy dulce, no dejes pasar la oportunidad, después te vas a arrepentir.

—Quédatelo, te lo regalo si lo encuentras tan interesante.

—No, no es para tanto, yo estoy sola y me encantaría volver a tener una pareja, pero he tenido tan mala suerte. Pero así es la vida, tu dándote de rogar y yo pidiendo limosna.

—Cállate y deja de hablar tonteras que ahí viene.

Su amiga Irina fue de gran ayuda, compañía y salvación, pasearon juntos, los llevó al Muelle Prat, al Paseo 21 de mayo, a Olmué, visitaron una infinidad de lugares turísticos, fueron unos días maravillosos con su amiga Irina, no con Terry, eso decía ella con tono triunfante y travieso.

De regreso a Copiapó, Terry tuvo la oportunidad de conocer a Apolo y a Renata, no a Victoria, que se niega rotundamente a compartir con él, diciéndole a su madre que no deseaba conocerle sus amantes, y que cuando fuera a visitar a Viccencito fuera sola, porque ella no lo dejaría entrar a su casa. Y así fue, cada vez que Esmeralda iba a visitar a su nieto, Terry la esperaba en el auto a dos cuadras de distancia. Durante los últimos días de Terry en Copiapó, Esmeralda había retomado su trabajo y estudios, él la acompañó a varias de sus charlas educativas y fue de gran ayuda y compañía, además de conocer el trabajo que ella desempeñaba. Otro evento importante que ocurría en Chile en esos días, era todo el movimiento relacionado con el accidente de la mina San José, hecho que ella le explicó con lujo de detalles al conocer la mina por dentro y la gran mayoría de los trabajadores atrapados a 700 metros de profundidad. Todos comentaban con gran pesar la noticia, rezando y rogando que los pudiesen rescatar a la brevedad sanos y salvos, y así fue, los 33 mineros salieron a la superficie de la mina rencontrándose con sus familias.

Su visita generó algunos hechos muy peculiares y anecdóticos, como, por ejemplo, su nombre: Terry, en Chile, es muy común que a los perritos se les llame Terry, siendo incómodo para Esmeralda, y peor aún fue el ir casa de una amiga y justo tocó la coincidencia de que su mascota se llamaba Terry, recuerda que estaban felices compartiendo en un asado, los invitaban todos los días a compartir otra y otra celebración del 18 con empanadas y abundantes y exquisitos asados, fue así que al estar en el patio acomodándose para sentarse a la mesa, Dany grita con malestar:

—Terry, sale, sale, Terry, tú no estás invitado al asado.

Terry miró a Esmeralda muy asustado y con cara desfigurada pregunta:

—¿Qué pasó? ¿Qué hice mal, por qué tu amiga está tan furiosa conmigo?

—*Sorry, sorry, sorry,* Terry! —exclama muy avergonzada Dany dirigiéndose a Terry y luego a Esmeralda, acotando:

—Esmi, Esmi, disculpa, ¿le puedes explicar a Terry que no le estaba gritando a él?, dile, por favor, que mi perro también se llama Terry.

No podían parar de reír tras explicar a Terry lo sucedido, y cada vez que aparecía el perrito lo llamaban muy despacito: pichicho, pichicho…

A propósito de perros, a Terry le llamó extremadamente la atención la cantidad de perros y más aún, el hecho de que estuviesen en las calles sin sus dueños, logró contar hasta diez perros en una cuadra, algo que para ella era insólito, lamentablemente al tratar de demostrarle lo contrario contó un promedio de ocho perros callejeros y en un par de ocasiones incluso más de doce, y no era que anduvieran detrás de una perra en leva.

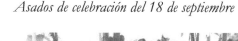

Asados de celebración del 18 de septiembre

En casa de sus amigos "Familia Sierra Flores"

Terry hace un cambio muy importante en su dieta alimenticia, antes de viajar a Chile, al ser advertido que en Chile se come mucha carne y para la celebración de fiestas patrias todas las familias hacen asados, anticuchos y empanadas, sería importante que se preparara para esa situación, pues era vegetariano: antes de viajar empieza a comer carne y así en Chile se incorpora sin mayores dificultades en las celebraciones.

En relación a dejarlo cansado jugando tenis, solo jugó en dos ocasiones, fue imposible agendar más partidos de tenis, todo el mundo andaba enfiestado, nadie quería saber nada de deportes ni hacer ejercicios hasta después del 18 de septiembre, sí, porque es tiempo de bajar de peso y ponerse en forma para preparase para un verano sin polera, sin embargo Terry se había ido de vacaciones al sur y a su regreso acompañó a Esmeralda a sus salidas a terreno, pasando los días volando y no habiendo tiempo para jugar tenis.

Otra situación tragicómica que pasó con Terry, fue que el día anterior a su regreso a Inglaterra, necesitaba comprar una máquina de afeitar y otras cosas en el supermercado, esa noche Esmeralda tenía clases en la universidad y estaba atrasada, por lo que lo dejó en el supermercado explicándole previamente cómo regresar a casa, las clases eran de siete a once de la noche, y ese día en cuanto terminó la clase se fue rápidamente a su casa sin compartir con sus compañeros, como acostumbraban a hacerlo e incluso ir por un par de copas a un bar. Grande fue la sorpresa al llegar a casa y encontrar a Terry afuera, empalado de frío, vistiendo una polera y pantalones cortos, preguntando con suma preocupación:

—¿Qué pasó, por qué estás afuera? ¿Por qué no entraste a la casa?

—Porque olvidaste darme las llaves.

Sus amigos varones seguían reclamando al verla y al saber que paseaba con el gringo por todas partes, y que lo había llevado incluso hasta Viña del Mar, la llamaban reprochándole:

—¿Cómo es posible, yo que soy tu amigo y ni siquiera te has dignado invitarme a servirme una taza de té a tu casa y tienes a ese desconocido durmiendo en tu casa?

—Sí, ya se va a ir, no te preocupes.

Efectivamente, Esmeralda era muy reservada respecto a las personas que invitaba a su casa, un par de amigas y eventualmente grupos más numerosos con motivo de alguna celebración especial, pero los únicos hombres que entraban a su casa eran los repartidores de gas licuado, agua y quienes iban a tomar la lectura del consumo del agua y la luz.

Esmeralda se comportó en forma muy fría con él, prácticamente durante las tres semanas que estuvo de visita y compartiendo con ella, incluso su despedida fue muy triste; esa mañana él se sorprendió a tal punto que sus lágrimas rodaban por sus mejillas al ver a Esmeralda que sale del dormitorio aún en pijama, siendo la hora de irse al aeropuerto, y la escucha decir:

—Terry, acaba de llegar el taxi, está afuera esperándote.

—¿No me vas a ir a dejar al aeropuerto?

—*Sorry,* tengo una reunión y no alcanzo a llegar a tiempo si voy a dejarte.

Se dan un gran abrazo y sin emitir una sola palabra se despiden, Terry se va y ella vuelve a la cama, dando un suspiro de gran alivio, pero al mismo tiempo la invade una gran tristeza, le había afectado verlo despedirse tan triste y llorando.

CAPÍTULO 5

Viaje a Londres en busca de una segunda oportunidad

Los años 2011 y 2012 pasaron volando para Esmeralda, las horas del día no le eran suficientes para lidiar y responder a sus estudios de magister y responsabilidades laborales, cada día le demandaban mayor tiempo y viajes, no solo de terreno a las faenas mineras en Atacama, sino también a las regiones de Coquimbo y La Serena, lo que implicaba desplazarse y hospedarse hasta por tres días fuera de su casa, realizando trabajo en terreno y en la ciudad promoviendo la línea química farmacéutica de su empresa. Lo entretenido de su trabajo es el dinamismo y los diferentes escenarios, áreas laborales y profesionales en que se desempeñaba, disfrutando del paisaje, los viajes, y como siempre, combinando el trabajo con el placer, frase muy típica de Esmeralda con la que se refiere a disfrutar su trabajo y aprovechar la oportunidad que los viajes le brindaban, para pasar a una a disfrutar de un rico plato de locos con salsa verde en la picada *La Ovallina,* –picadas son típicos restaurantes chilenos, ubicados en plena carretera, donde sirven abundantes porciones de comidas a precios muy económicos– como así mismo servirse un exquisito entrecot en el *Babaria* o un lenguado con alcaparras y salsa blanca en uno de los famosos restaurantes de avenida del mar de La Serena, o también darse una vueltecita por el casino de Peñuelas a servirse un delicioso whisky mientras prueba suerte con las máquinas tragamonedas. ¡Ah! Pero lo más extraordinario era cambiar la tenida de seguridad por su traje de baño y tirarse un piquero en Villa Alegre y en Bahía Inglesa. Visitar a su hija y regalonear con su nieto era lo que llenaba de amor su corazón y su alma.

Debido a su gran sensibilidad social y amor por el prójimo, se mantenía muy activa en su servicio de voluntariado en el Club de Leones Copiapó, y como bombera en el Cuerpo de Bomberos de Copiapó formaba parte de La Pompa Italia, una asociación de bomberos voluntarios fundada por la comunidad italiana. A propósito del rol de bombera, y como no todo es fácil en la vida, debió enfrentar un grave diagnóstico de salud: se encontraba haciendo guardia de honor junto al féretro de una compañera bombera, fallecida a raíz de un cáncer de útero que fue detectado tardíamente, cuando estaba en estado de metástasis; durante esas cuatro horas de guardia rezó mucho y también hizo una promesa a la joven difunta, que sensibilizaría a sus amigas para que se hicieran el test del Papanicolau y poder ser tratadas en forma oportuna en caso de ser positivas, empezando por ella misma. Se hizo el test y al cabo de un par de semanas, recordó que no había ido a retirar los resultados de su test. Estaba sola, andaba en tenida de minera, ese día había bajado temprano, y con mucha naturalidad abrió el sobre como si se tratara de una carta cualquiera. Grande fue la sorpresa al encontrarse con un diagnóstico positivo, noticia que la descolocó, y la imagen de su compañera dentro del féretro se le clavó en la mente sin poder sacársela de encima. Cruzó la calle y se sentó en un banco de la Plaza de Armas de Copiapó, y vuelve a leer y releer el certificado con los resultados del test: era un cáncer grado dos, tratable. Sin embargo, la palabra cáncer automática y erróneamente es asociada con la muerte, respiró profundo y llamó a su amiga matrona Jessica, quien le dio apoyo emocional y la tranquilizó diciéndole que era absolutamente tratable y que no hay nada de qué preocuparse, le sugirió visitar a un ginecólogo de confianza y de gran prestigio en Copiapó, para comprobar la veracidad del test e iniciar el tratamiento médico de inmediato.

Tras la visita al médico, que ofrece hacerle la cirugía y el tratamiento, ella lo piensa y toma la decisión de viajar a Santiago y tratarse en un centro oncológico. A pesar de su fortaleza y capacidad para dar la cara a situaciones de gran dificultad y dolor, se ve enfrentada a un cáncer absolutamente sola, Victoria está preocupada por terminar sus estudios universitarios y por la crianza de su hijo, en tanto Apolo y Renata estaban sumergidos en sus propios asuntos. Se hospedaba en casa de su queridísima tía Carmencita. De ella y sus primos recibió todo el cariño y el apoyo, y el día que debía internarse para la cirugía fue muy doloroso emocionalmente: debía llegar a las siete de la mañana, se va sola y al momento de hacer el ingreso le piden la firma de un acompañante a quien recurrir en caso de, ella responde con voz gutural:

—Soy yo misma —sin poder evitarlo las lágrimas empiezan a brotar y se sintió desvanecer, el profesional que la atendía le tomó la mano y le acercó una caja con pañuelos diciendo amablemente:

—Tranquila, quédese tranquilita, todo va a estar bien, acá los médicos son de excelencia y se recuperará muy pronto.

Lo que realmente le destrozaba el corazón era la falta de apoyo de sus seres queridos, ya tener cáncer era un tema secundario.

—Cuénteme, ¿hay alguna persona que quiere que llamemos?, nos puede dar algún número telefónico, es solo para tener en caso de, es necesario, son las normativas de la clínica.

—No, no tengo, soy solita, y mi madre a quien podría recurrir es viejita y no le quiero causar problemas, ella ya tiene bastante con los suyos.

—Piense en alguna amiga quizás.

Pensó en sus amigas matronas, Jessica y Cecilia, al final le da el nombre y el teléfono de un sacerdote, su guía espiritual.

Al despertar de la cirugía y encontrarse sola en una camilla rodeada de biombos color celeste que le parecían de papel, aún somnolienta por los efectos de la anestesia, rompió a llorar preguntándose por qué, por qué, por qué estaba sola, por qué sus hijos no estaban con ella, por qué la abandonaban en sus peores momentos. Era un cúmulo de sentimientos encontrados, porque por otra parte sentía que merecía aquel trato tan cruel e insensible de sus hijos por no haber sido capaz de sostener la familia, sintiéndose tremendamente culpable pensando en que no tenía nada que pedirles y más aun teniendo presente que según ellos, ella los había abandonado, no obstante fue su ex marido quien había manipulado los hechos a su favor, negándole la casa que le había solicitado para llevarse a sus tres hijos a vivir con ella, él prefirió arrendarla y evitar así que Esmeralda la reclamara y sabiendo que los niños no irían a vivir a la casa que ella acababa de comprar porque era muy pequeña, con solo dos dormitorios. Básicamente el rechazo se fundamentaba en su ubicación, en un barrio que no estaba a la altura y el nivel que acostumbraban al ser hijos de un gerente general de una gran empresa minera, todo eso le daba vueltas y retumbaba en su cabeza, era tanto dolor, amargura y sufrimiento que sentía que solo deseaba morir. En ese momento sintió una mano tierna que le seca las lágrimas y escuchó una suave voz:

—Esmeraldita, Esmeraldita, no llores, todo salió bien, ya conversé con los médicos, todo está bien, no hay de qué preocuparse.

Su prima Isabel era el ángel que llegaba a salvarla y hacerla reaccionar. Al día siguiente se sentía bastante más repuesta, alegrándose con la visita de su madre y su hermana mayor, además de tres de sus queridísimas amigas, entre ellas sus colegas y amigas de universidad Lissette y Anita la guerrillera –con mucho cariño, respeto y admiración le decía la guerrillera por su pasión y entrega en la lucha en favor de las causas sociales, siendo habitual verla encabezando movilizaciones sociales y paros de trabajadores de la salud, área laboral donde ella se desempeñaba–.

A su regreso a Copiapó continuaba sintiéndose frágil emocionalmente, falta de cariño, amor y protección. ¡Quién lo diría, siendo ella tan fuerte, audaz e independiente! Pero toda persona tiene su lado débil, su punto de flaqueza. Su nietecito Viccencito y la pronta llegada de su segundo nieto la alimentaban de amor y alegría, en tanto que ella y su vecina y amiga Lina se apoyaban mutuamente, cada noche se juntaban a conversar, jugar cartas y beber, hubo meses en que bebían mucho y también fumaba, mientras que su otra vecina Elsita, la cuidaba y regaloneaba. Dios la bendecía y protegía poniendo en su vida angelitos de la guarda, en su caso le envió un ejército de sus angelitos y repartidos por todas partes, donde quisiera que fuera. Uno de ellos era su vecina Elsita, siempre preocupada de su salud y bienestar, cuidándola como si fuera su hija, si hasta le regaba el antejardín, la regaloneaba con platos exquisitos de comida casera, como un buen plato de cazuela de osobuco, porotitos granados –un guiso chileno tradicional en el campo, preparado a base de porotos frescos, maíz y zapallo– y un pollito arvejado con puré. Cómo no recordar cuando pedía su auxilio en aquellos días y noches de crisis de pánico y ansiedad, en que se sentía enloquecer por la sensación de la falta de aire, ahogada y transpirada, Elsita se sentaba al lado de su cama y la tranquilizaba con su dulzura, oraciones y palabras de aliento, y no se iba hasta verla dormida.

Una mañana de domingo se encontraba arrodillada rezando e implorando a Dios por la cercanía y amor de sus hijos, sufría demasiado porque las relaciones con su hija Victoria se habían vuelto muy tensas, quien no le permitía ver a su nietecito, generándole un dolor desgarrador, en eso se le aparece en sus pensamientos la imagen dulce, tierna y amorosa de Terry. Aquella imagen invadió sus pensamientos día y noche, su presencia era cada vez más fuerte y no lograba descifrar qué era, habían dejado de comunicarse, hacía prácticamente dos años que no sabían nada el uno del otro. En medio de sus oraciones volvió a aparecérsele el rostro de Terry cada vez más tangible, reacciona preguntando a Dios:

—Diosito, siempre te he pedido que me regales de vuelta el amor de mis hijos y la compañía de tus angelitos, sin embargo, hoy veo que me envías a uno de tus angelitos que no estaba en mis planes, incluso lo rechacé, hasta fui cruel con él.

Sonriendo se persignó y empezó a respirar con nuevos bríos y a experimentar sentimientos de amor y felicidad. Cada vez que se acordaba de Terry, se preguntaba y se respondía a sí misma, como si estuviese conversando con Dios:

—Tú me lo enviaste, te lo agradezco y me empieza a ilusionar la idea.

Sus días comenzaron a florecer y va recordando cada situación vivida durante su visita a Chile, cuánto le habían dicho sus amistades que hacían bonita pareja, que por qué no lo intentaba, qué no le gustaba de él. Se dio cuenta que jamás se permitió ni un segundo para mirarlo como hombre, como potencial pareja, como su compañero de vida, solo se protegió creando una gran barrera insoslayable entre los dos, una pared invencible sin siquiera regalarle una sonrisa. Al recapitular, sonríe con picardía y coquetería, diciéndose:

—Mmmmm, en realidad está re' güeno el gringuito.

Y se dio a la tarea de escribirle un email, pero reacciona pensando que han pasado más de dos años, y qué habrá pasado con su vida, capaz que hasta se casó. Igual decidió escribirle, en forma breve y muy directa:

…"Querido Terry, espero estés muy bien, sé que ha pasado mucho tiempo desde la última vez que nos escribimos, me disculpo por no haber sido amable contigo cuando viniste a verme, lo siento, pero no estaba preparada para iniciar una relación de pareja, ahora sí lo estoy, así que, si quieres y estás solo, lo podemos intentar"…

Por respuesta recibió un email muy cariñoso y mejor de lo que se lo hubiese esperado, él seguía solo, estaba trabajando, disfrutando del rock y practicando tenis, sus dos hijos bien, y lo más importante, estaba sin pareja.

A partir de ese día los emails eran diarios y cada vez se tornaban más cariñosos, y así nació una genuina relación de amor, bueno, él estaba enamorado de Esmeralda, y ella por fin se regalaba la oportunidad de vivir el amor por segunda vez. Se trataban como pareja, comenzaron a extrañarse y planearon una segunda visita, que en esta oportunidad le tocó a Esmeralda viajar a su casa en Londres.

Eran personas adultas e independientes, organizaron el viaje y Esmeralda emprendió vuelo a Londres por tres semanas. Durante aquel tiempo compartieron y vivieron a plenitud, ambos absolutamente compenetrados, felices, disfrutando de su mutua compañía, unidos por el amor. Él hizo uso de dos semanas de vacaciones para compartir con Esmeralda, dedicándose por entero a regalonearla y llevarla a pasear, como él sabía de su gusto por el whisky y la música escocesa, la sorprendió con un viaje a Edimburgo. Ella proyectaba una gran felicidad y energía luminosa, disfrutaba de todo y en particular del amor y pasión por la música y el folclore escoceses, la atraía en forma irresistible la música de una gaita, cada vez que escuchaba una, por lejos que estuviese corría a ver y disfrutar del show. Recorriendo Edimburgo, escuchó a un gaitero, tomó la mano de Terry y se apresuró hasta donde estaba tocando el artista, embelesada se detuvo frente a él deleitándose con la mágica melodía de la gaita. Recordó una tradición que había leído y escuchado respecto a los escoceses, y en particular que hacían los gaiteros, y haciendo una de sus travesuras quiso salir de la duda, y le pregunta a Terry:

—¿Es verdad que los gaiteros no usaban calzoncillos? —poniendo cara de niña maldadosa y sonriendo en forma pícara.

—No sé, ¿por qué preguntas eso? —le respondió con cara de extrañeza.

—Es que he leído que no acostumbraban ponerse calzoncillos con ese tipo de faldas escocesas, kilts —con cara de súplica le pide—: ¡Por favor!, ¿le puedes preguntar si anda con calzoncillos o no?

Terry se sonrojó más de lo que estaba y le dijo en forma categórica:

—¡No! ¡Cómo se te ocurre, no puedo preguntarle eso!

—Ok, en ese caso le preguntaré yo.

Y se acercó al gaitero, quien había dejado de tocar para tomarse un descanso, le preguntó balanceando su cuerpo igual que una niña, de lado a lado y con las manos juntas:

—Disculpe, ¿le puedo hacer una pregunta?

—Sí, por supuesto, dígame.

El gaitero respondió con absoluta naturalidad y en forma muy amable, inocente absoluto de lo que Esmeralda le iba a preguntar. Ella se acercó más a él, le puso las manos en el oído y empinándose en la punta de sus pies para alcanzar su altura le pregunta:

—¿Andas con calzoncillos?

El hombre se alejó de ella muy sorprendido, y rojo como un tomate, le responde en forma titubeante:

—Disculpe, ¿qué me está preguntando?

—Quiero saber si es verdad que los gaiteros no usan calzoncillos.

—Sí, la tradición es no usar calzoncillos cuando vestimos una falda escocesa llamada kilt.

Bajó la voz y se agachó para estar la altura de Esmeralda agregando: —Pero, siendo bien honesto, me puse calzoncillos hoy, porque hace mucho frío.

Ella respondió en voz baja al igual que él:

—Ok, muchas gracias. Será nuestro gran secreto —dijo poniendo su dedo índice de la mano derecha en los labios haciendo el signo de silencio.

—Sí, nuestro gran secreto —hizo el mismo gesto y toma la gaita para seguir cantando, mientras Esmeralda se aleja casi arrastrada por Terry, quien moría de vergüenza más que el gaitero.

Una de sus travesuras, que pone en aprietos a Terry

Así de espontánea y traviesa era Esmeralda, se le ocurrían las cosas más inverosímiles, como acercarse a los guardias del palacio de Buckingham pidiendo que la escoltaran hasta las dependencias de la reina Isabel II porque estaba invitada a tomar el té con ella.

Los hijos de Terry, dos jóvenes de veintiuno y veintitrés años, la recibieron bien, aunque no compartieron mucho porque estaban acostumbrados a llegar de sus trabajos y encerrarse en sus habitaciones a jugar videojuegos, era su forma de ser, súper independientes, cada cual se preparaba su propia comida y subían con sus bandejas a sus habitaciones, solo un par de veces aceptaron unirse a cenar junto a su padre y Esmeralda. En tanto que todos los amigos de Terry la querían conocer, los invitaban a los bares a disfrutar de las bandas de rock y a gig. Se dice que las mujeres latinas son bien recibidas y queridas por los ingleses por su belleza, alegría, simpatía, largas cabelleras negras y por su forma de ser, lo que Esmeralda podría afirmar que efectivamente así es. Por otra parte, tanto el papá como el hermano de Terry también la recibieron muy bien, con ellos compartieron un *Sunday roast dinner,* el tipo de almuerzo inglés de los días domingos. Un evento muy especial fue la celebración de los cincuenta años de Esmeralda en el salón de eventos del club de tenis *Elm Park* del que Terry era miembro, le organizó una fiesta maravillosa, hasta con DJ y bar abierto, había muchísimos amigos de Terry, alrededor de cien personas, amigos del trabajo, del rock, y obviamente su familia y amigos con quienes jugaba tenis, además de un par de amigos de Esmeralda de su tiempo de estudiante de inglés.

Durante la estadía en casa de Terry, Esmeralda presentó dos crisis asmáticas, debiendo acudir al uso indiscriminado de los inhaladores e incluso tomar antibióticos, pensando que podría ser producto del frío invernal de Inglaterra y el viaje a Escocia. No, las crisis fueron debidas a la mascota de Terry, una hermosa minina que dormía en su cama, obviamente durante los días de su visita la gata fue puesta en otra habitación, lejos de ella, para evitar la reacción asmática, pero los pelos y ácaros estaban por todas partes y especialmente en la cama. Aquel fue un tema complejo de tratar.

Pasadas las dos semanas de vacaciones, él volvió a su trabajo, y Esmeralda quedó sola en casa, pero aprovechó el tiempo para visitar a algunas de sus amistades, sus amigos leones, Hepzibah y a una de sus profesoras favoritas, Miss Pamela, en su escuela de inglés, pasó a saludar a sus otros profesores y al personal administrativo. Se encontró con Terry en el centro de Londres, y disfrutaron de un par de Scottish whisky en un bar, que tenía que ser diferente al de la vez anterior; es que ella le pedía que cada vez que salieran fueran a un bar distinto, lo que era muy fácil de hacer, porque en Inglaterra hay infinidad de bares, tabernas y pubs, uno en cada esquina, y en Londres hay cientos, uno al lado del otro.

Cuando Terry se iba a trabajar y se quedaba sola, se imaginaba cómo sería su vida viviendo con él, en su casa, y empezó a jugar al papel de dueña de casa sin decirle nada a él, se levantaba, hacía aseo, ordenaba, cambiaba la posición de los muebles y colocaba flores frescas sobre la mesa del comedor y desodorante ambiental, dejaba todo impecable y se iba a turistear, y cuando se quedaba en casa, cocinaba y lo esperaba con una exquisita cena. Él se veía muy feliz con la presencia de Esmeralda en su casa.

Faltando dos días para regresar a Chile, siente que lo va a extrañar muchísimo, lo ha pasado tan bien, se sintió tan a gusto con él, que no quiere irse y que todo se acabe o que su relación se transforme en una relación a distancia sustentada sobre emails y video llamadas. Por otra parte, se sentía una pecadora, sentía que no era correcto haber compartido tres semanas con él como pareja y después irse como si nada, no, eso no podía ser, eso no iba con ella, jamás lo haría, no era de esas personas de un *"touch and go"*, no era para relaciones pasajeras, además que le había costado tanto aceptarlo. El día anterior a su viaje le pide que la lleve al palacio de Kensington, es cierto que lo había visitado en innumerables ocasiones, pero deseaba ir otra vez, lo sentía muy especial porque en ese palacio había vivido lady Diana, se sentía aún su presencia y energía en muebles, paredes, cortinajes, y particularmente en las exposiciones de sus vestidos y en los jardines del palacio, que eran maravillosos. Al llegar al parque y antes de ingresar al palacio, Esmeralda jugando le dice a Terry:

—El que vea la primera ardilla, puede pedir el deseo que quiera, y el que pierda, se lo tiene que cumplir.

Aceptado el reto, ambos se dan a una búsqueda frenética para ver la primera ardilla, fue muy difícil ver una, probablemente por ser un lugar frecuentado por cientos de turistas y por la época del año, pleno invierno inglés. Terry fue el afortunado en ver una ardilla primero, pero le dijo que después le daría a conocer su deseo. Tras visitar el palacio y recorrer el parque, se van a almorzar a un pub inglés ubicado al frente de uno de los ingresos principales del parque, llamado *Goat Tavern*. Cuando terminaron de almorzar veían las monedas del vuelto, y comentaban sobre los diferentes tipos de monedas, haciendo la homologación entre el valor que tendrían los *pounds* en Chile y los pesos en Inglaterra, ella se levantó de la mesa excusándose porque debía ir al baño, y al regreso Terry, muy sonriente y nervioso, la toma de las manos y mirándola a los ojos le pregunta:

—*Do you want to marry me?*

—*¡¡¡YES!!!* —respondió en forma instantánea, con gran alegría y casi gritando de la emoción, era justamente lo que quería escuchar e incluso, si no lo hacía él, ella había estado dispuesta a pedirle matrimonio. Ese había sido su objetivo con la apuesta de quién veía la primera ardilla.

Se besaron y abrazaron con mucha pasión, alegría y euforia, ambos lo deseaban, ambos estaban listos para casarse, él le confesó que esa semana que estuvo trabajando, se imaginó cada día cómo sería la vida con ella si estuviesen casados, le encantaba que ella lo recibiera tan contenta al regreso de su trabajo, con una gran sonrisa, un beso y abrazo, diciéndole:

—Qué bueno que llegaste, te eché tanto de menos.

Le encantaba que la casa oliera a hogar, con su presencia era distinta, todo se iluminaba y era alegría. Ella le comentó que había hecho el mismo ejercicio de imaginarse viviendo juntos y que le había encantado la experiencia, aunque solo le agregaría tener un buen trabajo, pues no le gustaría estar todo el día en la casa.

Antes de retirarse del bar ya habían planeado casarse lo antes posible, en tres meses, primero en Chile y luego en Inglaterra, y acordaron que ella debía preparar y organizar la boda en Chile y él en Inglaterra.

El príncipe del siglo XXI

CAPÍTULO 6

Preparativos para el matrimonio y noche de bodas y la insólita deportación desde el aeropuerto de Heathrow

A su regreso a Santiago de Chile, en cuanto arriba al aeropuerto Arturo Merino Benítez, tiene acceso a internet y de inmediato llama a su amiga Verónica, tras saludarla le solicita reservar el salón de eventos de su empresa para la celebración de su matrimonio, quien le responde incrédula y en estado de shock:

—¿Me estás bromeando?

—No, no, de ninguna manera, tú sabes que fui a Londres a conocer la familia de Terry, el inglés que vino a visitarme para el 18 de septiembre, ¿te acuerdas que lo invité a ver el desierto florido?

—Sí, me acuerdo muy bien que tú no querías nada con él, o ¿cambiaste de opinión?

—No precisamente, no se trata de un cambio de opinión, lo que pasa es que estaba a la defensiva y no quería nada con ningún hombre, bueno, y al final me di cuenta que sí podría ser, me encanta, lo amo y nos vamos a casar.

—¿Estás loca? ¿Cómo se te ocurre que va a venir un inglés desde Inglaterra a Chile a casarse contigo? No, po' amiga, por favor, reaccione, abra sus ojitos, si usted ya no es una cabra chica para que crea todo lo que le dicen.

—Verito, me voy a casar, lo creas o no.

—Amiga, yo solo te estoy aconsejando, no quiero verte llorar y menos aún verte sufrir.

—Gracias, amiga, sé que me quieres y quieres lo mejor para mí, y te lo agradezco de todo corazón, por eso ayúdame a organizar mi matrimonio.

—Amiga, cuando llegue a Copiapó, véngase pa' mi casa pa' que conversemos.

—Por favor, Verito, entonces si no me crees y no quieres hacerme la reserva en tu empresa, tendré que elegir otro lugar donde celebrar mi matrimonio.

—No se trata de eso, Esmeralda, yo te puedo hacer la reserva, pero insisto, tenemos que conversar primero.

—¿Conversar de qué? No hay nada de qué conversar, ya dime qué fechas disponibles tienes en mayo.

—Mmmm, déjame ver mi agenda… ¿qué te parece la primera semana de mayo?

—No, es muy temprano, ¿qué tal el último sábado de mayo?

—En ese caso tendría que ser la primera semana de junio.

—Ok, perfecto, gracias, amiga, en cuanto llegue a Copiapó después de ir a ver a mi hija Victoria y a dejarle los regalos a mi nietecito Viccenzo, paso por tu casa. ¡Yaaa, chaooo, chaoooo! ¡Me tengo que bajar del avión!

Esmeralda se reía sola, era tanta la felicidad que sentía que quería compartir con todo el mundo, contarles a sus amigos, compañeros de trabajo, a la vecina Elsita y a su amiga Lina porque sabía que ellas se alegrarían muchísimo con su noticia; le preocupaba la reacción de sus hijos, se preguntaba cómo irían a recibir la noticia de su matrimonio y el hecho de irse a vivir a Londres, era un tema tan complejo que debía buscar el momento más oportuno, pero al tomarse un tiempo corría el riesgo de que lo supieran por terceros, aunque lo veía muy difícil y casi imposible al moverse en círculos diferentes.

Ese fin de semana se fue a la playa a pasear con un par de amigas, aprovechando la oportunidad para hacer la reserva de la noche de bodas en el Hotel Rocas de Bahía, siendo el lugar perfecto para pasar la noche de bodas y disfrutar su último fin de semana junto al mar, antes de emprender viaje a Inglaterra para iniciar su nueva vida de mujer casada en segundas nupcias, con la certeza de que un segundo matrimonio es mejor que el primero. La recepcionista del hotel la llevó a conocer la Suite Premier, y quedó alucinada con la vista espectacular que tenía hacia la playa, se podía ver incluso recostada en la cama, la vista desde la terraza era de ensueño, permitiendo ver y disfrutar tanto de una puesta de sol como de un amanecer. La habitación era amplia, muy cómoda, decorada con exquisita finura y delicadeza, ideal para una noche de bodas, incluso tenía jacuzzi, presentando un pequeño desperfecto que sería reparado.

Esmeralda era muy detallista y de gustos exquisitos, se preocupó de incluir en la reserva de la habitación todo lo necesario con el fin de asegurar una noche de bodas de ensueño, ordenó decorarla con rosas blancas y rojas, disponer de chocolates, champaña y uvas, además de que la habitación estuviese temperada a la hora de su llegada –que, calculaba, sería entre las tres y cuatro de la mañana–. Terminó la visita al hotel con el pago anticipado de la reserva a pesar de que no era necesario, pero ella quiso dejar todo pagado para sentirse libre, sin ninguna preocupación y dedicarse de lleno y en forma exclusiva a disfrutar del amor de su esposo. Esa tarde, mientras caminaba por la orilla de la playa, descalza, y disfrutaba del suave golpeteo de las olas en sus diminutos pies, reía y alucinaba contándole a sus amigos lo maravilloso que había sido su viaje a Londres y lo bien que lo había pasado, se reían mucho y se burlaban de lo estúpida que había sido al rechazar a Terry cuando vino a visitarla, compadeciéndose de él.

En eso le saludan muy contentos sus amigos de un canal de TV, Benjamín se destacaba por la gran calidad de su trabajo fotográfico y Francisco Droguet era brillante como camarógrafo, él trabajaba para el gobierno local, además de prestar servicios profesionales a TVN y para su propio canal. Cuando los vio, los saludó muy contenta y les contó que se va a casar y que le encantaría contratar sus servicios para que cubrieran su boda. Ellos la felicitaron y aceptan encantados asumir el desafío.

Por motivo de trabajo viajó a Santiago, y aquella fue la ocasión y oportunidad perfecta para dar la noticia de su matrimonio a su hijo Apolo y a Renata. Los invitó a cenar y estando en un ambiente ya más de confianza y distendido, les comentó con mucha alegría que tiene una gran noticia que contarles. Sin preámbulos les lanza la noticia de un solo sopetón:

—Me voy a casar y me voy a vivir a Inglaterra.

Ante la noticia, Renata reaccionó súper bien y se puso muy contenta:

—¿En serio, mamá? ¿Te vas a casar con el inglés que vino a verte pal' 18?

—Sí, me voy a casar con Terry —Esmeralda respondió con euforia.

—¡Ah! ¡Qué bueno! Me cayó súper bien, se ve tranquilo y buena onda —y agregó mientras reía—, y le gusta el rock igual que a mí.

En cambio, Apolo reaccionó muy enojado:

—¡No, mamá, tú no te podi' casar, mamá, no te podi' casar otra vez…! –lo interrumpen con cara de interrogante curiosidad, Renata y su madre, hablando al unísono y alzando la voz:

—¿Y por qué no?

—No, po´ no te podí' casar, si estás casada, ya te casaste una vez con el papá.

—Pero, hijo, nosotros con tu papá estamos separados hace cuántos años, y además nos divorciamos.

—Ah, no sé yo, pero no te podi' casar, ya te dije.

Con la oposición de Apolo al matrimonio de su madre, la conversación se torna muy tensa, a pesar de que ella y Renata trataban de mejorar el ambiente, sin lograrlo.

En tanto que Victoria tomó la noticia con absoluta indiferencia, como si no fuera tema de su incumbencia. En un principio se negó a asistir a su matrimonio, preocupada por la reacción de su padre, quien de seguro se enojaría con ella al ser partícipe del evento de su madre; cerca de la fecha de boda accede poniendo como condición que le debía comprar un vestido y vestir de paje a los niños, a lo que Esmeralda accedió. Por otra parte, las amistades de Esmeralda estaban extremadamente felices, ellos soñaban con la felicidad de su amiga, conocedores de su pasado y desafortunado matrimonio, se merecía ser feliz y qué mejor que con Terry, además todos habían tratado de unirlos como pareja sin lograrlo, hasta que ella decidió darse una segunda oportunidad en busca de la felicidad.

Fueron tres meses muy intensos para Esmeralda, había muchísimas cosas que preparar y hacer y tomar grandes decisiones, no solo respecto a la organización de su matrimonio, que ya era bastante, sino todo lo relacionado con irse a vivir al extranjero, qué haría con su casa, con sus muebles, su auto, renunciar al trabajo, aunque ya tenía la experiencia con su primer viaje de estudios a Londres, pero ahora era totalmente diferente, se iba a radicar en otro país, en otro continente, con una cultura absolutamente diferente y muy lejos de todos sus afectos; su mayor dolor era dejar de ver a sus nietecitos, ya no era solo su adorable Viccencito, había crecido la familia, su nieto tenía una hermanita, la dulce y hermosa princesita Doménica.

Su dulce y hermosa princesita Doménica

Otra gran preocupación era dejar a sus padres e hijos, se preguntaba que, si le sucedía algo grave, como una enfermedad o accidente, no alcanzaría a llegar a tiempo, el viaje le tomaría como mínimo un día.

Se sentía presa de un bumerán de interrogantes que daban vueltas y vueltas en su cabeza, invadiendo sus pensamientos sin dejarla descansar. Por otra parte, debía finalizar sus estudios universitarios. Se concentró en ellos junto a su compañero de tesis, Jaime Cornide, trabajaron fines de semana enteros, día y noche, hasta terminar su proyecto de titulación y dar el examen de grado, lograron alcanzar el postgrado académico de Máster en Administración de Negocios, MBA, al mismo tiempo que continuaba trabajando intensamente y deshaciéndose del mobiliario de su casa y cosas personales. Tenía que dejar todo, no podía llevar más de dos maletas, además de las dos de Terry, le causaba ansiedad el desprenderse de algunos regalos y artículos personales, como libros y adornos, bienes que tenían un gran valor sentimental para ella, otros un simbolismo, historia y sentimiento que la unía con su procedencia y especialmente con la persona que se los había regalado. Con su capacidad de resiliencia concluye: lo material es material, lo más hermoso e importante son los recuerdos que atesoro en mi corazón.

Los preparativos del matrimonio los hizo prácticamente sola, desde pedir hora en el registro civil para contraer matrimonio, buscar los testigos, hacer la lista de invitados, hasta comprar su vestido de novia. Y a propósito de su vestido de novia, aprovechando otro viaje a

Santiago por motivos laborales, una de sus primas la acompañó a la Casa de la Novia a elegir y comprar su vestido, después de revisar varios catálogos y revistas, elije dos modelos maravillosos, debiendo volver al día siguiente a probárselos, la vendedora que las atiende era muy amable, y le comenta en tono de pregunta:

—En base a los rasgos de su carita y a su cuerpo, me permitiré elegir y tener para que se pruebe otros vestidos además de los dos modelos que eligió. ¿Le parece, está de acuerdo?

—Sí, por supuesto, muchas gracias, usted es muy gentil.

Al regresar al día siguiente con su prima, se prueba el primer vestido que ella había elegido, le sienta muy bien, el segundo vestido le encantó, pero la señorita que la atendía le llevó cinco vestidos más para que se los probara. Eran realmente extraordinarios, le parecían vestidos de princesa, como sacados de cuentos de hadas. Esmeralda se sentía feliz y disfrutaba probándose los vestidos y contando con la gran ayuda da la vendedora, que le acomodaba los vestidos e incluso el cabello para que luciera aún más bella. En eso se le ocurre que sería buena idea tomarse una foto para tener una visión más objetiva, y llamó a su prima, que estaba a unos pasos sentada revisando su teléfono móvil:

—Prima, por favor, ¿me puedes tomar una fotografía, para ver cómo me queda este vestido que me encanta?

—Ah, ya, espera un poquito.

Sin mayor entusiasmo le toma dos fotografías comunes y corrientes, sin ningún ángulo especial, incluso hasta salía le vendedora en ambas fotografías.

—Ah, sí se ve bien. ¿Podrías tomarme otra más de cerca y también con el otro vestido, por favor?

—Pero, ¿pa' qué tanto?

—Pero si me voy a casar, y quiero comprar el más lindo, el que me quede mejor.

—Sí, pero no es pa' que le pongai' tanto.

Esmeralda se da cuenta que algo extraño pasaba; trató de evitar entristecerse y siguió probándose los otros vestidos, mientras su prima seguía sentada con la cabeza gacha, desganada y mirando su teléfono celular, ofreciéndose la vendedora a tomarle fotografías, las que estaban de lujo como si hubiesen sido tomadas por un fotógrafo profesional. En eso, la prima se levanta diciendo que se sentía mal y le pregunta a la vendedora:

—Por casualidad ¿tiene una aspirina?, es que tengo jaqueca.

—No, lo siento, pero en la esquina hay una farmacia.

Al quedar solas, la vendedora de inmediato se acerca a Esmeralda comentando con asombro y preocupación:

—Qué terrible lo envidiosa que es su prima.

—¿Qué? ¿Por qué dice eso?

—Pero si llega hasta vomitar de la envidia que le tiene, se le nota demasiado, en su cara, en la forma despectiva de mirarla a usted, si hasta para tomarle las fotos lo hizo de mala gana, por eso preferí tomárselas yo.

—No, no lo creo, si mi prima hasta me trajo en su auto.

—Fíjese bien, mire a esa otra novia, mire cómo su mamá y las amigas la ayudan con los vestidos, están felices, irradian alegría, se ven muy contentas, la están gozando, y su prima ahí, echada en el sillón, tenga cuidado con ella, recuerde que la envida es uno de los siete pecados capitales, le puede hacer mucho daño.

Esmeralda le agradeció el comentario y advertencia, pero no lo podía creer, aunque le generó un cierto grado de preocupación.

Entre los preparativos de la boda y las exigencias de la ley de matrimonio civil chilena, se contempla contar con dos testigos de la novia y del novio también, por lo que Terry viaja acompañado de dos de sus más cercanos amigos, Andrew y David, quienes dan fe de que es divorciado y que no tiene impedimento alguno para contraer matrimonio.

Esmeralda volvió a pasar en dos oportunidades por el Hotel Rocas de Bahía Inglesa, a cerciorarse de que todo estuviese bien con la reserva para su noche de bodas y el jacuzzi en funcionamiento. Incluso el día que llegó Terry a Chile, tres días antes de la boda, aprovechando que van a almorzar al restaurante del hotel, juntos vuelven a confirmar la reserva. Esmeralda quería asegurarse de que todo estuviese impecable, sobre todo que al llegar al hotel, la habitación estuviese temperada, pues como era periodo de invierno hacía demasiado frío y más todavía teniendo presente que en las noches, en el desierto, las temperaturas suelen bajar a grados menos cero. Una vez más le confirmaron que todo estaba bien, que no había nada de qué preocuparse.

Faltaban solo tres semanas para la celebración de su matrimonio, Esmeralda continuaba trabajando intensamente, tratando de hacer la mayor cantidad de servicios de post venta y adelantando trabajo, con el objeto de facilitar el proceso de inducción de su relevo, siendo ese día, un día muy peculiar, y con su agenda repleta de actividades en terreno, se levanta más temprano de lo habitual para llegar al campamento minero a realizar la charla de inducción a los trabajadores, antes de que iniciaran la jornada laboral, empresa distante a más de doscientos kilómetros de su casa.

Finalizaba un día muy intenso, estaba agotada y deseosa de llegar a su casa lo antes posible para descansar. De regreso a Copiapó, manejaba muy atenta y sosteniendo fuertemente el volante de su vehículo, enfrentándose a las irregularidades de los caminos mineros, era muy peligroso conducir, además por lo curvos que solían ser, dificultando la visibilidad. Se requería de gran habilidad para conducir, que ella tenía gracias a la experiencia y destrezas adquiridas durante sus años de raidista siendo miembro del *Club de Raidismo de Copiapó 4 x 4,* donde fue bautizada y se dio a conocer como "La Musa del desierto de Atacama", años de práctica del deporte aventura en que vivió la adrenalina a mil por hora, maniobrando e ingeniándoselas en su moto y en su jeep para subir y bajar por el Mar de Dunas y Duna Madre, siendo su fascinación bajar al Embudo Chico, al igual que disfrutaba con admiración viendo a sus compañeros más osados y con máquinas más poderosas, como Patricio Ríos, el Regalón, Magila, Pipo Zaro, Ivo Danianich, entre tantos otros, que se lucían haciendo destrezas en el Embudo Grande; además a Esmeralda, con su alma de niña traviesa y juguetona, le encantaba recorrer de pared a pared lo más veloz que podía en su moto, el Tobogán, que tenía una longitud de más de trescientos metros en forma de verdadera serpentina; cerca de alcanzar el camino principal y conduciendo en esas condiciones adversas, con la adrenalina y estrés a full, le preocupaba que su teléfono no dejaba de sonar. Al llegar a una planicie, se detuvo y vio tres llamadas perdidas de Renata, de inmediato le regresa la llamada y su hija le responde muy agitada y con voz de preocupación:

—Mamá, mamá, Apolo está enfermo, está hospitalizado desde ayer porque tuvo una recaída, tiene problemas en su estómago, y al parecer lo van a operar, no sabemos todavía, lo tienen en observación, todo depende de cómo pase la noche y amanezca mañana.

Renata hablaba muy rápido, siempre se había caracterizado por hablar en forma acelerada, pero con los nervios lo hacía más rápido aún, mientras su madre escucha tratando de asimilar tan grave noticia que le daba a conocer.

—¡Oh, noo, noo! No puede ser, Dios quiera que solo sea un simple dolor de estómago, algo que le cayó mal. ¿Qué comió? ¡Cuéntame!

—El sábado fuimos a comer comida china, a la pica' de la esquina, y como los platos eran muy grandes, nos trajimos para la casa lo que no nos pudimos comer, era carne mongoliana con arroz chau fan, estaba muy rica y ayer domingo Apolo se la comió toda y sin calentar.

—¡Ah, te das cuenta! Eso tiene que haber sido, ya se le pasará —comenta Esmeralda con tono de alivio.

—Ojalá que eso sea, y nada grave, mamá.

—¿Lo tienen con suero, cierto?

—Sí, le están poniendo suero, pero se queja de que tiene mucho dolor, hinchazón, retorcijones de guata y no puede ir al baño.

—Pobrecito, mi niño lindo. Por favor, avísame de cualquiera cosa, si pasa algo, yo voy bajando, en cuanto llegue a la casa te vuelvo a llamar, estaré muy atenta al teléfono.

Al regresar a casa, Renata le cuenta que Apolo sigue igual, que mañana se decidirá todo. Esmeralda avisa a su jefatura que su hijo se encuentra delicado de salud y que probablemente tendrá que viajar a Santiago.

Y así fue. Al día siguiente, Renata la llama a media mañana, confirmando que sí, que efectivamente lo van a intervenir quirúrgicamente, que ya se lo habían llevado a pabellón. Esmeralda, que iba subiendo a una faena minera, le pide a su colega de trabajo, su amiga Marsella, que por favor dé la vuelta para regresar a Copiapó, porque tiene que viajar urgente a Santiago, van a operar a su hijo, que todo se suspende, que por favor la lleve hasta el aeropuerto. Al llegar, se acerca corriendo al caunter solicitando la compra de un pasaje de emergencia a Santiago en el próximo vuelo, le responden que no hay ningún pasaje disponible en el vuelo siguiente, pero que en el de la noche sí, insiste incansablemente para que, por favor, hagan una excepción y la dejen subir en el próximo vuelo, explicando que necesitaba viajar en forma urgente, que la vida de su hijo estaba en peligro de muerte, a lo que le respondieron:

—Lo lamento, señora, el vuelo está lleno, no hay ningún pasaje disponible, pero si algún pasajero suspende su viaje o no llega a la hora correspondiente, podría cederlo a usted, aunque hay otros pasajeros que también están esperando para viajar y tienen la prioridad antes que usted.

La espera se hacía interminable, estresante y agotadora, al mismo tiempo debía hacer grandes esfuerzos para mantener la entereza y la calma, para comunicarse con su jefatura y sus clientes, para informarles que no podría cumplir con los compromisos acordados para ese día y los días siguientes, debido al grave estado de salud de su hijo. En ese momento se le acercó un señor, quien muy amable le ofreció cederle su pasaje para el siguiente vuelo a Santiago, comentándole que él podía tomar el vuelo de la noche porque no tenía ningún apuro por llegar temprano a la capital. Esmeralda se lo agradece de todo corazón y juntos se acercan al caunter a informar a la funcionaria de la línea aérea sobre el acuerdo que habían tomado. Para asombro e irritación de ambos, reciben una inesperada y ruda respuesta:

—Lo siento, ustedes no pueden hacer el cambio de pasajes, y usted, señora, déjese de hacer escándalo y de molestar a nuestros pasajeros.

El señor con alma de samaritano replicó en tono firme y manteniendo la calma:

—Por favor, señorita, dele mi asiento a la señora, yo viajaré en el vuelo de la noche —e insiste elevando el tono de voz y mirándola fijamente a la cara—: Dele mi asiento a la señora, yo no tengo ningún apuro en viajar, me pongo en su lugar con un hijo grave y encantado le cedo mi pasaje.

A esas alturas ya no la llamaban "señorita", se referían a ella como la tipa pesada e inconsciente. En eso hacen el llamado de embarque y nuevamente Esmeralda, dejando su orgullo y vergüenza de lado, se vuelve a acercar suplicando le permita hacer uso del pasaje del otro señor, la empleada le responde de mala forma, aunque dándole una muy buena noticia:

—Pueden subir los dos, porque se nos liberaron algunos pasajes.

—¡Gracias a Dios! —exclama mientras su nuevo angelito la mira sonriente dando un profundo suspiro de alivio, le volvió el alma al cuerpo, y ambos embarcaron muy contentos, aunque obviamente ella iba destrozada y extremadamente preocupada por su hijo Apolo. Subió al avión no sin antes agradecer infinitamente el gesto de gran generosidad a su nuevo amigo samaritano. El señor apuntó que no tenía nada que agradecer, y le ofreció, al llegar a Santiago, llevarla en su vehículo personal hasta la clínica donde estaba su hijo, pues a él lo van a recoger al aeropuerto. Al llegar a la clínica se bajó corriendo encontrándose en la sala de espera con Renata y su ex marido, acompañado de algunos familiares de él, las ex cuñadas y sobrinas de Esmeralda, y también la nueva pareja de Mario, con la suerte de que en ese preciso momento se acercaba el médico tratante a informar sobre la cirugía de Apolo, dirigiéndose a Mario y a las hermanas de él. Esmeralda, sacando fuerzas de flaqueza, interrumpió al médico:

—Disculpe, doctor, yo soy la madre de Apolo, acabo de llegar de Copiapó, estaba trabajando, por favor, cuénteme cómo está mi hijo.

El cirujano la saluda y continuó dando el reporte de cómo era el estado de salud de Apolo y lo complicada que había sido la cirugía, dirigiendo ahora la mirada a ella:

–Fue una intervención quirúrgica muy compleja, extendiéndose por más de seis horas debido a que el equipo médico nos encontramos con una infinidad de adherencias, dificultándose el acceder a revisar el intestino en toda su extensión, en búsqueda de alguna posible obstrucción y torcedura. Afortunadamente, no encontramos nada –agregando–, sin embargo, era absolutamente necesaria la intervención, para chequear y descartar alguna posible obstrucción, porque de lo contrario, de existir una obstrucción, podría haber generado una septicemia.

–Doctor, pero ¿cómo está mi hijo?

–Estable, está en la sala de recuperación, despertando de la anestesia.

–Doctor, por favor, ¿lo puedo ver?

–Sí, pero solo unos minutos, usted y el papá, ninguna otra persona, lo siento.

Era otro evento muy complejo en la vida de Esmeralda, pues la vida de sus hijos era sagrada para ella, se ausentó por dos semanas de su trabajo, dedicándose en forma exclusiva al cuidado de Apolo, estuvo atenta a cualquier imprevisto, conversaba a diario con el equipo médico especialista que lo atendía; su recuperación era muy lenta, pero iba evolucionando bien. Al cabo de varios días de estar hospitalizado y en observación, presentó las primeras señales de que su intestino estaba volviendo a la normalidad: los primeros pedos que tuvo fueron los pedos más esperados y aplaudidos por el personal médico, Apolo y toda su familia, Esmeralda lloraba de emoción dando gracias a Dios. Atrás quedaba el gran susto que los había hecho pasar. Descartada por completo, vía elaborados y rigurosos exámenes, scanner y resonancias magnéticas, alguna otra complicación en el sistema digestivo de Apolo, Esmeralda se preparó para regresar a Copiapó despidiéndose de Apolo con profundo dolor, lamentando a fuego el no poder acompañarlo hasta el día de su alta. La invadían profundos remordimientos de conciencia y culpa de saber que se iba a casar estando su hijo hospitalizado, no se lo perdonaba a sí misma, sabía que una vez que llegara a Copiapó, retomaría inevitablemente los planes de la celebración de su matrimonio, planes que se mantenían inalterables, se llevarían a cabo tal cual como estaban organizados, pues habiendo infinidad de circunstancias, era casi imposible posponer la fecha de la boda, especialmente teniendo en consideración a los ciento cincuenta invitados, quienes con gran anticipación habían comprado sus pasajes y se habían organizado para acompañarla en su trascendental evento. Y sin considerar los cuantiosos gastos que había realizado e infinidad de compromisos asumidos, no pudiendo echar pie atrás.

Sus amigas le habían preparado una entretenida despedida de soltera en casa de Marinela, quien fue la anfitriona junto a su hija Carlita, además y generosamente, hospedaron en su hogar a los amigos de Terry, que viajaron expresamente desde Londres a ser parte de la gran alegría de su amigo, siendo los testigos de la boda y aprovechando la oportunidad para conocer gran parte de Chile por lo que extendieron su viaje por tres semanas; quedaron alucinados con las bellezas turísticas naturales, el clima, la gastronomía y su gente.

En los entretelones de los preparativos de la despedida de soltera, hubo una anécdota muy chistosa: resulta que Marinela escribe al representante de las Tunas de la UDA (Universidad de Atacama), para contratarlos y animar la fiesta, quien le responde que lo sentía, que no disponían de tiempo porque los jóvenes músicos estaban en pleno periodo de exámenes. Al día siguiente se encontró por casualidad con uno de los jóvenes tunos, (grupo de jóvenes universitarios que realizan animados shows y conciertos musicales) se saludan y ella le comenta qué pena que no los pudieron contratar, y él responde con voz de pesar:

—Lo siento, es que estamos súper ocupados estudiando, porque es periodo de exámenes.

—Sí, lo sé, qué pena, eso mismo me dijo tu director, y lo más triste es que la novia estaba tan contenta con la presencia de los tunos en su fiesta de despedida de soltera y encima, como se va a vivir a Londres, hubiese sido muy lindo que se llevara ese recuerdo de Las Tunas o de la música del grupo "Los del Chañar".

—¡¡¡Aaaahhh!!! ¿Quéééé? ¿Es una despedida de soltera? ¡Guuaaoouuu! ¿Por qué no me lo dijo antes? ¡Por supuesto que podemos ir a tocar!

—Pero, ¿cómo? ¿Y qué pasa con los estudios y los exámenes?

—¡Aaaahhh! ¡No se preocupe por eso!, nosotros nos las arreglamos, dígame… dígame… dígame… cuándo, dónde y a qué hora, ahí estaremos, sin falta se lo prometo, palabra de tuno.

Así fue, llegaron a la fiesta los tunos y en masa, eran más los tunos que las invitadas a la fiesta. Lo pasaron muy bien, se divirtieron muchísimo cantando y bailando, haciendo bromas, y la competencia de hacer un vestido de la novia fue una idea genial de la Carlita, que facilitó solo papel higiénico y de mantequilla, además de tijeras y alfileres, resultando dos vestidos maravillosos, como diseñados y confeccionados por el gran Versace.

Terry, por su parte, fue despedido por sus amigos en Londres, que lo invitaron a un concierto de rock de una de sus bandas favoritas y luego pasaron por unos cuantos bares perdiendo la cuenta de lo que habían bebido y sin saber cómo llegaron a casa, solo recordaban nítidamente lo que había espantado la borrachera: fue encontrarse con la ex mujer de Terry en el mismo vagón del tren de regreso a casa, sin poder interpretar si había sido algún presagio, pasando a ser un hecho casi insólito y muy misterioso.

El matrimonio fue extraordinario, todo preparado con muy buen gusto, finura y elegancia, su amiga Verónica se había esmerado decorando y organizando el salón de eventos, cada detalle estaba considerado, desde el ingreso con guardias y guías para la ubicación del estacionamiento de los vehículos hasta el maravilloso y romántico arco de flores donde se realizaría la ceremonia del matrimonio civil, con la participación de los testigos.

El salón relucía con los arreglos florales y las delicadas velas en las mesas, los juegos de luces, el escenario para la orquesta y los músicos, la torta de novios era gigantesca, hermosa y se veía tentadora, un bufé de postres y el bar abierto que invitaba hasta a los insulinodependientes y a los comensales en dieta. La ceremonia civil estaba organizada en el jardín junto a la piscina, bajo el arco de flores naturales, con sillas cubiertas por finos encajes de seda y la piscina llena de globos y velas flotantes, decoración que le había regalado su querida amiga Marcia. Todo estaba maravilloso, listo, los invitados ya habían llegado en su gran mayoría, y el novio se comía las uñas en espera de su amada Esmeralda, que con media hora de retraso hace su llegada.

La flamante y radiante novia

La novia lucía flamante, deslumbraba de tanta belleza y majestuosidad, su vestido era precioso con finos encajes, delicadas lentejuelas en el contorno del escote y sobre el pecho, ajustado hasta la cintura y amplio desde las caderas, prolongándose en una cola de cinco metros de largo que hacía resaltar su delicada, fina y bella silueta, su cabellera ondulada de color negro brillaba con las luces y la luz de la luna, llenándose el lugar con su presencia y exquisita fragancia, generando la admiración y felicidad de su familia e invitados. Caminaba erguida y sonriente del brazo de su hermano Jaime y no del de su padre, que se encontraba delicado de salud, había hecho un gran esfuerzo para participar del matrimonio de su amada hija Esmeralda, la miraba con gran orgullo con sus ojos llenos de lágrimas, junto con su esposa que lo tenía tomado del brazo con firmeza, invadidos por sentimientos encontrados, estaban muy contentos y emocionados con la felicidad de su hija, pero les entristecía y angustiaba el hecho de que se fuera a vivir tan lejos.

La fiesta de bodas fue apoteósica, Esmeralda se veía divina, radiante y extremadamente feliz, pudiendo haber sido una celebración perfecta si no fuese por la tristeza de no contar con la presencia de Apolo, que aún permanecía hospitalizado, y de Renata, que no llegó a tiempo al aeropuerto perdiendo su vuelo, lo demás fue todo maravilloso, eran más de ciento cincuenta invitados, entre sus amigos y su familia, y sus nietecitos Viccenzo y Doménica, que cumplieron un rol muy importante en la celebración de la boda, ambos vestidos de absoluto blanco, al igual que su abuela, lucían hermosísimos, despertando la admiración y emoción de los presentes, en especial de su abuela, que no pudo evitar que escaparan un par de lágrimas, esparcieron pétalos de flores desde el ingreso hasta el majestuoso arco por donde debía caminar su abuela, además Viccencito fue el responsable de pasar las argollas a los novios, sostenidas por un par de lazos de seda en un hermoso y delicado corazón de raso y encaje confeccionado por su amiga Eloísa.

El coctel fue servido en la terraza y en los jardines a orillas de la piscina, deleitándose los comensales de finas y exquisitas delicadezas al mismo tiempo que saboreaban una espumante copa de champaña. La cena y el bufé de postres ni hablar de lo apetitosos que estaban. El show de los novios fue realmente hermoso, muy romántico, bailando y actuando un trocito de las canciones de amor que los unían, siendo realmente una sorpresa que bailaran el baile nacional de Chile, la cueca. Esmeralda logró convencer a Terry de hacer el show y de bailar la cueca de "La consentida", que era su cueca favorita. El tema fue que él había visto bailar la cueca y vio varios videos para familiarizarse con el baile, para que le fuera más fácil el aprendizaje cuando Esmeralda le enseñara, aunque a ambos, entre tanto ajetreo y preparativos para la boda y el viaje a Inglaterra, se les olvidó por completo ensayar, y la noche previa a la boda, el hotel donde estaban hospedados les regaló una noche de bodas que consistía en una cena, además de decorar su habitación con pétalos de rosas rojas y regalarles una botella de champaña, y una bandeja de plata con queso, uvas y bombones. Disfrutaron de tan merecido regalo y de la atención del hotel, y estando prestos a dormir, Esmeralda reacciona levantándose rápidamente de la cama, aún jadeante, transpirando y denuda, diciendo con desesperación y preocupación a Terry:

—Mi amor, mi amor, tenemos que practicar el baile de la cueca.

Y se afanaba buscando en YouTube la canción "La consentida", improvisando un par de pañuelos con una rosa y una servilleta, y completamente desnudos, Terry aprendió a bailar cueca, al menos los pasos básicos, haciendo un show espectacular en la fiesta de bodas, a tal punto que lo ovacionaron de pie, sobre todo por ser gringo y atreverse a bailar la cueca, pues la gran mayoría de los chilenos, y en especial los hombres, no saben ni se atreven a bailarla, les da mucha vergüenza, aduciendo que la coreografía es muy difícil, por no querer hacer el ridículo. Incluso Víctor, amigo de magister de Esmeralda, como premio por la hazaña realizada, le regaló el poncho que le había prestado para que se vistiera de huaso al bailar la cueca. (Huaso se llama al hombre campesino que se dedica a trabajar el campo).

Terry bailando Cueca

Después bailaron el vals de los novios al compás de la música en vivo interpretada por Cecilia, prima de Esmeralda, quien además interpretó en forma magistral el "Ave María" durante su ingreso al recinto, tenía una voz de soprano espectacular, allí se desató la fiesta hasta el amanecer, todo el mundo bailaba feliz y disfrutaban a más no dar, la novia se paseó por toda la pista con el novio, que ya eran marido y mujer, bailando con cada uno de los invitados, Esmeralda con sus amigos varones, y Terry se empeñaba en seguir el ritmo de Esmeralda, a pesar de que él siempre se reía y se excusaba cuando lo invitaban a bailar, respondiendo que él no podía bailar porque sus dos pies eran izquierdos, así se dice en Inglaterra cuando una persona no tiene habilidades para bailar, *"I have two left feet"*. Hubo mucha diversión con mezcla de tradiciones inglesas y chilenas, como tirar el guante y el ramo, sacar la liga de la novia con los dientes, tratar de unir y hacer parejas, así fue como su amigo bombero, Cristian alias el Pete, el Capo, junto a su pareja, cogieron el ramo y el guante, cumpliéndose en ellos la profecía de casarse, y que efectivamente al año siguiente se unieron en matrimonio.

Siendo cerca de las tres de la mañana, los novios empezaron a despedirse de los pocos invitados que aún permanecían en la fiesta para emprender viaje a Bahía Inglesa, a cuarenta y cinco minutos de Copiapó, momento en que Esmeralda se da cuenta de que se le había escapado un gran detalle, contratar un chofer que los fuera a dejar al hotel, debiéndolo asumir Terry. Fue un viaje muy arriesgado, ambos estaban agotados, habían bebido alcohol y estaban somnolientos, era una noche de invierno, y en invierno la oscuridad es más intensa, sumada a la camanchaca, que no dejaba ver más allá de un par de metros, los obligó a hacer un tremendo esfuerzo para mantenerse despiertos. Afortunadamente lograron pasar el trecho con camanchaca y continuaron los últimos kilómetros sin mayores inconvenientes. Al llegar al hotel todo estaba oscuro, las luces apagadas, la recepción cerrada y el portón de ingreso de vehículos con llave, tocaron la bocina insistentemente para que les abrieran, al cabo de cinco minutos apareció un señor con una linterna, bien arropado y hasta con gorro. Esmeralda, molesta y más que nada sorprendida, le pide que le abra rápidamente el portón para ingresar, y él responde con extrañeza:

—Pero, ¿quién es usted?

—Tenemos reservada la Suite Premier, ábranos que hace frío.

—Lo que pasa es que todas las habitaciones están ocupadas.

—Pero no la nuestra, es para nuestra noche de bodas — mostrándole que aún estaba vestida de novia.

—No sé, algo pasó porque a mí no me dijeron nada, vamos a la recepción a ver si me dejaron alguna nota.

Revisó el libro de ingresos y el computador una y otra vez, movía la cabeza, miraba a los novios y dijo:

—Lo siento, como les dije, todas las habitaciones están ocupadas, incluso la Premier, que usted dice que la tenían reservada.

—¿Reservada? Pagada, la pagué para mayor seguridad e incluso vinimos hace dos días a chequear y nos dijo la recepcionista que todo estaba bien con nuestra reserva.

Sin tener dónde hospedarse, llamaron a un par de amigos que tienen casa de veraneo en la playa para pedirles si podían ir dormir a su casa, a todos a quienes llamó le respondieron lo mismo:

—Encantados te pasaríamos las llaves, pero lamentablemente las tenemos aquí en Copiapó.

Era una noche de terror, no podían creer lo que estaban viviendo, a todo esto, ya iban a ser las seis de la mañana, y Esmeralda se abrazó a su esposo rompiendo a llorar, él también la abrazó uniéndose al llanto. Tras eliminar parte de la tristeza e impotencia, Esmeralda lo mira a los ojos pidiendo perdón por la irresponsabilidad del hotel y por no tener un lugar donde pasar la noche de bodas. Se sentía muy acongojada y avergonzada, pues era su país y teniendo la certeza de que algo así jamás pasaría en Inglaterra, lo que ya había repetido Terry a ella y al nochero del hotel. Sin tener dónde dormir se fueron a caminar por la orilla de la playa, hasta caer rendidos en un profundo sueño. Despertaron al cabo de un par de horas con los rayos del sol y el revoloteo y gritos de las gaviotas. Se dirigen a un baño público para que Esmeralda se despojara de su vestido de novia, que no podía estar más maltrecho tras haberlo arrastrado por el suelo al sacarse sus mágicos zapatitos rojos de tacón en la fiesta y luego caminar descalza por la playa.

Se encontraron con sus amigos que habían viajado desde Inglaterra y los que además venían desde otros lugares alejados de Chile, con quienes habían quedado en almorzar en la playa, nadie podía creer lo que habían vivido, lamentando la situación y no pudiendo haberlos auxiliado.

Los planes de disfrutar el fin de semana en la playa se desmoronaron y regresaron a Copiapó, a la casa de Esmeralda que estaba hecha un desastre, con cajas por todas partes y un desorden a más no poder, abocándose ese par de días a ordenar y a recibir los arrendatarios. Su hija Victoria los acompañó al aeropuerto y se quedó con el auto de Esmeralda. Se despidieron felices deseándoles un buen viaje y prometiendo visita.

El viaje a Londres fue agotador, lo sintieron más largo de lo que efectivamente fue, producto del cansancio acumulado y las tensiones vividas, sobreponiéndose con los maravillosos recuerdos de la boda y el compartir con sus seres queridos. Fue un gran alivio bajar en São Paulo para hacer conexión, permitiéndoles caminar y estirar las piernas al desplazarse de un terminal a otro para hacer transbordo.

Al llegar al aeropuerto de Heathrow en Londres, se separaron para pasar por la policía de inmigraciones, pues Terry tenía pasaporte de

318

ciudadano británico y ella no, que debió hacer la fila asignada para pasajeros no europeos. Ya pisando suelo británico, ambos sonreían sintiéndose en casa, en un par de horas por fin podrían ducharse y descansar. Sin embargo, Esmeralda es retenida más de lo normal en policía de migraciones, quienes le preguntan:

—¿Tiene intenciones de quedarse a vivir en el Reino Unido?

A lo que responde con absoluta naturalidad y alegría:

—Sí, por supuesto, porque mi esposo es británico, sin embargo, no estamos seguros, vamos a probar un tiempo y si no me acostumbro, nos iremos a vivir a Chile.

Frente a esa respuesta, que fue absolutamente natural y verdadera, el oficial de policía le solicita que tome asiento y espere. Ella, sin hacer pregunta alguna, obedece y espera pacientemente, hasta que llega una policía mujer, quien le pide que la acompañe, la conduce hasta una oficina, donde la esperaba otro policía al parecer de mayor rango, en compañía de un intérprete, quienes vuelven a hacer las mismas preguntas y otras más específicas, de cómo se habían conocido, cuánto tiempo hacía de ello, además de preguntarle por su visa para ingresar al Reino Unido. Ella responde:

—Sí, tengo visa, los chilenos tenemos visa de turista hasta por seis meses para estar en Inglaterra.

—Sin embargo, usted necesita visa de mujer casada con un británico.

—La estoy tramitando, hice la tramitación por internet, se demorará aproximadamente tres meses en que me llegue.

—Lo siento, pero no la podemos dejar ingresar al Reino Unido sin visa.

Recién en ese momento Esmeralda se da cuenta de que había un problema, replicó con preocupación y en tono de súplica:

—Por favor, déjeme ingresar, estoy recién casada y tengo visa de turista.

—No, esa visa no le sirve, además que usted y su esposo deberían saber que es fundamental la visa de mujer casada con británico para poder ingresar, es un requisito fundamental, sin ella no puede ingresar.

Esmeralda rompe en llanto suplicando que la dejen entrar, insistiendo en que tiene visa de turista por seis meses y que la otra visa le llegará antes de tres meses. El policía jefe se pone de pie y se retira de la oficina, mientras la policía mujer trata de calmar a Esmeralda y le pide que la acompañe a otra sala de espera de la policía, donde había tres personas más con caras de aburridos, cansados y preocupados. La policía le dice que espere, que van a ver en qué vuelo la envían de regreso a Chile.

—¿Quéééé? ¡Nooo, nooo! Yo no puedo irme de regreso a Chile, me casé y mi esposo está aquí en el aeropuerto esperándome, quiero ver a mi esposo.

Esmeralda estaba desecha, lloraba y gritaba, suplicaba e imploraba, no podía más. Le permitieron ver solo por cinco minutos a Terry, a quien también habían entrevistado por separado y chequeado ambas entrevistas. En cuanto lo ve, corre agarrándose a él con todas sus fuerzas suplicándole que haga algo, que no pueden deportarla a Chile, que lo ama, que su nuevo hogar y vida está junto él aquí en Inglaterra; a lo que él responde:

—Sí, mi amor, pero no podemos hacer nada, la policía es extremadamente rigurosa y debemos respetar todo lo que ellos digan y si debemos tramitar tu visa… —lo interrumpe reaccionando como si hubiese encontrado la respuesta:

—Llama, por favor, a la embajada de Chile en Londres, ellos me conocen, sí, ellos me pueden ayudar.

—Ya llamé, está cerrado y me dieron una entrevista para mañana a las nueve de la mañana.

—¿Mañana? ¡Nooo, nooo, tiene que ser ahora, yo no puedo aceptar que me envíen de regreso a Chile, mi vida está aquí junto a ti, no en Chile!

Se acerca uno de los policías, mostrando el reloj e indicando a Terry que debe retirarse. Esmeralda vuelve a abrazarlo y aferrarse con mayor fuerza a él suplicando a sollozos que no se vaya, que no la deje sola.

Las horas pasan y se hace de noche, traen una caja con colaciones compuestas por sándwiches, frutas y agua. La policía le informa que están gestionando su regreso para el día siguiente y ella responde:

—No, porque mi esposo va a ir a la embajada de Chile en Londres y ellos me ayudarán.

—Suerte.

Esmeralda recuerda que es asmática, y si pasa frío se descompensa y sufre crisis asmáticas, y en esas circunstancias no la podrían enviar de regreso, se va al baño, se moja lo más que puede el pelo y la ropa, llena las botas con agua y se sienta en el piso frío del baño, al cabo de unos veinte minutos, golpean a la puerta, es la policía, quien le ordena salir del baño, sorprendida al verla empapada le pregunta qué le pasó.

—Nada —responde bruscamente y con cara de furia.

La policía la hace salir del baño y cierra con llave, se aleja regresando con una frazada, y le pide que se abrigue. Esmeralda lloraba desconsoladamente tirada en el piso, al sentir tanto frío se acuerda de las clases de yoga de Anada y el Brigu, y empieza a hacer el saludo al sol, ejercicio que demanda bastante movilidad. Rápidamente se energiza y se sienta a descansar. Algo dormita, va al baño nuevamente y vuelve a mojarse, la policía le llama la atención diciendo que no la dejará ir más al baño.

Pasó algo súper extraño, a pesar del frío y de tener la ropa empapada en agua sobre su cuerpo, no presenta ningún signo o síntomas de resfrío y menos aún de crisis asmática.

Cerca del mediodía Terry la llamó dándole la mala noticia de que en el consulado no podían hacer nada para ayudarla, que debía acatar lo que la policía de inmigraciones le indicara. Al verse perdida y al momento en que se acercan tres policías a buscarla para llevarla a embarcar, se tira al suelo haciendo una pataleta, gritando, llorando y suplicando que la dejen estar con su esposo, que ella no regresará a Chile, pero entre tres policías tratan de sujetarla para llevarla a embarcar, en eso uno de ellos reacciona diciendo:

–En este estado no la podemos subir al avión.

Al escuchar Esmeralda y darse cuenta de que su estrategia estaba dando resultado, sigue gritando y pataleando con más fuerza. Los policías la sueltan y ella se va a sentar. Fue trasladada a un centro de detención transitorio, donde le tomaron las huellas digitales de las palmas de las manos, fotografías de frente y perfil, le colocaron una tarjeta colgada al pecho con su fotografía y un número. Había ingresado a un centro de detención, luego al pasar el proceso de identificación y registro es conducida a una habitación donde le ordenan sacarse toda la ropa y darse una ducha, le pasan un camisón y un pantalón e indican la habitación donde dormirá, había muchas mujeres, al parecer de distintas nacionalidades por su aspecto físico.

Esmeralda hace uso del computador que amablemente le ofrecen para comunicarse con su familia, donde pasa horas y horas, el lugar es muy limpio, cómodo y el trato es amable. Recibe atención de una psicóloga, quien con mucha suavidad le explica el proceder de la policía, haciéndole intervenciones y explicando que debía regresar a Chile, tramitar su visa y regresar. La policía que la había acompañado desde el caunter donde debía ingresar a Inglaterra y hasta la oficina a entrevistarse con su jefe, se encuentra trabajando en el recinto de detención; se compadece y se sienta a conversar con ella, Esmeralda le cuenta lo triste que está, y habla como si fueran amigas, depositando su confianza en ella. La policía se llama Sarah, y la visita varias veces al día, igual que la psicóloga. Juntas lograron apaciguar y convencer a Esmeralda de regresar a Chile para tramitar la visa que le permitirá ingresar al Reino Unido.

Esmeralda no confiaba en que la dejaran ingresar en una segunda oportunidad, la policía se lo asegura y le comenta de casos similares de otras pasajeras y de cómo habían ingresado al regresar con sus visas en orden. Sarah le da su número de teléfono y su email para que la llame y le escriba en caso de cualquier duda, además para que le avise cuándo regresa para estar atenta a su llegada y apoyarla en todo lo que fuese necesario. Al tercer día de permanecer en el centro de detención policial, Sarah le informa que la vendrán a buscar para llevarla a embarcar ese día. Esmeralda rompe una vez más en llanto, aferrándose a la policía, quien a esas alturas ya la trataba como si fuera su hija. Le dieron la oportunidad de ver a su esposo, con quien planea cómo hacer para obtener la visa, que en cuanto llegue a Chile se dirija a la embajada del Reino Unido en Santiago y solicite el trámite de su visa con carácter de urgencia. Terry se lleva las cuatro maletas y la máquina de coser a su casa, viajando solo con su mochila. Se despiden con profunda tristeza, se ven deshechos, destrozados y frustrados al no poder impedir que fuera deportada. Camino al avión, es acompañada por Sarah y dos policías varones, al llegar al área de embarque, Esmeralda entra en pánico y exige a Sarah conversar con la persona encargada del aeropuerto, con el policía jefe, el de mayor rango, ella le responde que eso es imposible.

— No viajo si no me dejan hablar con él, necesito que me prometa que cuando regrese me dejará ingresar.

Le concedieron la petición para evitar que hiciese otra pataleta y no la puedan ingresar al avión. La llevan a la misma oficina donde había estado previamente, la hicieron sentar y esperar al policía jefe. Ingresa un policía muy alto, con cara de enojado y con la camisa llena de medallas, acompañado de un intérprete, la entrevista es muy breve y se desarrolla en un clima de tensión. Esmeralda se dirige a él en tono muy serio:

–Necesito que usted me asegure que cuando regrese a Londres con mi visa, no tendré problemas para ingresar.

–Si trae la visa correcta, no tendrá ningún problema en ingresar.

—Pero necesito tener la certeza.

—Tiene mi palabra.

—Necesito su nombre.

Lo anota en una hoja de papel que estaba sobre el escritorio, se lo pasa y se retira muy enfadado, Esmeralda alcanza a leer y verificar el nombre en la placa y ver el número de identificación, que anota junto a su nombre.

Los policías la acompañaron hasta el avión y Sarah se despidió muy cariñosa y compasiva. Y así Esmeralda emprende el regreso a Chile, al ser deportada.

Rechazo de la visa y deportación a Chile

CAPÍTULO 7

La novia peregrina en busca de la felicidad

Agotada, destrozada y absolutamente destruida la llevan de regreso a Santiago de Chile sus mágicos y maravillosos zapatitos rojos, con la firme convicción y el propósito de tramitar su visa en carácter de urgencia y regresar lo antes posible a reencontrarse con su amado Terry; determinada a conseguir su objetivo, se dirige de inmediato a la embajada británica ubicada en Las Condes, Santiago, se traslada en taxi con el objeto de optimizar el tiempo. En la oficina de recepción del edificio diplomático da a conocer su situación, recibiendo por respuesta que debe concertar una audiencia y que la hora disponible más próxima es en veinte días, a lo que ella responde que no puede esperar, que necesita su visa de inmediato. Insiste dando a conocer que es urgente, le contestan que, si su situación es tan particular y apremiante, que mejor viaje a tramitar la visa a *Río de Janeiro*. El funcionario que la atiende le comenta que las visas no se tramitan en Santiago sino en Brasil, pues es una empresa particular prestadora de servicios quien emite las visas, agregando que si viajaba la podría gestionar más rápido.

Agradece la sugerencia y compra un pasaje a Brasil para el día lunes, dejando el fin de semana libre para ir al campo a saludar a sus padres, quienes se encontraban extremadamente preocupados por la situación que ella estaba viviendo. El día lunes, en cuanto arriba a Brasil, se dirige de inmediato a la embajada del Reino Unido ubicada en *Botafogo*, y para el pesar de Esmeralda se encontraba cerrada. El guardia le sugiere que se acerque al consulado de Chile a solicitar ayuda, que también está cerrada, pues son casi las cinco de la tarde. Por citófono la atienden diciendo que vuelva al día siguiente, a las diez de la mañana, pero a esas alturas era tanta la tensión y frustración, que no pudo soportar más y rompe en llanto suplicando que la atiendan, que no sabe qué hacer y que no tiene dónde ir.

En respuesta bajó una señora muy amable, que resultó ser la secretaria del cónsul. A ella le explicó con lujo de detalles la deportación que había sufrido y la urgencia de obtener la visa para regresar a Inglaterra a reunirse con su esposo. La funcionaria consular, compadecida de Esmeralda, hizo una gran excepción: le permitió entrar al consulado.

Ambas subieron en un viejo ascensor con rejas de fierro tipo acordeón, que hacían algo de ruido al abrir y cerrarse, bajaron en el sexto piso y caminan ascendiendo por una amplia escala de mármol hasta llegar al piso séptimo, donde fue atendida por una señora mayor, quien se veía diestra en su trabajo. Aquella señora, sin embargo, refunfuñaba por tener que atender a Esmeralda, a pesar de que el consulado estaba cerrado. Pero la ayudó a buscar en *Google* el formulario requerido para solicitar la visa, aunque fue un gran desafío al estar la página en inglés; entre ambas, con un escuálido manejo del idioma británico, lo llenan, pero quedó una infinidad de preguntas por responder pues era información referida a Terry. Acordaron finalizar el proceso al día siguiente, una vez que Esmeralda obtuviese los datos faltantes.

La señora se despidió amablemente y le recomendó hospedarse en un hotel cercano, donde acostumbraban llegar delegaciones de chilenos; con increíble solicitud, la secretaria del cónsul coordinó con el hotel y ofreció llevarla, pero antes le hizo un recorrido por algunas dependencias del recinto diplomático, aclarándole que acudiese cuando lo deseara y necesitara, en horario de oficina, claro, y que podía usar internet y la cocina, e incluso le mostró un inmenso baño con ducha y una lavandería, agregando que podía utilizarlas cada vez que lo necesitase.

Esmeralda respondió:

—Muchas gracias, pero no se preocupe, no lo necesitaré porque voy a estar solo un par de días en Brasil, puesto que regresaría a Chile, y desde ahí volaría a Inglaterra —le mostró la mochila, agregando que ni siquiera había llevado una maleta, viajaba escasamente con su computador portátil, algunas medicinas y un par de mudas. La secretaria contestó sonriendo:

–Una nunca sabe, solo sabemos cuándo se llega, pero no cuándo se va, a veces los trámites se demoran un poquito más de lo que pensamos. Y, esperemos que no sea su caso.

–No, no será mi caso, no se preocupe, muchas gracias de todas maneras –dijo Esmeralda con tranquilidad, mientras reía en silencio, pensando en sus mágicos y maravillosos zapatitos rojos que la llevarían de regreso a Londres antes de lo pensado, como la habían llevado a recorrer los más extraordinarios lugares del mundo, que jamás había soñado visitar, como cuando la invitaron a pasear a Egipto en aquella navidad que le tocaría vivir en Londres, mientras estudiaba inglés y la escuela cerró por las fiestas de fin de año. Tiró sus mágicos zapatitos rojos al aire y cayeron nada más y nada menos que en Egipto, en la tierra de Tutankamón. Se preguntaba a menudo "¿cómo no amar mis mágicos zapatitos rojos, tan envidiados y codiciados por mis amigas? Han tenido incluso la osadía de pedírmelos prestados, pero es algo imposible, lo siento, su magia solo funciona conmigo".

El hotel Alcázar quedaba a diez cuadras del consulado, y entre ambos se encontraba la embajada británica. Pidió una habitación single que resultó muy cómoda, disponía de televisión por cable, teléfono y servicio de desayuno. Llamó a Terry, le contó todo lo que había hecho y le pidió los datos que necesitaba, tras lo cual sintió que era tiempo de descansar y relajarse. Se dio un reconfortante baño de tina al verse tentada por las sales aromáticas que tenía a su disposición, pidió la cena a la habitación y terminó aquel largo y agotador día viendo una película de amor, aunque a los pocos minutos cayó rendida.

A la mañana siguiente regresó al consulado a terminar el formulario de solicitud de la visa y fue a entregarlo a la empresa que realizaba dichos trámites, allí le indicaron que debía anexar otros documentos y llevarlos en un sobre sellado. Esmeralda comentó que tenía prisa por regresar a Inglaterra y tanteó, por favor, si podían hacer una excepción con ella y darle prioridad, cuya respuesta fue:

—Entre más rápido regrese y presente su solicitud, más rápido obtendrá la visa.

Y así lo hizo, regresó en el transcurso de la tarde y tras entregar los documentos le informaron que debía esperar tres semanas, ¡Dios! Ella replicó que no podía esperar, e insistió en que por favor hiciesen una excepción, pero fue imposible.

Resignada a la espera, se dedicó a turistear, recorrió *Botafogo,* Ipanema y Copacabana, siendo las playas su fascinación y relajación, visitó museos y atracciones turísticas, y así la primera semana transcurre plácidamente. A partir de la segunda semana, empezó a extrañar cada día más a Terry y los días a tornarse interminables. Cuando pasaron las tres semanas, la llamaron desde el consulado avisándole que había llegado el sobre que esperaba.

Esmeralda saltó de alegría y corrió al consulado para buscar el sobre que contenía su pasaporte y la visa. Pero ¡oh, sorpresa!, le dijeron que había faltado anexar un certificado que acreditara su nivel de inglés, además de otros documentos relacionados con su esposo, documentos que ella no había presentado por desconocimiento y su precario dominio del idioma. Volvió a decaer, a sentir impotencia y frustración, aquello era demasiado para ella sola, se sintió sobrepasada, y a pesar del gran apoyo que recibía del personal del consulado y del hotel, lloraba sin parar; fue un día de esos en que hubiese querido que no existiera. Todos a su alrededor lamentaban su situación y se compadecían de Esmeralda al verla cada día más triste y decaída, adelgazando y marchitándose como una flor sin agua. Había comenzado la historia de la novia peregrina.

El aspecto económico era otro tema con el que debía lidiar, los gastos de la boda habían sido cuantiosos, consumieron todos sus ahorros, y al encontrarse en otro país, sin trabajo y sin ingresos, la situación se le ponía cuesta arriba, además de que debía asumir el pago de los impuestos de la visa y los trámites relacionados, que eran de una gran cuantía; apartando eso, también tenía que pagar el derecho a rendir el examen de inglés que le exigían como parte de los innumerables documentos para el proceso de obtención de su visa. La fecha más próxima de los exámenes era en un mes, y con plazos y más plazos, la espera se le hacía eterna.

El estrés empezó a generar tensión en la relación de los recién casados y surgieron las primeras discusiones. Esmeralda le reprochaba a Terry el hecho de que no se hubiese involucrado desde un principio en los trámites de la visa, al darse cuenta de que la mayor cantidad de los documentos e información requerida era relacionada a él y no a ella, y le recordó lo que habían dicho los policías de inmigraciones en el aeropuerto de *Heathrow,* que ellos debían saber que se requería una visa de casados para ingresar al Reino Unido, que él, siendo británico, era imposible que no lo supiera, pero Terry lo desconocía por completo, y ella también.

Enfrentada a la presión económica, se vio obligada a hacer una administración austera del poco dinero que le quedaba reduciendo al máximo sus gastos, se cambió a una habitación más simple, solo desayunaba y siendo su única posibilidad de alimentarse, comía lo más que podía, se hacía un par de sándwiches y cogía frutas para pasar el día, se levantaba temprano e iba al consulado, pasando el día entero estudiando inglés para dar el examen, allí se conectaba gratuitamente a internet y así evitaba pagar dicho servicio en el hotel. Empezó también a usar la cocinilla y la lavandería del consulado, lo que jamás pensó que haría. Cada tarde llegaba muy cansada al hotel, era una jornada laboral sin trabajar sino concentrada en estudiar, dejaba sus libros y computador portátil y salía a caminar, día tras día, peregrinando por las calles, pudiendo recordar de memoria lo que había en cada recoveco y esquina del trayecto de ida y vuelta a la playa, regresando al hotel para seguir estudiando y practicando test de inglés, después de lo cual caía rendida por el cansancio y el estrés acumulado. Fue en ese intertanto que se comunicó con su amiga Luzia a través de

Facebook, quien la invitó a su casa en Victoria para que se relajara y pudiese prepararse más tranquila para dar el test de inglés. Esmeralda aceptó la invitación, sentía que era una gran oportunidad para recobrar energía y despejarse, de poder compartir con su amiga, alimentarse bien, conocer y encontrarse en un ambiente de relajación y comodidad para seguir estudiando.

La familia de Luzia era muy numerosa y achoclonada, recuerda haberla acompañado en dos oportunidades a la casa de una de sus hermanas mayores, donde preparaban la celebración del aniversario de bodas de sus padres, disfrutaron y sufrieron ver jugar a Brasil contra Chile en un partido de las eliminatorias del Mundial de Fútbol de 2014, ambas lucieron sus camisetas de fútbol de sus respectivos países haciendo barra y celebrando con una buena copa de champaña el triunfo de Brasil, con el pesar de Esmeralda, que hubiese preferido que ganara su Roja de Todos.

A su regreso a *Botafogo* solicitó cambiarse a otra habitación más pequeña, pues su crítica situación económica se iba acrecentando; así, rentó un pequeño cuarto en la parte alta del hotel, donde se encontraban las habitaciones de servicio, desprovistas de comodidades donde debía compartir el baño con los otros pasajeros del piso.

Por fin llegó la fecha del test de inglés, lo presentó y obtuvo la puntuación mínima exigida para tramitar la visa, volvió a solicitarla por tercera vez, y ahí sí, cumplió con absolutamente todos los requisitos y contó una vez más con el apoyo del consulado, debiendo esperar las tres semanas insoslayables para recibir la visa, y fue el momento para relajarse y descansar.

Hizo una excepción y se fue a celebrar a Ipanema, subió a un bus de transporte público, recorrió la avenida del mar con sus mágicos zapatitos rojos y luego se los sacó para pasear por la orilla del mar, jugando con el oleaje que golpeteaba en sus pies. Era algo que le fascinaba. También tomaba fotografías y pedía a algún turista que le tomara otras a ella, para cenar eligió un restaurante a orillas de la playa, que le llamaba la atención y le atraía por la ubicación estratégica entre palmeras y por amenizar y entretener a los turistas y clientes con música en vivo. Pidió un exquisito lenguado con ensalada y una copa de vino chileno, y finalmente ordenó una copa de helados con frutas y se sirvió dos vasos de whisky con hielo mientras disfrutaba de la bossa nova y de la canción que le dedicaron los músicos, la famosísima "Chica de Ipanema". Fue una noche divina a pesar de estar sola, que eso para ella no era ningún inconveniente. En sus años de mujer divorciada había aprendido a disfrutar de su propia compañía, y mejor aún, le encantaba viajar sola de vacaciones al extranjero.

Al momento de pagar la cuenta, sus tarjetas de crédito fueron rechazadas por el sistema, insistieron en reiteradas ocasiones mas no lograron realizar la transacción, el mozo le da la opción de pagar en efectivo, pero tampoco era posible porque no disponía de dinero, le sugiere que vaya al hotel a buscar la otra tarjeta, pero era de noche y el hotel estaba a media hora de distancia. Esmeralda, muy avergonzada por la bochornosa situación, le ofreció dejar en prenda sus joyas, el reloj y la cámara fotográfica y volver al día siguiente a saldar la cuenta, aunque no fue necesario. Se despidió con la convicción de volver a primera hora a pagar la cena, pero lamentablemente sus tarjetas habían sido bloqueadas, en el banco le informaron que se demorarían cuarenta y ocho horas en volver a activarlas. Tuvo que recurrir a Terry para que le enviase dinero, y al cabo de tres días recién logró volver a Ipanema. Al aproximarse al restaurante el mozo la reconoce, se acercó a ella casi corriendo, levantó los brazos al cielo dándole las gracias, y exclamó:

—¡Pensaba que podría haber regresado a su país y yo tendría que asumir el pago de su cuenta!

—¡No, jamás! Solo fue que me tardé en resolver el problema con mis tarjetas.

Se dieron un abrazo como si fueran grandes amigos, él respirando aliviado y ella agradecida por la confianza que le habían dado, aprovecha para servirse un mojito cubano y relajadamente disfruta de la música y de la brisa marina que acariciaba su piel y jugueteaba con su cabello.

Al llegar al hotel le dieron un mensaje, era de su hija Renata, que la había llamado con la noticia de que se aproximaba la ceremonia de su titulación. Obviamente Esmeralda quería estar junto a su hija en ese paso tan importante de su vida, obtener el grado de médico cirujano dentista. Tras asegurarse de que le enviaran el pasaporte con visa a Chile, cruzó la cordillera de Los Andes haciendo uso de un salvoconducto especial. Se hospedó en la casa de su tía Carmencita, quien siempre la había acogido en su hogar con mucho cariño y generosidad, más aún ahora en las circunstancias tan adversas en que se encontraba. Su tía estaba divorciada desde hacía muchísimos años, en casa vivía una de sus hijas, que estaba casada y tenía dos hijos adolescentes.

Ceremonia de titulación de Renata

El día de la ceremonia de titulación, Esmeralda llegó con una hora de anticipación a la universidad, asegurándose de estar a tiempo y tomar un buen lugar; como fue la primera persona en llegar al auditorio tuvo la oportunidad de conocer y compartir con algunos docentes de

Renata y el privilegio de elegir un asiento en las primeras filas, reservando uno para Apolo y otro para su ex marido, pero ellos llegaron con media hora de atraso y no pudieron sentarse junto a ella.

La ceremonia fue sobria y transcurrió muy rápido, y al finalizar el evento compartieron en una recepción que hace la universidad, retirándose luego a celebrar un almuerzo junto a las amigas más cercanas de Renata. La conversación era amena y giraba en torno a los estudios realizados y anécdotas que comentaba Renata con sus amigas, sin tocar en lo absoluto la difícil situación que estaba atravesando Esmeralda, en todo caso, a ella no le afectaba mayormente al estar consciente de la frialdad con que acostumbraban tratarla, y que el encuentro era la celebración por culminar los estudios universitarios y la titulación de Renata.

Permaneció en Santiago sin moverse, a pesar de que deseaba con ansias viajar a Copiapó a visitar a Victoria y a regalonear con sus nietecitos Viccenzo y Doménica. No podía ni siquiera esperar en casa de sus padres en el campo, que quedaba a menos de dos de horas de Santiago porque debía y quería estar atenta a cualquiera imprevisto que surgiera, como la solicitud de otro documento o alguna firma extra. A causa del tiempo que se quedó, la estadía en casa de su tía Carmencita se tornó tensa, enrareciéndose la atmósfera a medida que pasaban los días, es sabido que una visita para que sea grata, no debe extenderse por más de una semana, entre menos días mejor. En el caso de Esmeralda la situación era más compleja, pues no era una visita propiamente dicha, y sin motivos ni dinero para celebrar ni compartir, trataba de acompañar y ayudar lo más que podía a su tía, y principalmente salía a caminar sin rumbo, pasando la mayor parte de los días fuera de casa, evitando generar gastos e inconvenientes.

Finalmente, y transcurrido el plazo de espera, recibió el sobre que ansiaba con desesperación que le enviaran desde Brasil: era un sobre grande tamaño oficio que contenía su pasaporte junto al formulario y los documentos que había presentado, acompañados de una carta dándole a conocer que su solicitud, a pesar de cumplir con toda la documentación y requisitos exigidos, había sido rechazada por no haber sido gestionada desde el país donde residía, es decir, desde Chile. Absolutamente devastada, llamó llorando a Terry contándole la terrible noticia y que renunciaba a todo, que la situación la había superado por completo, que era imposible seguir, sentía que estaba prácticamente en la calle mendigando, sin dinero, sin trabajo, sin las comodidades con las que acostumbraba vivir y sin su vehículo y sus amigos, a quienes extrañaba con el alma, eran su red de apoyo, contención y alegrías.

Terry hizo lo imposible por brindarle contención y consuelo a través del teléfono, siendo prácticamente imposible hacerlo, ella pedía a gritos y llorando que la abrazara, que necesitaba sentirse segura, protegida y amada por él. Terry reaccionó con dos geniales ideas, viajar a Chile para celebrar su luna de miel y contratar a un abogado para que asumiera la tramitación de la visa y evitar otro rechazo. Él tomó la responsabilidad de coordinarse con el abogado y gestionar la visa, al tiempo que viajó a Chile para disfrutar de una semana de luna de miel en Río de Janeiro, donde recorrieron los mismos lugares donde había estado Esmeralda. Revivió, volvió a recuperar las esperanzas y a sonreír. Junto a Terry se sentía segura, feliz y amada. Terry regresó a Londres logrando dejar a Esmeralda más tranquila y confiada en que muy pronto todo sería cosa del pasado.

Durante la luna de miel, en una conversación a raíz de los impases con la tramitación de la visa y algunas decisiones que no habían sido las más acertadas, Esmeralda aprovechó la oportunidad para hacer lo que ella llamaba "el rayado de cancha", dejando perplejo a Terry. Con voz muy suave y tierna, lo tomó de las manos y mirándolo a los ojos le dice:

—Mi amor, yo soy una mujer libre y lo seguiré siendo, amo mi libertad, mi libertad es y será intransable.

Terry respondió medio tartamudo y con expresión de no entender en absoluto lo que Esmeralda trataba de decirle:

—No entiendo, ¿qué me estás tratando de decir? —agregando— ¡No, no, tú no eres libre! —y tomaba su mano mostrándole el anillo de bodas—, ¡estamos casados, tú eres mi esposa y me perteneces!

Con la misma dulzura, pero con firme templanza respondió Esmeralda:

—¡Mi amor, sí, efectivamente estamos casados, soy tu esposa y te amo con todo mi corazón, soy inmensamente feliz junto a ti, disfruto con pasión y locura embriagadora cada noche cuando hacemos el amor, y deseo que seamos felices por siempre! Sin embargo, yo no soy tu propiedad y tú tampoco eres mi propiedad, tú y yo somos libres, y estamos juntos porque nos amamos y decidimos casarnos y compartir nuestras vidas, sin embargo, tú tienes tu propia vida formada por tus dos hijos, tus padres, amigos, rock, tenis, fútbol, trabajo, etc., en fin, todos tus intereses, hobbies y quehaceres que ocupan y llenan gran parte de tu vida y de tus días, lo mismo es para mí, también tengo mi propia vida que está formada por mis grandes amores que son mis nietecitos, mis tres hijos, mis padres, familia, amigos, trabajo, mi interés por la música romántica, clásica, celta y mi pasión por la ópera, estudios, voluntariados, club de leones, amo el mar y jardinear. Y esa vida, mi vida privada, es sagrada e irrenunciable, pero existe una tercera vida, que está formada por ti y por mí, es un mundo de amor y compartir de pareja, de gozo y alegrías, de tristezas y problemas, porque sin lugar a duda habrá momentos difíciles que deberemos sortear juntos y de la mejor forma posible con el menor daño. Esas son nuestras tres vidas, mi amor.

—Ok, entiendo y lo acepto, sin embargo, yo también tengo mi requerimiento y es muy importante.

—¡Dime!

—Si algún día te interesas en otra persona, por favor me lo dices de inmediato, antes de entrar en una relación más estrecha y sentimental, y lo mismo para mí, si el día de mañana me intereso en otra mujer, te lo daré a conocer de inmediato y en ese mismo momento se termina nuestro matrimonio para siempre y nos divorciamos.

—Trato hecho. Un brindis para cerrar nuestro pacto de honor, que es hora de cenar.

Durante el tiempo que estuvo hospedada en casa de su tía Carmencita, sucedieron dos hechos muy significativos en la vida de Esmeralda, sin contar con que la prima ya no soportaba más su presencia en la casa, haciéndole la vida imposible y la tía poniéndose de por medio tratando de apaciguar las aguas. Su otra prima le comenta que por qué no solicitaba el divorcio religioso, que ella lo había hecho; a Esmeralda le pareció una buena idea, se acercó al Arzobispado General de Chile en Santiago a solicitar a la Santa Sede la anulación de su matrimonio religioso, confiada en la viabilidad al tener muy presente que tanto su guía espiritual, el sacerdote Rogelio de la comunidad franciscana, como el obispo de Copiapó se lo habían mencionado. Tras pasar varias entrevistas aceptaron la presentación de su solicitud, el obispo personalmente entrevistó a los tres testigos que Esmeralda había presentado, uno de ellos fue Elsita, qué mejor testimonio que su vecina, que la vio llegar a la población sin nada, empezando de cero su nueva vida de mujer separada, usando un cajón como mesa y un tarro de pintura como asiento, cocinando en un anafre que ella le facilitó generosamente, viendo cómo poco a poco y con mucho trabajo fue armando su casita. Elsita la veía y la escuchaba llorar por no poder ver a sus hijos, tras regresar a su casita después de caminar casi una hora de ida y otra de vuelta, cerro arriba, sin aliento, polvorienta y sedienta. También escuchaba cuando a medianoche y a altas horas de la madrugada, aparecía su ex marido borracho golpeando la puerta y al no abrirle, se enfurecía y la insultaba a gritos, pateando la puerta y apedreando el techo de la casa. Así mismo la vio sudar la gota gorda acarreando toneladas de escombros, tierra y piedras que dejaron los maestros albañiles y el gasfíter en el antejardín, pues el servicio de limpieza y retiro no estaba incluido en la instalación del acueducto de aguas de lluvias, reparación y ampliación de su casita a objeto de abaratar costos; Elsita fue una gran ayuda durante los meses que estuvo enferma y, luego a su regreso de Inglaterra, al encontrarse sin trabajo. El proceso de nulidad de su matrimonio religioso duraría aproximadamente dos años, debía tener paciencia y fe en que se lo concedería el santo Papa.

El otro hecho que sucedió, que en realidad es más una anécdota muy bochornosa que experimentó Esmeralda, es que su queridísima amiga Lissette la sedujo para que se hiciera un tratamiento de belleza con ácido hialurónico y bótox, con unos médicos que realizaban un curso de perfeccionamiento y necesitaban pacientes voluntarios. Esmeralda, al ver que por tantas penurias que había pasado, su rostro lucía un aspecto cansado y deteriorado, aceptó ser voluntaria. Los médicos, felices con la paciente, le hicieron de un todo, le colocaron bótox y ácido en la frente, en la zona de los ojos e incluso le inyectaron ácido hialurónico en el contorno de los labios para darle un poquito de volumen y forma. Le comentaron que el tratamiento fue un poquito invasivo y que su carita se veía un poco enrojecida e hinchada, y que el área de la boca sería la más afectada. Bueno, ella exclama, no se preocupe, doctor, estoy consciente de que "para ser bella hay que ver estrellas".

Al llegar a casa, y como nunca, siendo además día sábado, estaba toda la familia sentada a la mesa sirviéndose onces, incluso Francisco y Gaspar, jóvenes adolescentes que rara vez se les veía en casa, y la invitaron a reunirse con ellos. Ella solo deseaba desaparecer de la vista de todo el mundo, debió haber tenido una cara de adefesio, porque todos se quedaron mirando con una expresión en sus rostros de exagerada e incontenible sorpresa y asombro, la tía Carmencita le preguntó con voz de asombro y preocupación:

—Esmeraldita, por Dios ¿qué le pasó en los labios que los tiene tan hinchados? —en tanto la prima pregunta con cara y voz de curiosidad morbosa:

—¿Qué te hiciste, acaso te colocaste bótox?

—No, no, cómo se les ocurre, con qué dinero, si no tengo dinero para nada —responde Esmeralda haciéndose la inocente mientras pensaba en alguna buena excusa que inventar.

—Sí, pero algo te hiciste, es imposible que no te hubieses hecho nada para tener la cara así de roja e hinchada, si tus labios parecen como boca de pescao' —replica la prima, generando las risas de todos, y Esmeralda, con unos deseos incontenibles de salir arrancando, respira profundo y responde en voz suave y compungida:

—Lo que pasa es que Renata necesita pacientes para practicar moldes y hacer prótesis dentales, entonces me pidió si la podía apoyar siendo su paciente, y obvio que fui, me puso unos armazones de fierro que molestaban muchísimo y tenía que abrir muy grande la boca, además las dejaba puestas por varios minutos, hasta que el cemento se secara, fueron diferentes moldes, fue terrible —acotando en todo de pregunta—: ¿se ve muy hinchada mi boca?

—Sí —contestó riendo Gaspar—, como boca de pescao', como dijo mi mamá.

—Pobrecita Esmi, hija, tome agüita fría, podría ponerse compresas de pañitos mojados en la carita y los labios, y tomarse un ibuprofeno para que se le pase la hinchazón —su tía Carmencita muy preocupada trataba de ayudarla y aliviar el malestar, mientras su prima hacía morisquetas y refunfuñaba sin creer un ápice lo que estaba escuchando.

Fue una situación muy bochornosa, y hasta el día de hoy no se explica por qué no les dijo la verdad, probablemente para no ser censurada. En tanto que cuando le contó a Renata, se puso furiosa al sentir que la estaba desprestigiando profesionalmente.

Por fin llegó el día tan anhelado, la citaron a la embajada británica en Santiago para el examen biométrico, toma de huellas dactilares y firmas, oportunidad en que analizaron los motivos por los que su solicitud de visa había sido rechazada en tres oportunidades: la primera vez, evidentemente, estaba mal formulada, la segunda vez faltaron documentos y la tercera fue una sinvergüenzura de la empresa de tramitación de visa en Brasil, que sabiendo que se debía tramitar en el país de residencia del solicitante, recibió por segunda vez la solicitud a objeto de quedarse con el dinero de sus servicios e impuestos de la visa, que no devolvían en caso de que fuese rechazada. Se lo explicó un alto funcionario diplomático, que además se disculpó por la información errónea que le habían dado en recepción, sugiriéndole que viajara a Brasil para agilizar la obtención de la visa siendo incorrecto, por lo que hizo una excepción con Esmeralda en gesto de compensación por el daño causado, entregándole la visa en carácter de urgente en tan solo tres días. Esmeralda, eufórica de alegría, llamó a Terry dándole la gran noticia, en esta oportunidad, las lágrimas derramadas son producto de la extrema felicidad y delirio que los envuelve, ansiosos por abrazarse e iniciar de una vez la vida juntos como lo habían decidido y deseaban.

Viajó a Copiapó a despedirse de Victoria, a regalonear con sus nietecitos y a reencontrarse y despedirse de sus amistades. Fueron días frenéticos y de alegría desbordante, sus mágicos zapatitos rojos, contagiados con la adrenalina de su dueña, la llevaron de un lugar a otro, y de regreso a Santiago retiró la tan anhelada visa para vivir en el Reino Unido, agradeciendo a Dios y al universo por el gran favor concedido después de tanto esfuerzo, lágrimas y sacrificios.

Esmeralda dejó para el final el viaje al campo a despedirse de sus padres, que volvieron a bendecirla y a desearle la mayor felicidad del mundo, esperando volver a verla al menos una vez al año, a lo que ella ya se había comprometido y lo cumpliría, al igual que mínimo una llamada telefónica a la semana.

Emprendió el viaje de regreso a Londres, sumergida en un bumerán de sentimientos encontrados, no podía estar más feliz pero la experiencia del viaje anterior, que había sido tan traumática, la hacía sentir insegura, aunque ya se había comunicado con Sarah, la policía que le prometió ayudarla y facilitar su ingreso. No respiraría tranquila hasta pasar la barrera de policía de inmigraciones y fusionarse al abrazo más maravilloso de amor con su amado príncipe del siglo XXI.

CAPÍTULO 8

El reencuentro con su príncipe del siglo XXI

En cuanto Esmeralda recibe la tan anhelada visa, sale casi corriendo de la embajada británica en Santiago, mirando al cielo con los ojos llorosos y con el pasaporte en sus manos, levanta los brazos, su mirada fija en un punto indeterminado del azul infinito, y exclama:

–¡Gracias, gracias, gracias, Diosito! ¡Al fin tengo mi visa!, ¡gracias, gracias a ti, mi amado Jesucristo, por tanto, por tu infinito amor y misericordia! ¡Al fin podré viajar a Inglaterra y reunirme con mi amado Terry!

Acto seguido lo llama y con la misma alegría y emoción que agradeció a Dios le dice:

–Mi amor, mi amor, ¡tengo la visa!, ¡sí, por fin me dieron la visa, estoy demasiado contenta, te amoooo, te amooooo, te amo, te amooooo! ¡Cómo quisiera poder abrazarte y besarte, mi amor...! ¡Te extraño tanto, no vivir sin ti, es terrible todo y más difícil con tu ausencia!

–¡Guau, guau, al fin! ¡Yo también estoy muy feliz! –respondía invadido por la emoción y la alegría–. Tienes que viajar de inmediato.

–¡Sí, sí, hoy mismo compro mi pasaje!

Se fue caminando y saltando de alegría por las hermosas calles del centro de inversión y negocios de Las Condes. En cuanto llegó a la casa compartió la noticia con su querida tía Carmencita y toda la familia, que se alegraron muchísimo y dieron gracias a Dios.

Tenía solo tres días, que deberían ser suficientes para viajar al campo a despedirse de sus padres, e ir al norte a regalonear con sus amados nietecitos, fueron días de intensa emoción y alegría, pero a medida que se acercaba la fecha de su vuelo se acrecentaba también la angustia y el pánico, de volver a vivir la misma situación y que no le permitieran el ingreso al país. Quizás para la generalidad de las personas era un temor ridículo o absurdo, pero para ella era terrible, había sido tan dolorosa la experiencia que sería muy difícil de superar.

En eso recordó colocar en su bolso de mano, junto a los documentos de importancia, la tarjeta de identificación del gerente del aeropuerto de *Heathrow* y el contacto de Sarah, la policía que la había acompañado hasta el avión y apoyado emocionalmente. De hecho, se había comunicado con ella por emails, contándole que ya tenía su visa y la fecha del viaje. Sarah se alegró mucho y le solicitó el itinerario y el número de vuelo para estar atenta.

Esmeralda, con su facilidad para hacer nuevas relaciones, había creado ciertos lazos de amistad con la mujer policía, con quien intercambiaba de vez en cuando emails comentándole el desarrollo del proceso de su visa. A su llegada al aeropuerto de Barajas en Madrid, el miedo y la angustia se habían apoderado de ella, a tal punto que le era difícil mantenerse en pie y reaccionar a los llamados para embarque a Londres, el solo hecho de ver y escuchar el nombre "aeropuerto de *Heathrow London"*, la bloqueaba y la paralizaba. Lloró durante todo el vuelo a Londres, rezaba implorándole a Dios no ser deportada nuevamente. Cuando el avión aterrizó fue la última en bajar, apenas podía caminar por los estrechos, largos e interminables pasillos del aeropuerto, las filas en policía de inmigraciones eran interminables, le tomó casi dos horas avanzar hasta llegar al caunter y ser atendida. El oficial que le solicita su pasaporte, responde a su saludo haciendo las típicas preguntas de rigor, de dónde viene, por cuánto tiempo y sus intenciones de quedarse a vivir…

—Mm, por favor, tendrá que pasar a tomar asiento y esperar unos minutos.

—¿Qué? ¿Por qué me hacen esto a mí, y otra vez? ¡Tengo mi visa, noooo, nooo, no se puede estar repitiendo la historia! —gritaba y sollozaba.

Un personal femenino la guio hasta un área del aeropuerto para que se sentara y esperara. En cuanto pudo llamó a Terry para contarle lo que estaba pasando en policía de inmigraciones. Lloraba y lloraba desconsoladamente, sin poder emitir ni una sola palabra…

—Mi amor, por favor, calma, ¿qué pasa? ¡Cuéntame!

—Yo soy una persona buena, honesta, no soy una delincuente —sollozaba en el teléfono.

—De seguro debe haber algún mal entendido, calma, mi amor, veré qué puedo hacer.

—No quiero estar aquí, vamos a vivir a mi país, sí, por favor, vámonos a vivir a Chile, tú serás muy bien recibido, buscaremos trabajo para ti y viviremos en mi casita en Copiapó. Y así estaremos cerca de mis nietecitos, por favor, mi amor… —suplicaba Esmeralda llorando.

—Sí, mi amor, haremos lo que tú quieras, pero, por favor, tranquilízate, todo saldrá bien, te lo prometo —le contestaba Terry muy compungido, deseando que todo acabara ya de una vez por todas, estaba siendo una espera muy larga y de extremo dolor e injusticia para la pobre Esmeralda.

En eso ve a Sarah que se aproximaba a paso firme a su encuentro, Esmeralda corre y la abraza, sollozando e implorando que la ayudara:

—¡Saraaahhh, Saraaahhh! ¡Por favor, por favor, por favor, ayúdame! ¡A pesar de que tengo la visa que me pidieron no me dejan entrar! ¿Por qué no? ¡No entiendo!

—Pero ¿quién dijo eso? ¡No, no, Esmeralda, no es correcto, ¡tú tienes la visa y por ende el derecho de ingresar al Reino Unido! ¡Por favor, ten calma, déjame ver qué pasa!

—¡Sí, pero ellos, tus colegas me están reteniendo aquí! ¿Por qué, por qué?

—Por favor, cálmate, realmente lo siento, Esmeralda, todo va a estar bien, te lo prometo —luego agrega entre murmullos y pensando en voz alta, mientras movía la cabeza de lado a lado haciendo una morisqueta de reprobación y de extrema preocupación—: pienso que no fue una buena idea en lo absoluto.

Se vuelve a Esmeralda y con voz de preocupación y compasión le dice:

—Esmeralda, lo siento profundamente, esta situación es absolutamente injusta, por favor, cálmate y ven conmigo, sígueme.

—¿Dónde me llevas, a dónde vamos? Por favor, por favor, Sarah… ¡ayúdame, tú me lo prometiste, no me detengan más aquí en el aeropuerto, necesito ver a mi esposo! —suplicaba a sollozos Esmeralda mientras la agarraba fuertemente de las dos manos y la miraba a los ojos; en tanto Sarah, al igual que ella, ya no daba más, la situación se les había escapado de las manos y debían terminarla ahora, ¡ya!

La policía debía hacer esfuerzos sobrehumanos para no revelar lo que estaba sucediendo, quería abrazarla y contarle todo de una vez por todas. Mirándola a los ojos, con evidente preocupación y tristeza y muy molesta consigo misma, reconoció que no había sido para nada una buena idea lo planeado, quería decírselo, pero no podía, a tal punto que tuvo que morderse los labios en más de una oportunidad para callar, estaba imposibilitada de hacerlo por respeto a su jefatura. Respondiendo a la mirada de súplica de Esmeralda, le toma de las manos y dijo con dulzura infinita:

—Querida Esmeralda, todo está bien, no tienes de qué preocuparte, por favor, perdona a mis colegas y perdóname a mí, por favor, sécate tus lágrimas y acompáñame a ver a mi jefe.

Esmeralda exclama eufórica:

—¿Es el mismo policía a quien le pedí que me prometiera ingresar cuando volviera con la visa y me dijo que sí?

—¡Sí, justamente a él vamos a ver!

Esmeralda saltaba de contento, le volvía el alma al cuerpo y confiaba en Sarah, obedeciendo igual que una niña a su madre, saca un pañuelo maltrecho, arrugado y mojado de uno de sus bolsillos de su casaca, se secó las lágrimas y tras sonarse, caminó tras la policía, confiada en que todo se resolvería.

Grande fue su alegría: al ingresar a la amplia y fría oficina se encontró frente a frente con el jefe de policía, a quien había hecho prometer que la dejaría ingresar a Inglaterra cuando regresara con la visa de mujer casada. Abalanzándose sobre el policía, gritó y suplicó:

—*¡Mister Brian...!* Por favor, por favor, déjeme ingresar, mire, aquí tengo mi visa, la tramité, aquí está, usted me prometió que me dejaría ingresar, por favor, por favor.

Sarah miraba con profunda preocupación a su jefe sintiéndose responsable y culpable de lo que estaba sucediendo. El policía responde frunciendo el entrecejo y moviendo la cabeza de lado a lado, igual que ella lo había hecho hacía tan solo unos minutos con Esmeralda:

—Por favor, Esmeralda, ¿me permite ver su pasaporte? —al mismo tiempo que estiraba el brazo.

—Sí, por supuesto, mire, aquí en esta hoja está la visa —hablaba con nerviosismo a la vez que con brusquedad hojeaba el pasaporte, en busca de la página donde estaba estampada su visa, al encontrarla se la pasa, y mirándolo en busca de una respuesta positiva, con voz firme, respetuosa y sin llanto dijo:

—Mire, aquí está mi visa, todo está en regla, no entiendo por qué me retienen aquí, y no estoy con mi esposo —insistía y volvía a repetir—, es una visa de esposa de inglés, como usted me la exigió antes de devolverme a Chile, él me está esperando hace más de dos horas.

El policía se toma su tiempo para revisar y chequear que todo estuviese bien, aunque él sabía que efectivamente todo estaba correcto y que Esmeralda tenía el derecho de ingresar al Reino Unido. Levanta la cabeza mirándola en forma complaciente y esbozando una ligera sonrisa, le pregunta:

—¿Usted quiere reunirse con su esposo?

—¡Sí, por supuesto! —respondió ansiosa.

Parándose de su asiento da unos pasos, se acerca a la puerta contigua, la abre con una mano y con la otra le muestra el camino, y dirigiéndose a Esmeralda le dice sonriente:

—Pase, adelante.

—¡Guau, guau!

No lo podía creer, ahí estaba su amado Terry, en medio de un inmenso salón, con los brazos abiertos. Corrieron el uno al otro y se abrazaron frenéticamente, llorando, mientras decían:

—¡Por fin… por fin… podemos estar juntos! ¡Te amo, te amo!

—¡Yo también te amo!

Se escucharon unos fuertes aplausos y emotivos gritos, que los hicieron reaccionar:

—¡Que vivan los novios, que vivan los novios! —al tiempo que les lanzaban arroz sobre sus cabezas, esparciéndose por sus cuerpos y el suelo.

—Pero, ¿cómo? ¿Tú sabías lo que estaba pasando y todos ustedes también? —preguntó con sorpresa, mirando a su alrededor a los policías, a su amiga Camila, al papá y hermano de Terry, además de Andrew y David, los dos amigos de Terry que habían sido los testigos de su boda en Chile.

—¡Guau! ¡Es que no lo puedo creer, tremenda sorpresa que me tenían, si es que casi me matan de los nervios y la preocupación! —mira a Terry en forma inquisitiva, y con cara de regaño lo increpa al mismo tiempo que sonríe:

—¿Y tú también lo sabías y me lo callaste?

—Lo siento mucho, mi amor, te pido perdón, perdóname, por favor, solo queríamos darte una sorpresa.

—¿Y de quién fue la idea? Porque no creo que haya sido tuya, mi amor.

Acto seguido, busca con la mirada a su amiga Camila y apuntándola con el dedo índice exclama alzando la voz:

—¡¡¡Fuisteeee túuúúúú!!!

—¿Yo? ¿Por qué piensas que podría haber sido? —responde con cara de extrañeza.

Todos se ríen y empiezan a abrir una botella de champaña, mientras el policía jefe se dirige a ellos, y en especial a Esmeralda:

—Es una gran alegría y un placer haber conocido a Esmeralda y que su historia de amor sea real, me disculpo y lamento por todo lo que tuvo que pasar, sin embargo, es nuestro trabajo y debemos respetar los protocolos, es pan de cada día detectar personas que tratan de ingresar ilegalmente al Reino Unido, siendo una de las estrategias más usadas el casarse con un británico —encogiéndose de hombros y con las palmas hacia arriba agrega con tono de lamento—, lo siento, Esmeralda.

Esmeralda se acercó a él y le da un abrazo agradeciendo sus gestiones. El policía se despidió de todos exclamando:

—Debo regresar a mi trabajo, no sin antes adherirme al brindis.

Recibió la copa de champaña que le ofrecía George, el padre de Terry, y levantándola brindó con todos:

¡¡¡Salud por los novios!!!

¡¡¡Salud por los novios!!!

Printed in Great Britain
by Amazon